即時取得の判例総合解説

即時取得の
判例総合解説

生熊 長幸 著

判例総合解説シリーズ

信山社

はしがき

　本書は、民法192条から194条までに規定されている即時取得に関する裁判例の解説書である。

　即時取得の制度は、善意取得の制度とも呼ばれる。すなわち、動産の占有者は、当該動産について実体的には処分権限を有していなくても、当該動産を占有しているために所有者らしい外観を呈しているといえる。動産の取引は、かなり頻繁に行われ、また不動産と比較して一般に低価格であるから、取引に当たって所有権の所在を慎重に調査すべきものとすることも現実的ではない。そこで、取引の相手方である動産占有者を処分権限のある者と信じて（善意）取引した場合、仮にその相手方が処分権限を有していなかったとしても、原則として権利の取得を認め、迅速な取引に寄与しようとするのが即時取得（善意取得）の制度である。

　しかし、このことは逆に真の所有者の権利を奪うことになるから、どのような要件が備わった場合に、即時取得（善意取得）を認めるべきかは、なかなか難しいところである。民法192条は、単に買主の善意だけではなく、善意無過失を要求しているが、それは当然のことであるといえる。問題はどのような場合に過失ありとされるかであり、これをめぐって多くの裁判例が積み重ねられている。また、買主の側には、目的動産についての占有の承継が要求されているが、どのような形態の占有であれば、即時取得が認められるのかも大きな問題であり、これについても判例・学説が積み重ねられてきている。

　直接に関係する民法の条文は、わずか3カ条にすぎないが、実にたくさんの裁判例が存在するのも故なしとしない。実際の動産取引においてきわめて重要な機能をこれらの条文は担っているのである。

　本書では、多数の裁判例のうち比較的重要と思われるものをピックアップして解説を加えた。これによって即時取得に関する主要な問題は網羅でき、本書が今後の研究および取引実務にとってなにがしかの意義を有するとすれば大変幸せである。

　わが恩師東北大学名誉教授・日本学士院会員鈴木禄彌先生は、すでに1957年に『総合判例研究叢書民法（6）即時取得』（有斐閣）を著されており、本書が同書からどれだけ進展しているのかと問われるといささか忸怩たる思いにかられる。

　本書の原稿は、2年近く前に完成していたのであるが、長期にわたる経済大不況の荒波の関係か、日の目を見ないでいた。

　今回、公刊にこぎつけたのは、(株)信山社・袖山貴氏のおかげによるものである。また編集工房INABA・稲葉文子氏にも大変お世話いただいた。厚くお礼を申し上げる。

　2003年6月

　　　　　　　　　　　　生熊長幸

目　次

はしがき

即 時 取 得

第1章　はじめに……3

第1節　民法192条から194条までの規定……3
第2節　民法192条の制度趣旨……4

第2章　民法192条の即時取得……7

第1節　要　件……7
　1　目的物が動産であること……7
　　(1)　山林に生育する立木【1】【2】……8
　　(2)　未分離果実・稲立毛【3】……9
　　(3)　金　銭【4】〜【7】……10
　　(4)　無記名債権【8】……13
　　(5)　貨物引換証・倉庫証券・船荷証券などの証券により
　　　　表象される動産【9】……14
　　(6)　株　券【10】……16
　　(7)　指図債権・記名式所持人払債権……17
　　　(a)　指図債権……17
　　　(b)　記名式所持人払債権【11】……17
　　(8)　指名債権証書【12】……18
　　(9)　電話加入権【13】……19
　　(10)　工場財団に属する動産【14】【15】……19
　　(11)　抵当不動産の付加物【16】……23
　　(12)　登記・登録を対抗要件とする自動車等の動産……24
　　　(a)　登録された自動車等……24
　　　　(i)　民法192条適用否定の立場【17】〜【24】……24

目 次

　　　　(ii) ユーザーである買主の保護の必要性【25】〜【29】……30
　　(b) 未登録の自動車・登録を抹消された自動車
　　　　　【30】〜【32】……………………………………………39
　　(c) 軽自動車・原動機付き自転車など【33】〜【34】…………42
(13) 既登記の船舶（商法687条）・既登記の建設機械（建設
　　　機械抵当法7条）・既登録の航空機（航空法3条の3，
　　　航空機抵当法5条）・不登記船舶【35】〜【36】…………45
(14) 農業動産信用法によって登記された動産 ………………47
2 有効な取引による承継取得であること ………………………47
　(1) 取引による承継取得 ……………………………………47
　　(a) 事実行為による占有の取得【37】〜【40】……………48
　　(b) 競売による占有の取得【41】……………………………50
　　(c) 代物弁済・弁済 ………………………………………51
　　(d) 消費貸借 ………………………………………………52
　(2) 有効な取引行為であること ……………………………52
3 前主が無権利者ないし無権限者であること …………………52
4 取得が平穏・公然，善意・無過失であること ………………53
　(1) 平穏・公然の動産の占有 ………………………………53
　　(a) 平穏・公然の占有の意義 ……………………………53
　　(b) 平穏・公然の立証責任 ………………………………53
　(2) 善意・無過失による占有の取得 ………………………54
　　(a) 善意・無過失の意義【42】【43】………………………54
　　(b) 善意・無過失の立証責任【44】【45】…………………56
　　(c) 悪意認定事例【46】【47】………………………………58
　　(d) 無過失認定事例・過失認定事例………………………59
　　　① 建設機械の即時取得【48】〜【58】………………60
　　　② 工作機械・印刷機械等の即時取得【59】〜【64】…74
　　　③ 軽自動車の即時取得【65】【66】……………………80
　　　④ 未登録自動車の即時取得【67】……………………82
　　　⑤ 不登記船舶の即時取得………………………………83
　　　⑥ 鋼材の即時取得【68】………………………………83
　　　⑦ 書籍の即時取得【69】………………………………85
　　　⑧ 刀剣の即時取得【70】………………………………87
　　　⑨ 冷凍蛸の即時取得【71】……………………………88

　　　　(e) 転売授権の存在が認定された事例【72】……………………91
　　5　取引の客体の占有を取得すること………………………………93
　　　(1) 占有改定による引渡し【73】～【79】……………………94
　　　(2) 指図による占有移転【80】～【85】………………………103

第2節　効　　果……………………………………………………………111
　　1　権利の原始取得……………………………………………………111
　　　(1) 即時取得する権利【86】……………………………………111
　　　(2) 権利の原始取得【87】………………………………………113
　　2　不当利得返還義務の不存在【88】………………………………115

第3章　盗品・遺失物についての例外……………117

第1節　占有物が盗品または遺失物であるときの被害
　　　　者または遺失主の物の回復請求（民法193条）……118
　　1　盗品または遺失物…………………………………………………118
　　2　回復請求権者の範囲【89】………………………………………119
　　3　占有物の即時取得が成立する時【90】～【92】………………120
　　4　被害者等の回復請求訴訟提起時から目的動産返還時
　　　までの使用利益の帰属………………………………………………123
　　5　回復請求時の物の現存……………………………………………123
　　6　窃取された株券を小切手法21条により善意取得しえ
　　　ない所持人に対する被窃取者からの返還請求権…………………123

第2節　盗品または遺失物を競売や公の市場等で善意
　　　　で買い受けた者に対する回復請求（民法194条）…125
　　1　占有者の取引の形態………………………………………………125
　　2　善意か善意無過失か………………………………………………126
　　3　代価弁償の性質【93】【94】……………………………………126
　　4　被害者等の回復請求訴訟提起時から目的動産返還時
　　　までの使用利益の帰属………………………………………………130
　　5　回復請求時の物の現存……………………………………………131
　　6　古物商や質屋が盗品・遺失物を善意で取得した場合の
　　　特則【95】……………………………………………………………131

略語一覧

略語一覧

内田　　内田貴・民法Ⅰ〔第2版・補訂版〕〔2000年〕東京大学出版会
梅　　　梅謙次郎・民法要義巻之二物権編〔1911年〕有斐閣
近江　　近江幸治・民法講義Ⅱ物権法〔第2版〕〔2003年〕成文堂
於保〔上〕　於保不二雄・物権法〔上〕〔1966年〕有斐閣
川井　　川井健・民法概論2〔1997年〕有斐閣
川島　　川島武宜・民法Ⅰ〔総論・物権〕〔1960年〕有斐閣
末川　　末川博・物権法〔1956年〕日本評論社
末弘〔上〕　末弘厳太郎・物権法〔上巻〕〔1921年〕有斐閣
鈴木　　鈴木禄弥・物権法講義〔4訂版〕〔1994年〕創文社
鈴木「即時取得」　鈴木禄弥・総合判例研究叢書民法(6)「即時取得」〔1957年〕有斐閣
富井　　富井政章・民法原論第2巻物権〔1914年〕有斐閣
林　　　林良平・物権法〔1951年〕有斐閣
広中　　広中俊雄・物権法〔第2版・増補〕〔1987年〕青林書院
舟橋　　舟橋諄一・物権法〔1960年〕有斐閣
星野　　星野英一・民法概論Ⅱ〔1980年〕良書普及会
松坂　　松坂佐一・物権法〔第4版補訂〕〔1984年〕有斐閣
安永　　安永正昭「民法192条～194条（動産の善意取得）」広中俊雄＝星野英一編・民法典の百年Ⅱ〔1998年〕有斐閣
横田秀雄・物権法〔1914年〕清水書店
好美「判例研究」　好美清光「即時取得と占有改定〔判例研究〕」一橋論叢41巻2号〔1959年〕
我妻　　我妻栄・物権法〔1952年〕岩波書店
我妻＝有泉　我妻栄＝有泉亨補訂・新訂物権法〔1983年〕岩波書店

注釈民法(7)　川島武宜編・注釈民法(7)〔1968年〕有斐閣
注釈民法(8)　林良平編・注釈民法(8)〔1965年〕有斐閣

判例集等略称

大　判	大審院民事部判決	新　聞	法律新聞
最　判	最高裁判所判決	高　民	高等裁判所民事判例集
高　判	高等裁判所判決	東高民時報	東京高等裁判所判決時報（民事）
地　判	地方裁判所判決	高　刑	高等裁判所刑事判例集
支　判	支部判決	下　民	下級裁判所民事裁判例集
民　録	大審院民事判決録	金　判	金融・商事判例
民　集	大審院民事判例集	判　時	判例時報
	最高裁判所民事判例集	判　タ	判例タイムズ
刑　録	大審院刑事判決録	法　時	法律時報
刑　集	大審院刑事判例集	金　法	旬刊金融法務事情
	最高裁判所民事判例集		

即時取得

判例総合解説

第1章　はじめに

第1節　民法192条から194条までの規定

　民法192条は,「平穏且公然ニ動産ノ占有ヲ始メタル者カ善意ニシテ且過失ナキトキハ即時ニ其動産ノ上ニ行使スル権利ヲ取得ス」と規定する。この制度を一般に即時取得の制度と呼んでいる。この条文は,民法第2編「物権」・第2章「占有権」・第2節「占有権の効力」の中に位置するものであって,文理的には,善意無過失かつ平穏公然に動産の占有を始めた者は,占有権の効力として,その物が他人の権利の目的物であったとしても,その物についての権利を即時に取得できると読めることになり,どのような趣旨の規定なのか非常にわかりにくい表現の条文となっている。同法193条の規定も,192条を受けた規定であり,「前条ノ場合ニ於テ占有物カ盗品又ハ遺失物ナルトキハ被害者又ハ遺失主ハ盗難又ハ遺失ノ時ヨリ2年間占有者ニ対シテ其物ノ回復ヲ請求スルコトヲ得」とするのみであるから,同様の問題を含んでいる。それに対して,同法194条は,「占有者カ盗品又ハ遺失物ヲ競売若クハ公ノ市場ニ於テ又ハ其物ト同種ノ物ヲ販売スル商人ヨリ善意ニテ買受ケタルトキハ被害者又ハ遺失主ハ占有者カ払ヒタル代価ヲ弁償スルニ非サレハ其物ヲ回復スルコトヲ得ス」と規定しているので,盗品または遺失物を競売または売買により善意で取得し占有している者と,被害者または遺失主との関係を規定していることが明らかである。

　いずれにしても,民法192条の即時取得の制度はいかなる趣旨を持ったものであるかが明らかにされる必要があり,その上でその制度趣旨に沿った解釈論が展開されることになるのである。そして,民法193条および194条の規定は,民法192条の場合に占有物が盗品または遺失物であったときの例外的取り扱いを定めたものであり,この規定も,民法192条の制度趣旨を前提に解釈されるべきことになる。

第1章 はじめに

第2節　民法192条の制度趣旨

　民法192条の制度趣旨について，立案担当者である梅謙次郎博士は，『民法要義』において，ごく簡単に次のように説明されている。すなわち，本条は，瞬間時効または即時時効に関する規定である。けだし，動産は所在極めて不確定であってかつその取引は最も頻繁であるから，甲から乙，乙から丙に輾転した後，意外の人からその物についての権利を主張され，ついにその物を返還しなければならないということになれば，商業その他一切の取引は甚だ不安全なものとなり，取引の円滑を欠き，商業の発達を妨げる虞れがある。いずれの国においても，動産については，多少の特別規定を設け，占有者を権利者とみなすことができるのはそのためである。旧民法においては，本条の規定と同様なものをもって時効の規定とし，これを時効の部に掲げたが，時を要しない時効があるべき理由はなく，不当であるので，新民法においては，これを占有の効力として，占有の章に規定したものである，と述べられている[1]。したがって梅博士も，民法192条の制度趣旨については，動産取引の安全にあると考えられていたといえる。

　我妻栄博士も，民法192条の規定は，動産の取引をきわめて安全にすると述べられ，この規定が動産の取引の安全のための制度であり，動産物権の表象である占有を信頼する者を保護して物権を取得させようとする意義をもつものであるとされ，動産の占有に公信力を与えるものであるとされる[2]。この点は，現在の学説上異論はない[3]。

　ここで簡単に民法192条の即時取得の制度の趣旨を理解するために，この制度の沿革を概観しておこう[4]。ローマ法においては，「何人も自己の有する以上の権利を他人に与えることはできない」という原則が動産についても貫かれていたので，即時取得の成立の余地はなかった。それに対して，ゲルマン法においては，Hand wahre Hand（手は手を守れ）の原則といわれるものが存在した。すなわちこの原則は，所有者は，所有者の意思に基づかないで動産占有＝Gewere（ゲヴェーレ＝権利と物の事実的支配が未分化の観念）を失った場合には，所有者はその所有権を失うことなく何人の占有にあるもその返還を請求しうるが，所有者が相手方を信頼して任意に動産占有＝Gewereを与えた場合（動産を賃貸したり，保管させた場合など）には，この者に対してだけ物の返還を請求することができ

---

1)　梅59頁以下。
2)　我妻127頁以下，我妻＝有泉210頁以下。
3)　舟橋230頁以下，鈴木168頁以下，星野70頁，近江140頁以下，内田454頁以下，川井104頁以下など。民法192条から194条の立法過程およびその後の判例の展開については，安永457頁以下参照。
4)　詳細については，注釈民法(7)81頁以下〔好美清光〕参照。

第2節　民法192条の制度趣旨

るという原則であり，この者よりさらにGewereを取得した第三者に対しては，その物の返還を請求できず，追及力が制限された。これが即時取得の制度の起源と考えられる。13世紀まで「動産は追及を許さず」として同様の原則が行われていたフランス法は，その後14世紀から16世紀にかけてローマ法の影響を受けたが，フランス民法2279条1項は，「動産に関しては占有は権限に値する」として，Gewere的構成のもとに，原所有者の追及権を制限するという構成をとっている。そして，この趣旨がドイツ旧商法を通じてドイツの現行民法に発展的に承継され，同法932条1項前段は，「929条〔現実の引渡しと合意による動産所有権の譲渡〕による取得者は，物が譲渡人に属さないときといえども所有権を取得する。ただし本条により所有権を取得すべきであった当時，取得者が善意でなかったときは，この限りでない」とする。ここでは，Gewere的構成を脱却し，取得者の「善意」を要件としてつけ加えるとともに，追及権の制限という効果ではなく，所有権取得の効果を与えている。ここに，動産占有に公信力を与える制度（善意取得の制度）としてこの制度は確立し，動産取引の安全の確保が図られることになったのである。

わが民法192条の規定は，前述のように，善意で動産取引をした者を保護するためのものであることは，条文の文理から明らかとは言えないが，それは，本条がGewere的構成をとどめるフランス民法の影響を受けて作られたためである。

以下，まず民法192条に関して，その要件，ついで効果についての判例を分析する。次に，民法193条および194条に関して，その要件および効果についての判例を分析する。

第2章　民法192条の即時取得

第1節　要　件

　民法192条による即時取得が認められるための要件としては，次のことが要求されている。①目的物が動産であること。②取引による承継取得であること。③前主が無権利ないし無権限であること。④取得が平穏・公然，善意・無過失であること。⑤取引の客体の占有を取得すること。以下，それぞれの要件について，判例を中心にその具体的な取扱いを見ていくことにする。

1　目的物が動産であること

　民法192条の文言上，即時取得の目的物は，「動産」とされている。したがって，土地および建物のような不動産は，即時取得の対象にはならない。不動産の物権変動の対抗要件は不動産登記とされており（民法177条），不動産物権の表象はむしろ不動産登記であって，不動産の占有は不動産物権の表象とはいえないから，不動産の場合に民法192条を類推適用することもできない。なお，不動産の場合，不動産登記に公信力が認められるかどうかが問題となるが，不動産は動産と比較して一般に高額であること，動産ほど頻繁には取引がなされないから，取引にあたっては権利関係が慎重に調査されること，わが国では，不動産登記にあたり実質的審査主義ではなく形式的審査主義がとられているので，しばしば実体を伴わない虚偽の登記がなされることなどから，不動産登記に公信力を認めないのが通説である[5]。したがって，不動産について所有権登記を備えているが実体的には所有権を有しない者を所有者と信じてその者から当該不動産を買い受けたとしても，所有権の即時取得は認められない。もっとも，不動産の所有者が所有権の登記名義を自ら他人の名義にしておき，その登記名義人がその不動産を自己の不動産として善意の第三者に売却したような場合には，民法94条2項の類推適用により不動産所有者は第三者に所有権が自己に

---

[5]　我妻＝有泉213頁，鈴木179頁，広中183頁，内田427頁など。

第2章　民法192条の即時取得

あることを主張しえないとするのが，判例（最判昭和45・7・24民集24・7・1116，最判昭和50・4・25判時781・67）・通説である。

以下，判例上民法192条の適用の有無が問題となった財産権を見る。

(1) 山林に生育する立木

無権利者から山林を善意無過失（取引の相手方をその動産につき無権利者でないと誤信し，誤信したことにつき過失のないこと。後掲4(2)(a)〔53頁〕）で譲り受けた場合，あるいは無権利者から山林に生育する立木のみを善意無過失で譲り受けた場合，山林に生育する立木は，山林という不動産の一部であるから即時取得は成立しえないとするのが判例（【1】など）・通説[6]である。しかしながら，古い判例には，山林に生育する立木についても，即時取得の成立の可能性を説くものもあった（【2】。もっとも，この判例は，地盤の所有権登記を調査すれば立木の所有者が誰であるかを知り得たことを理由に立木の買主の過失を認め，即時取得の成立を否定したものである。）が，現在では判例法上否定されているものと解される。なお，無権利者から譲り受けた立木を譲受人がその後伐採して，動産となった材木を占有した場合に，材木についての即時取得が認められるかが問題となるが，これについては，2(1)(a)〔48頁〕参照。

もっとも，山林に生育する立木を無権原者から善意無過失で譲り受けた者は，民法94条2項により保護されることがあるとする見解が有力に主張されている[7]。すなわち，例えば，山林について無権限の売主名義の所有権登記があり，そのことについて山林所有者に帰責性がある場合には，民法94条2項の類推適用により善意無過失で山林を譲り受け所有権移転登記を経由した買主を保護すべきだとし，また，無権限者が立木につき自己を所有者とする明認方法を施し，山林所有者がそのことを知りながら放置している場合には，無権限者から善意無過失で立木を譲り受け明認方法を施した買主を保護すべきだとする学説が有力である。

【1】　大判明治35・10・14刑録8・9・54，新聞111・16

[事実]　A所有の本件立木が，AからB，BからX（原告・上告人）に順次譲渡された。ところが，その後，Aの実兄のCが本件立木の所有権がなおAにあるように偽り，本件立木をDに売り渡し，次いでDからY（被告・被上告人）に譲渡され，Yはこれを伐採し材木とした。Xは，この材木の所有権を主張し，その引渡しを求めて本訴を提起した。Yは材木の即時取得を主張。原審は，Yが当初立木として占有を始めた事実を認定しながら，後日Yが自ら立木を伐採し動産として善意無過失公然に占有を始めたとして，Yの材木の即時取得を認めた。X上告。破棄自判。

[判旨]　「民法第192条ハ占有物カ占有ノ当初ヨリ動産タリシ場合ノ規定ナルカ故ニ占有物ニ

---

6)　舟橋233頁，安永496頁。
7)　広中218頁，224頁，安永496頁以下，内田456頁など。

シテ其当初不動産タリシ場合ニ在テハ同条ノ規定ヲ適用スヘキモノニアラス然ルニ原院カY ハ本件立木ヲ買受ケ之ヲ伐採シテ材木トヲ為シタル事実ヲ確認シナカラ右規定ヲ引用シテX二対シ回復ヲ求ムルノ権利ナシト判定シタルハ不法ニシテ論旨ハ其理由アリ」

【2】 大判大正10・2・17民録27・329

[事実] X(原告・控訴人・被上告人)所有の畑地につきX名義の所有権登記がなされている。この畑地上の本件立木(小松600本)をY(被告・被控訴人・上告人)は無権利者Aから買い受け、その後これを伐採し、伐木をBが保管している。Xは、Yに対して伐木の所有権がXに存在することの確認と妨害の排除を求めて本訴を提起した。Yは、本件立木がAに属すると信じて買い受け、伐採して占有しているから、本件伐木を即時取得したと主張。原審は、畑地の登記を調査すれば本件立木がAに属さないことを知りうるから、Yには過失があるとして、即時取得の主張を排斥した。Y上告。上告棄却。

[判旨]「明治42年法律第22号立木ニ関スル法律ニ所謂立木ニ該当セサル立木ハ独立ノ不動産トシテ登記ノ目的ト為スヲ得サルヲ以テ立木ノ所有権カ何人ニ属スルヤニ関シ一般的公示ノ方法ヲ欠クト雖モ特別ノ場合ニアラサル限リ立木ノ所有権ハ其地盤ノ所有者ニ属スルヲ普通トスルヲ以テ地盤ノ所有者カ何人ナルヤヲ認知スルコトニ依リ一応立木ノ所有権ノ何人ニ属スルヤヲ知リ得ヘクシテ地盤ノ所有権ハ既登記ノ場合ニ在リテハ登記簿ヲ調査スルコトニ依リ容易ニ之ヲ知リ得ルト同時ニ之カ調査ヲ為スヲ以テ取引上必要ナル注意ト謂ハサルヘカラサルヲ以テ之カ調査ヲ怠リタル場合ニハ立木ノ所有権カ地盤ノ所有者以外ノ者ニ属スルモノナリト信シタルトスルモ其善意ナルコトニ付キ過失アルモノト謂ハサルヘカラス」

(2) 未分離果実・稲立毛

無権利者から未分離の果実や稲立毛を善意無過失で譲り受け、明認方法を施しても、未分離の果実や稲立毛は不動産の一部であるから、即時取得の可能性はない[8]。しかし、古いものではあるが、未分離の稲立毛について、未分離の果実は不動産の一部ではなく動産であるとして、即時取得の成立を認めた判例がある(【3】)。無権利者から未分離果実や稲立毛を善意無過失で買い受けた者の保護については、立木の場合と同様、民法94条2項の類推適用によるべきであろう[9]。

【3】 大判昭和3・8・8新聞2907・9

[事実] 事実関係の詳細は不明。上告人は、本件土地に生立し既に成熟期に達した稲立毛全部をAより買い受け、代金の支払をなすと同時に、現場においてその引渡しを受け、かつその稲立毛が上告人の所有に属する旨の公示札(明認方法)を施した。そこで、上告人は、稲立毛がAの所有に属さずAと上告人との間の本件稲立毛の売買が無効だとしても、民法192条により本件稲立毛を即時取得したと主張。原審は、上告人の即時取得の主張を認めなかったので、

---

8) 鈴木171頁、星野72頁、広中226頁など。
9) 広中226頁、安永496頁以下。

第2章 民法192条の即時取得

上告。破棄差戻し。

［判旨］「未タ土地ヨリ分離セラレサルモ既ニ成熟期ニ達セシ稲毛ノ如キハ一種ノ動産トシテ取扱ハレ取引ノ目的タリ得ヘキモノナルコト当院判例ノ趣旨トスルトコロナルカ故ニ（大正5年（オ）第386号同年9月20日言渡判決，大正9年（オ）第309号同年5月5日言渡判決参照）此ノ範囲ニ於テ本来ハ不動産ノ一部ヲナス分離前ノ果実ニ付テモ亦民法第192条ノ適用アリト云フヘク従テ原審ハ宜シク上告人ノ前記主張ニ対シ相当ノ判断ヲ与ヘサルヘカラサル筋合ナリ」

(3) 金 銭

金銭は，動産ではあるが，即時取得の対象にならない。しかし，この点については大審院判例においてはむしろ即時取得を肯定するものが主流であった（即時取得肯定裁判例として，【4】，【5】，大判大正9・11・24民録26・1862，大判昭和9・4・6民集13・492，後掲【88】など）。学説上は，金銭は動産ではあるが，通常物としての個性を持たず，単なる価値の表象ととらえるべきであり，したがって，占有取得者の善意・悪意とはかかわりなく，一般の動産と異なり占有の移転とともに所有権が移転するのであって，民法192条の即時取得の適用はなく，それ故また民法193条適用もない（民法194条はそもそも適用の余地がない）としてきた[10]。最高裁判例も，刑事事件の判例においては昭和29（1954）年に（【6】），民事事件の判例においては昭和39（1964）年に

（【7】），同様の立場を明らかにした（同旨・青森地判昭和32・11・28下民8・11・2211）。

なお，金銭であっても，封をしたままの金銭を無権限者が第三者に売り渡し，封がされたままの状態であるときや，他人の所有する記念硬貨を無権限者が自己の所有物として，コレクションの対象や服飾洋品の材料として第三者に売り渡し，特定性が失われていないときのような例外的な場合については，即時取得の適用がある[11]。

〔民法192条適用の古い判例〕

【4】 大判明治35・10・14刑録8・9・58

［事実］X（被上告人）の所有する本件金銭が盗取された。Y（上告人）は，Aより盗品である本件金銭を善意無過失で受け取り占有している。Xは，Yに対して民法193条に基づき本件金銭の返還を求めて本訴を提起した。原審は，金銭も民法192条の動産に含まれるから，金銭が盗取されたものであるときは，たとえYにおいてAより善意無過失でこの金銭を受け取ったときであっても，民法193条の規定にしたがい被害者であるXに還付する義務があるとした。Y上告。上告棄却。

［判旨］「内国通用ノ貨幣又ハ紙幣ノ動産タルコトハ多言ヲ要セサル所ナリ既ニ動産タル以上ハ其貨幣又ハ紙幣ニシテ盗品ナルトキハ被害者ハ盗難ノ時ヨリ2年間占有者ニ対シテ其回復ヲ請求シ得ヘキハ民法第192条同193条ノ規定ス

---

10) 我妻＝有泉236頁，舟橋234頁以下，鈴木352頁，広中184頁，内田457頁以下，川井119頁以下など。
11) 注釈民法(7)99頁〔好美〕，鈴木351頁，広中184頁，星野72頁，内田458頁など。

Aに対して金銭債権を有しており，その担保として本件白米につき質権の設定を受けた。しかし，この白米の所有権はX（原告・控訴人・被上告人）にあり，Yは本件白米に対する質権を即時取得したことになった。この白米が仮処分の結果換価され，この換価金（以下，「本件金員」という。）がいったん供託されたが，Yが物上代位としての差押えをしないうちに（民法304条・350条），Aの代理人がこれを受け取った。この時点でYの白米の上の質権は消滅した（民法304条1項但書）。Yは，Aから債権の弁済として本件金員を受領した。これに対してXは，本件金員はXの所有に属する白米の換価金であって，Yは他人の物をもって弁済を受けたのであるから，法律上の原因なくして不当に利得したものであるとして，Yに対して不当利得の返還を求めて本訴を提起した。原審は，Xの請求を認容。Y上告。破棄移送。

［判旨］「Yハ仮令質権ノ実行ニ因リテ本件ノ金銭ヲ受取リタルモノニアラストスルモAニ対スル債権ノ弁済トシテ其交付ヲ受ケ之ヲ占有シタルモノナルコトハ原院ノ事実トシテ確定シタル所ナレハ其金銭ニ付キテハ民法第192条ノ規定ヲ適用スルコトヲ要シYカ弁済受領ノ当時平穏公然善意無過失ニテ之ヲ占有シタルモノセハYハ其金銭ノ所有権ヲ取得スルコトヲ得スンハアラス此場合ニ於テハ之ヲYニ交付シタル債務者Aニ於テ其金銭ハ自己ノ所有ニアラス又ハ自己ノ所有ニ帰スヘカラサルモノナリシトノ理由ヲ以テYニ対シテ之カ返還ヲ請求スルコトヲ得サルノミナラス実体上其金銭ノ回復ヲ請求スルノ権利ヲ有スルXモ亦タ其請求権ヲ行使シテ之カ回復ヲ求メ又ハ不当利得ノ原因トシテ之カ返還ヲ求ムルニ由ナキモノトス蓋シ弁済トシテ他人ノ物又ハ他人ノ有ニ帰スヘキ物ヲ債権者ニ交付シタル場合ニ於テ債権者カ民法第192条ニ規定スル占有ヲ為シタルトキハ債権者ハ其物ニル所ナリ然ルニYニ於テ金銭ノ如キ通貨ハ流通物ノ最タルモノニシテ他ノ動産ト同一視スヘキモノニアラス而モ他ノ動産ニ在リテモ尚ホ且同第194条ニ於テ善意ノ占有者ヲ保護スル規定ノ設ケアルヲ以テ金銭ノ如キ通貨ハ同193条ニ包含セス同条ハ金銭ノ如キ通貨ヲ除外シタルモノナルコト明ナリト主張スルモ凡ソ法律上除外例ハ明文ヲ要スルモノナレハ我国ノ法律ニシテ彼独国法律ノ如ク通貨ノ盗品タル場合ニ於テ善意ノ占有者ヲ保護シ被害者ニ其回復ノ請求ヲ許サヽラント欲セハ宜シク独国ノ如ク明文ヲ設クヘキ筋合ナルニ我民法中特ニ之カ除外例ヲ設ケサリシヲ以テ見レハ我国立法ノ趣意ニ於テモ通貨ト他ノ動産トノ間何等ノ区別ヲ設クル意思ナキヲ知ルニ足レリ又Yニ於テ我民法ニ除外ノ明文ヲ設ケサリシハ金銭ノ如キ通貨ハ本来ノ性質トシテ除外ノ規定ヲ要セサルカ為メナリト云フモ良シ金銭ノ如キ通貨ハ流通物ニシテ他ノ動産ト異ナル所アルモノトスルモ之レカ為メ明文ヲ要セスシテ除外例ニ属スルモノナリトスル理由ヲ発見スル能ハサルノミナラス民法実施以前ニ於テ判例上金銭ノ如キ通貨ニシテ盗品タリシ場合ニ於テハ常ニ他ノ動産ト均シク被害者ニ其回復請求ノ権利ヲ認メ来リシヲ以テ立法者ニシテ民法ニ於テ此判例ニ異ナリタル主義ヲ執ラント欲セハ必ス明文ヲ以テ之カ除外例ヲ規定スヘキ必要アルニ之カ為メ何等規定ヲ設ケサリシヲ以テ視レハ之ヲ除外例ト為サヽリシヤ益明カナリ要スルニ原院ニ於テ本件紙幣ノ如キモ亦民法第193条ニ包含スルモノトシYニ敗訴ノ言渡ヲ為シタルハ其当ヲ得タルモノニシテYノ上告ハ其理由ナキモノトス」

【5】 大判大正1・10・2民録18・772

［事実］　Y（被告・被控訴人・上告人）は，

対シテ確定不可動ノ権利ヲ取得スルト同時ニ其弁済モ亦有効トナルノ結果ヲ生スルモノニシテ此場合ニ於テ弁済カ其効力ヲ生スルハ債権者カ真正ノ権利者ヨリ回復ノ請求又ハ利得返還ノ請求ヲ受クルノ虞ナクシテ完全ニ弁済ノ利益ヲ享受スルコトヲ得ルカ為ニ外ナラス従テ債権者カ弁済ノ目的物上ニ権利ヲ取得スルコトヲ得サル場合ニ適用セラルヘキ民法第477条ノ規定ヲ以テ之ヲ律スルコトヲ得サルモノトス」

〔民法192条不適用判例〕

【6】 最判昭和29・11・5 刑集8・11・1675

[事実] 刑事事件（業務上横領背任被告事件）のため事実関係省略。

[判旨]「所論別口貯金も，被告人Y_1，同Y_2がA組合の理事たる資格をもつて，組合の名において，組合の計算において，組合に対する貯金として，受入れたものであることは，本件第一審判決の確定するところである。とすれば，たとえ，右貯金が組合員以外の者のした貯金であるが故に法律上無効であつて，組合に対する消費寄託としての法律上の効力を生ずるに由ないものであるとしても，右貯金の目的となつた金銭の所有権自体は一応組合に帰属したものと云わなければならない。けだし，金銭は通常物としての個性を有せず，単なる価値そのものと考えるべきであり，価値は金銭の所在に随伴するものであるから，金銭の所有権は特段の事情のないかぎり金銭の占有の移転と共に移転するものと解すべきであつて，金銭の占有が移転した以上，たとえ，その占有移転の原因たる契約が法律上無効であつても，その金銭の所有権は占有と同時に相手方に移転するのであつて，ここに不当利得返還債権関係を生ずるに過ぎない

ものと解するを正当とするからである。論旨は採用することを得ない（所論引用の大審院判例は右と抵触する範囲において変更を免れないものである）。」

【7】 最判昭和39・1・24 判時365・26

[事実] AはX（原告・被控訴人・上告人）をだまして11万円余りの交付を受け，AがXらから依頼を受け経営に従事していた店の売上金6万余円を加えた17万2,300円を自己の金であるとして執行吏に提出してY（被告・控訴人・被上告人）の申立てにかかる仮差押えがなされた。これに対してXらが仮差押えられた本件金銭はXらの共有に属するとして仮差押執行に対して第三者異議の訴えを提起した。第1審は，Xの請求を認容。原審（福岡高判昭和37年11月13日金法327号7頁）は，金銭は価値を具現するものであり，それ自体としては個性のないもので特段の事情のないかぎり金銭の所有権は現実の直接占有の取得とともに取得されるものと解すべきであるとして，Aが本件金銭を自己のものとして表示して執行吏に提出し，執行吏が即時にこれを受領占有して仮差押えの執行をなすに及んでは，少なくともその執行はAの所有に帰した現金に対してなされたものと解するのが相当であるとし，第1審判決を取り消して，Xらの第三者異議を認めなかった。Xら上告。上告棄却。

[判旨]「金銭は，特別の場合を除いては，物としての個性を有せず，単なる価値そのものと考えるべきであり，価値は金銭の所在に随伴するものであるから，金銭の所有権者は，特段の事情のないかぎり，その占有者と一致すると解すべきであり，また金銭を現実に支配して占有する者は，それをいかなる理由によつて取得し

たか、またその占有を正当づける権利を有するか否かに拘わりなく、価値の帰属者即ち金銭の所有者とみるべきものである（昭和29年11月5日最高裁判所第2小法廷判決、刑集8巻11号1675頁（【6】）参照）。」

本件において原判決の認定した事実によると、11万円余はXから交付を受けた時、6万余円は着服横領した時、それぞれAの所有に帰し、Xらはその所有権を喪失したものというべきである。これと同趣旨の原判決の判断は正当である。

(4) 無記名債権

無記名債権は、動産とみなされるので（民法86条3項）、即時取得が認められるのが原則である。乗車券、コンサート、映画、スポーツ観戦の入場券などがそれにあたる。

しかしながら、有価証券になっている無記名債権（無記名公債・社債、商品券など）の場合には、民法の即時取得に関する規定の適用があるとすると、同法193条の盗品や遺失物の即時取得に関する例外も認めざるを得なくなり、有価証券としての流通性を害することになる。そこで判例（【8】）は、無記名債権が「金銭其他ノ物又ハ有価証券ノ給付ヲ目的トスル有価証券」である場合には、民法192条から194条の規定を適用すべきではなく、商法519条により小切手法21条を準用すべきものとして、無権利者からの譲受人の保護を図っており、学説も同様の考えに立つ[12]。その結果、このような有価証券である無記名債権については、盗品や遺失物に関する例外規定である民法193条の適用がないこと、また、即時取得のための主観的要件としては、取得者の善意無過失までは要求されず、善意無重過失で足りることの2点において、取得者の保護がより強く図られている[13]。

【8】 大判大正6・3・23民録23・392

[事実]〔事実関係の詳細は不明〕 盗品である無記名公債証書が質入れされ、質権者Y（被上告人）が引渡しを受けた。そこで、無記名公債証書を窃取された被害者X（上告人）が質権者Yに対して、民法193条に基づき無記名公債証書の返還を求めた。原審は、公債証書または社債が有価証券であるので、民法192条ないし194条が適用されるのではなく、商法282条（商法441条等の規定は、「金銭其他ノ物又ハ有価証券ノ給付ヲ目的トスル有価証券ニ之ヲ準用ス」。〔筆者注：現行商法519条に相当〕）および同法441条（「何人ト雖モ悪意又ハ重大ナル過失ナクシテ手形ヲ取得シタル者ニ対シ其手形ノ返還ヲ請求スルコトヲ得ス」。〔筆者注：現行小切手法21条に相当〕）を適用し、質権者Yの無記名公債証書上の質権の善意取得を認めるとともに、民法193条の適用を排除して、無記名公債証書を窃取された被害者Xの請求を斥けた。そこで、被害者Xは、無記名債権である公債証書または社債の上に存する質権の得喪等については動産に関する規定が適用され、質権者Yが質権を民法192条により即時取得したときであっても、質権を窃取された被害者Xは盗難の時より2年間は占有者に対してその物の回復を請求できるのであり、原審が、商法282条および441

---

[12] 我妻＝有泉235頁、舟橋234頁、広中184頁。
[13] 我妻＝有泉235頁、舟橋234頁。

第2章 民法192条の即時取得

条を適用し，民法193条の適用を排除したのは違法である等を理由に上告。上告棄却。

〔判旨〕「商法第441条ノ規定ハ悪意又ハ重大ナル過失ナクシテ手形ノ占有権ヲ取得シタル者ハ其手形ノ所有権ヲ完全ニ取得シ之ニ対シテハ何人ト雖モ其所有権ヲ否認シテ手形ノ返還ヲ請求スルコトヲ得ストノ法意ニシテ其手形ノ所有権ヲ取得スルハ悪意又ハ重大ナル過失ナクシテ手形ノ占有権ヲ取得スルニ因ルモノトス而シテ同法第282条ニ於テ第441条ノ規定ヲ所定ノ有価証券ニ準用スルハ証券ノ占有権ノ取得ニ重キヲ措キ其占有権取得カ所有権取得ノ為メナルト質権取得ノ為メナルトヲ問ハス準用スルノ法意ニシテ即チ悪意又ハ重大ナル過失ナクシテ証券ノ占有権ヲ取得シタル者ハ其占有権取得カ所有権取得ノ為メナルトキハ所有権ヲ完全ニ取得シ又質権取得ノ為メナルトキハ質権ヲ完全ニ取得シ之ニ対シテハ何人ト雖モ其所有権又ハ質権ヲ否認シテ証券ノ返還ヲ請求スルコトヲ得ストノ趣旨ニ出テタルモノトス又右両条ハ共ニ証券ノ無記名式ナルト否トヲ区別セサルヲ以テ第282条所定ノ証券ニハ其無記名式ナルトキト雖モ当然同条ノ規定ヲ適用スルコトヲ要シ動産ノ占有ニ関スル民法第192条第193条等ノ規定ヲ適用ス可キニ非サルヤ言ヲ竢タス蓋商法第282条〔筆者注：現行商法519条に相当（小切手法21条の規定等は，金銭その他の物又は有価証券の給付を目的とする有価証券にこれを準用する旨の規定）〕及第441条〔筆者注：現行小切手法21条に相当〕ハ民法上ノ原則殊ニ同法第192条ニ対スル特別ノ規定ニシテ所定ノ如ク証券ノ占有者ノ保護ヲ民法ノ規定スル所ヨリモ一層厚クシタル立法ノ趣旨ハ其占有者ノ取得スル権利カ所有権ナルト質権ナルトニ於テ異ルヘキ理由アルコトナク其立法ノ精神ニ照シテ之ヲ考フレハ商法第282条ノ規定ハ啻ニ所有権取得ノ場合ノミナラス質権取得ノ場合ヲモ包含シ全然民法第192条第193条等ノ規定ヲ除外シタルモノト解スルヲ相当トスレハナリ故ニ金銭ノ給付ヲ目的トスル有価証券ノ上ニYカ各自質権ヲ取得シタル本件ノ場合ニ商法第282条ヲ適用シテXノ請求ヲ排斥シタル原判決ハ結局正当ナレハ右各上告論旨ハ何レモ其理由ナシ」

(5) 貨物引換証・倉庫証券・船荷証券などの証券により表象される動産

貨物引換証（商法571条以下）・倉庫証券（同法598条以下）・船荷証券（同法767条以下）などの証券により表象される動産にあっては，証券の交付が商品そのものの引渡しと同一の効力を有し（商法575条・604条・776条），また証券の引渡しが物権変動の対抗要件であるにとどまらず，物権変動の効力要件となる。

しかし，これらの動産も，倉庫業者や運送業者から証券によらずに違法に引き渡された後に，これらの動産の受取人が処分した場合，善意の取得者のために民法192条の適用がある[14]。判例は，このことを認める（【9】）。

他方，これらの証券については，商法519条により小切手法21条が準用され，善意取得が認められる。これらの証券自体を善意取得した場合，これらの証券によって表象された動産自体をも善意取得したことになるかが問題となる。証券が証券として独立に商品の表象たる価値を有するとする説（絶対説）は，

---

14) 鈴木「即時取得」72頁，注釈民法(7) 96頁以下〔好美〕。

証券の善意取得は，そのまま商品自体の所有権または質権の善意取得となるとするのに対し，証券の占有は商品の占有の効力を有するにすぎないとする説（代表説）は，証券の善意取得は，商品の占有の善意取得にすぎないから，商品自体の所有権または質権を取得するためには，民法192条以下の規定に準拠しなければならないとする[15]。その結果，後説の場合には，証券が盗品または遺失品であるときは，被害者等からの商品の（占有の）回復請求の問題が生じうる。また，証券自体の善意取得者が現れるとともに，他方で，前主の動産自体の占有を信頼して買い受けた者が民法192条の要件を備えたときは，後者を優先させるべきであろう[16]。

【9】 大判昭和7・2・23民集11・148

［事実］〔事実関係の詳細は不明〕運送業者であるX（原告・被控訴人・上告人）は，荷送人Aと本件物品を荷受人Bに運送すべき契約を締結し，本件物品の引渡しを受けると同時に，Aの請求により貨物引換証を発行した。その後，本件物品が到達地運送取扱店であるC経営の運送店に送付された。Cは本件物品については貨物引換証の発行があったことを知りながら，貨物引換証との引換えでなく荷受人Bに引き渡した。Bは本件物品の引渡しを受けるや，本件物品の一部（以下「本件物件」という。）をD農業倉庫に寄託し，D農業倉庫より新たに倉庫証券の発行を受け，既存債務の担保のためY（被告・控訴人・被上告人）に本件物件を質入れし，

Yは善意無過失でこれを占有した。YはBに対する質権の実行として，本件物件に対して競売の申立てをした。そこで，Xは，荷受人Bは貨物引換証との引換えでなく，D農業倉庫の係員を欺罔して本件物件の引渡しを受け，さらに同倉庫に寄託し倉庫証券を発行させ，倉庫証券をYに差し入れて質権を設定したものであるから，本件質権は無効であるとして，Yに対して競売手続の取り下げを求めて，本訴を提起した。しかし，競売手続は続行され，売得金1,518円が供託された。そこで，Xは，請求を変更し，貨物引換証の所持人として，売得金の正当な受領権利者であることの確認を求めた。原審は，本件貨物引換証表示の運送品は，到達地運送取扱店の不当取引行為により法律上滅失したことになるので，その後当該貨物引換証の所持人Aは，もはや運送品の上に所有権はもちろんいかなる物権をも有しないことになり，しかもXが本件貨物引換証の裏書譲渡を受けるに至ったのは，荷受人Bが不当な運送品の引渡しを受けたため運送人としての責任上貨物引換証の所持人である荷送人Aにこの損害賠償をなしたためであって，要するにXはAよりすでに空券となった貨物引換証を譲り受けたものであり，これにより本件物品に対しいかなる物権をも取得するものではない，としてXの請求を棄却した。X上告。上告棄却。

［判旨］「貨物引換証ノ発行アリタル運送品ニ付運送人又ハ運送人ノ指定シタル到達地ノ運送取扱人カ右ノ事実ヲ知リナカラ之ト引換ニ非スシテ運送品ヲ貨物引換証ノ所持人以外ノ者ニ引渡シタルトキト雖引渡ヲ受ケタル者カ自己ノ所有物トシテ之ニ質権ヲ設定シ質権者カ平穏且公然ニ之カ占有ヲ為シ善意ニシテ且過失ナキトキ

---

15) 我妻＝有泉237頁。
16) 注釈民法(7)97頁〔好美〕。

ハ民法第192条ノ規定ニ基キ該運送品ニ対シ有効ニ質権ヲ取得スルモノナルヲ以テ質権者ハ其ノ請求ニ基キ執達吏ノ為シタル右物品競売ノ結果供託シタル売得金ニ付テモ質権ヲ主張スルコトヲ得ヘク従テ貨物引換証ノ所持人又ハ該証券ヲ裏書ニ因リ譲渡ヲ受ケタル者ハ縦〔假〕令叙上ノ如キ事実ヲ知ラサルトキト雖売得金ニ対シ自己ノ受領スル権利アルコトヲ主張スルコトヲ得サルモノトス此ノ点ニ関スル原判決ノ説明ハ妥当ナラサル所アリト雖Ｘノ請求ヲ排斥シタルハ結局相当ナルニヨリ本論旨ハ採用スルノ価値ナキモノトス」

(6) 株　　券

無記名株券は，有価証券化された無記名債権であり，動産とみなされる（民法86条3項）。記名式株券は，その譲渡方法および対抗要件の具備の方法について変遷があったが[17]，昭和41年（1966年）の改正により現在では株券の交付だけで譲渡が成立し（商法205条1項），また記名者ではなく株券の占有者が適法な所持人と推定されることになっている（同条2項）。また，株券については無権利者からの譲受人の保護の必要上，商法229条により小切手法21条が準用されている[18]。その結果，善意無過失または善意軽過失で株券を取得した者は，株券の善意取得が認められる。なお，窃取された株券の所持人に悪意または善意重過失のために小切手法21条により善意取得が認められない場合に，株券の受寄者は民法193条により株券の返還を求めることができるかが問題となる。判例は，民法193条の趣旨により盗品の被害者として株券の返還を求めることができるとしている（【10】）。

【10】 最判昭和59・4・20 判時1122・113

［事実］〔複雑な経緯をたどった訴訟であり，また事実関係の詳細は不明であるため必要な範囲で記載する〕　Ｘ（原告・被上告人）は，Ａ証券会社から，本件株券の在中していた小荷物の運送を委託されその引渡しを受けたが，運送の途中何者かによってこれを窃取された。Ｙ（被告・上告人）は，Ｂと称する者から，本件株券を換金してＢに3,000万円を融資することを依頼されてこれを承諾したうえ，本件株式を譲り受けてその交付を受け，現に，本件株券のうち原判決末尾添付目録㈠記載の株券については，Ｃ証券会社を通じ，同目録㈡記載の株券についてはＤ証券会社を通じ，それぞれ代理占有しており，同目録㈢記載の株券については自己が直接占有している。そこで，Ｘは，Ｙに対して本件株券の引渡しを求めて本訴を提起した。Ｘは，本件株券の返還請求権の根拠として，民法200条の占有回収の訴え，民法193条の盗難被害者の回復請求権，および小切手法21条の回復請求権を主張した。原審は，Ｂは，本件株券の盗難に接着して右株券を所持していたものであって，贓物罪〔著者注：現行の盗品等に関する罪〕等なんらかの犯罪行為によりこれを取得していたとみられ，ＹにおいてもＢが本件株券を不正行為ないしなんらかの犯罪行為により違法に取得した無権利者であることを知っていたか，また

---

17) 我妻＝有泉238頁以下参照。
18) 舟橋234頁，注釈民法(7)98頁〔好美〕。

はYにおいてBが本件株券につき無権利者ないし無権限者ではないかとの疑念を解消する有効な措置を講じなかった点に重大な過失があった旨の事実を認定し、小切手法21条但書を根拠にXの本件株券の引渡請求を認めた。Yは、小切手法21条により株券の善意取得が認められない場合に返還請求権を有する者は、もともと証券上の権利を行使しうる者でなければならず、株券の運送人として寄託を受けたにすぎないXは、民法200条によりYの悪意を立証しない限りYに対する返還を請求しえないとして上告。上告棄却。

［判旨］「商法229条、小切手法21条は、株券の所持人がその取得につき悪意又は重大な過失がある場合には株券上の権利を取得しえない旨を規定したにとどまるものであり、誰が当該株券の返還請求権を有するかについては、商法になんら定めるところがなく、かつ、格別の商慣習法の存在をも認め難いから、民法によって律すべきところ（商法1条）、民法193条によれば、動産に関する盗品の被害者は、同法192条所定の善意取得の要件を具えた占有者に対してその物の回復を請求することができるとしているから、同法193条は、盗品の被害者が右の要件を具えない占有者に対してその物の返還請求権を有することを当然の前提とした規定であるといわなければならない。したがって、株券の受寄者がその株券を窃取された場合において、右株券の所持人がその取得につき悪意又は重大な過失があるために商法229条、小切手法21条の規定によりこれを善意取得しえないときは、当該株券の受寄者は、所持人に対し、民法193条の規定の趣旨に基づき、盗品の被害者として右株券の返還を求めることができるものと解すべきである。」

(7) 指図債権・記名式所持人払債権
(a) 指図債権

これは、証書を要件とし、その譲渡は証書に譲渡の裏書きをしこれを譲受人に交付することを債務者その他の第三者に対する対抗要件とするものである（民法469条）。民法は、指図債権を無権利者から善意で譲り受けた者の保護について規定していない。わが国の取引で見られる指図債権はみな有価証券であるので、商法519条により小切手法21条が準用され、悪意または善意重過失でない限り取得者は保護される[19]。

(b) 記名式所持人払債権

これは、証書に債権者が記名されているけれどもその証書の所持人に弁済すべき旨を付記したものであるが（民法471条）、この種の形式の証券は無記名債権と同一に扱われるものであるから（小切手法5条2項参照）、「金銭其他ノ物又ハ有価証券ノ給付ヲ目的トスル有価証券」である場合には、商法519条により小切手法21条を準用すべきことになる（(4)〔13頁〕）[20]。古い判例（【11】）は、この種の債権が動産とみなされないことを理由に民法192条の適用を否定しただけであった。

---

19) 我妻＝有泉238頁、注釈民法(7)〔好美〕98頁。
20) 我妻＝有泉238頁。

【11】 大判大正 1・9・25 民録 18・799

[事実]〔事実関係の詳細は不明〕 Y銀行（被上告人）は，本件記名式所持人払債権の債務者である。X（上告人）は，本件記名式所持人払債権を有している。この債権は，A_1 が正当の権原によらずに悪意で取得し，これを A_1 より A_2，A_2 より A_3，A_3 より X が順次相続したものである。X は，Y 銀行に対して本件債権の支払いを求めて本件訴訟を提起した。原審は，X は本件債権の悪意の取得者であること等を理由に，X の請求を認めない。そこで X は，記名式所持人払債権は無記名債権と同じく動産とみなされるべきであり，したがって占有者には民法 192 条が適用されるべきで，また占有者は民法 186 条により占有の初めより善意の推定を受け，当然権利を取得すべきであることなどを理由に上告。

[判旨]「記名式所持人払ノ債権ハ其効用ニ於テハ無記名債権ニ酷似スル所アルモ其性質ニ於テハ特種ノ証券的権利ニ属シ純然タル無記名債権ニ非サルコトハ本院判例ノ示ス所ナリ（明治 42 年 (オ) 第 326 号同年 11 月 24 日判決参照）故ニ之ヲ動産ト看做スコトヲ得サルヲ以テ民法第 192 条ノ規定ハ之ニ適用スルコトヲ得サルモノトス且前ニ説明シタルカ如ク原院ハ証拠ニ依リ本件係争証券ヲ所持スル上告人カ善意ノ占有者ニ非サルコトヲ認定シタルモノナレハ本論旨ハ到底維持スルニ足ラサルモノトス」

(8) 指名債権証書

指名債権証書，たとえば定期預金証書を他人から預かった者が，他人の白紙委任状を偽造添付して質入れしても，質権の即時取得は認められない。指名債権証書の流通を保護しこれに公信力を与える必要性はないからである（定期預金証書については，金融機関と預金者の間に譲渡質入れ禁止の特約が存在する）[21]。判例も同様の判断をする（【12】）。このようなケースは，場合によっては民法 110 条等の表見代理により取引の相手方が保護されることはありうる。

【12】 大判昭和 2・2・1 民集 6・35

[事実] 株式現物商 A は，X（原告・被控訴人・被上告人）に対して，この度株式店に関する規則が改正され，相当信用ある者でなければ株式営業の許可が得られないことになったため，検査員の検査の際に一見に供するだけで他に流用しないから 1 万円の定期預金証書（本件定期預金証書）を貸してほしいと申し入れ，X はこれを信用して本件定期預金証書を A に貸与した。ところが A は，X 名義の委任状，ならびに自己および X を共同振出人とする約束手形を偽造し，本件定期預金証書とともに，これを A の Y（被告・控訴人・上告人）に対する債務の担保として Y に交付した。そこで X は，Y に対して本件定期預金証書の返還を求めて本訴を提起した。Y は，民法 192 条により本件定期預金証書の上に行使する担保権を即時取得した等を主張して争った。原審は，X の請求を認めた。Y 上告。上告棄却。

[判旨]「定期預金証書ハ之ニ記載セラレタル定期預金債権ノ存在ヲ証明スル証書ニシテ権利者ニ於テ之ヲ占有スル場合ニ於テハ固ヨリ其ノ

---

21) 我妻＝有泉 239 頁以下，注釈民法(7) 102 頁〔好美〕。

証書ノ上ニ所有権ヲ有スルモノナリト雖権利者ハ其ノ債権ノ処分ト共ニ其ノ証書ヲ取引ノ目的ニ供シ得ルニ止マリ債権ヲ処分スルコトナク債権ト分離シテ証書其ノモノヲ動産トシテ之ヲ取引ノ目的ニ供スルコトハ単ニ之ヲ一片ノ反古トシテ処分スル場合外之ヲ認ムルコトヲ得サルナリ果シテ然ラハ無権利者ヨリ定期預金証書トシテ該証書ヲ取得シタル第三者ハ民法第192条ノ規定ニ依リ即時ニ其ノ証書ノ上ニ行使スル権利ヲ取得シ得ルモノト解スルヲ得ス蓋同条ハ動産取引ノ安全ヲ保護スルコトヲ目的トスル規定ナルヲ以テ叙上ノ如キ場合ニ同条ノ適用アリト為スハ同条立法ノ趣旨ニ適合セサレハナリ然ラハ原判決カ本件ニ付上告人ノ即時取得ノ抗弁ヲ排斥シ被上告人ノ本訴請求ヲ認容シタルハ結局正当ニシテ原判決ノ説明ニ各所論ノ如キ違法アリトスルモ未タ以テ原判決ヲ破棄スルニ足ラス」

(9) 電話加入権

電話加入権も，動産ではなく，その即時取得は認められない（**【13】**，大判昭和6・9・16民集10・675）。

【13】 大判大正8・10・2民録25・1730

[事実]〔事実関係の詳細は不明〕 本件電話加入権は，X（被上告人）に属していたが，Aが自己に属するものとしてY（上告人）に売却した。そこで，Xは，Yに対して電話加入権売買契約の無効確認および電話加入名義の変更を求めて本訴を提起した。原審は，準占有については民法192条の適用はないことなどを理由として，Xの請求を認容。Y上告。上告棄却。

[判旨]「動産上ノ権利ニアラサル財産権ニ在テハ其移転ハ動産上ノ権利ノ如ク頻繁ナルモノニアラス之ヲ譲渡スルニ当リテハ多クハ証書ヲ作成シ加フルニ譲渡ニ付キ登記又ハ登録ノ制度アルヲ以テ第三者ハ真ノ権利者ヲ知ルニ困難ナラサル場合鮮カラス故ニ此財産権ニ付テハ第三者ヲ保護スヘキ特別規定ヲ設クルノ必要ナシト謂フ可シ是ヲ以テ民法第192条ハ動産ノ占有ノ場合ニ於ケル特別規定ニシテ民法第205条ニ所謂準占有ノ場合ニ準用セラレサルモノト解スルヲ相当トス（大正7年（オ）第225号同年4月13日言渡本院判決参照）然ラハ原判決カ之ト同一ニ出テ民法第192条ノ規定ハ電話加入権ヲ自己ノ為メニ行使スル場合ニ準用セラレスト判示シタルハ相当ニシテ上告論旨ハ理由ナシ」

(10) 工場財団に属する動産

工場抵当法は，工場財団を設定する場合と工場財団を設定しない場合に分けて取り扱いを規定している。まず，工場抵当法2条において，工場財団を設定しない工場の土地・建物に対する抵当権の取り扱いについて規定し，1項本文は，「工場ノ所有者カ工場ニ属スル土地ノ上ニ設定シタル抵当権ハ建物ヲ除クノ外其ノ土地ニ附加シテ之ト一体ヲ成シタル物及其ノ土地ニ備附ケタル機械，器具其ノ他工場ノ用ニ供スル物ニ及フ」とし，2項は，「前項ノ規定ハ工場ノ所有者カ工場ニ属スル建物ノ上ニ設定シタル抵当権ニ之ヲ準用ス」とする。そして，工場所有者が，工場に属する土地または建物につき抵当権設定登記を申請する場合には，同法2条の規定により抵当権の目的となる土地または建物に備え付けた機械，器具その他工場の用に供する物の目録を提出すべきことになる（同法3条）。そして，これらの工場抵当権の効力の及ぶ土地ま

第2章　民法192条の即時取得

たは建物に備え付けた機械，器具その他工場の用に供する動産を工場抵当権設定者が第三者に売却しあるいは質権を設定した場合，どのような取り扱いになるかにつき同法5条は規定する。すなわち，同条1項は，「抵当権ハ第2条ノ規定ニ依リテ其目的タル物カ第三取得者ニ引渡サレタル後ト雖其ノ物ニ付之ヲ行フコトヲ得」として，原則的にかかる動産に対して抵当権の効力がなお及ぶことをうたうが，第三者が平穏，公然，善意，無過失で譲り受けあるいは質権の設定を受けた場合については，同条2項が，「前項ノ規定ハ民法第192乃至第194条ノ適用ヲ妨ケス」として，所有権あるいは質権の即時取得が成立しうることを明文でうたっている。判例も，目録に記載した抵当権の効力の及ぶ動産であっても，善意無過失の第三者のために即時取得は成立しうるとする（大判昭和6・1・14新聞3224・11）。なお，工場抵当法5条2項の規定する民法192条の要件として具備することを要する善意無過失は，処分者が備え付け動産について無権利者であることについてではなく，備え付け動産について抵当権の存在することを知らず，知らないことにつき過失のないことについて要求される（【14】）。

それに対して，同法8条により工場財団を設定した場合については，同法5条に対応するような規定がない。すなわち，同法8条1項は，「工場ノ所有者ハ抵当権ノ目的ト為ス為一箇又ハ数箇ノ工場ニ付工場財団ヲ設クルコトヲ得数箇ノ工場カ各別ノ所有者ニ属スルトキ亦同シ」とし，工場財団登記簿に所有権保存登記をなすことにより工場財団の設定がなされ（同法9条），工場財団は，工場に属する土地および工作物，機械，器具，電柱，電線，配置諸管，軌条その他の付属物，地上権，賃貸人の承諾あるときは物の賃借権，工業所有権，およびダム使用権の全部または一部によって組成され（同法11条），工場財団につき所有権保存登記を申請する場合には，工場財団を組成するものを表示した工場財団目録を提出することが必要となる（同法22条）。そして，工場財団に属するものはこれを譲渡し，所有権以外の権利，差押え，仮差押え，もしくは仮処分の目的とすることはできないとされ（同法13条2項），また，工場財団は一個の不動産と見做すとされ，工場財団は所有権および抵当権以外の権利の目的になることをえないとされている（同法14条）。そこで，工場財団を組成する動産を工場財団抵当権設定者が第三者に売却しあるいは質権を設定した場合，どのような取り扱いになるかであるが，これについては特段の規定が置かれていないので，即時取得の適用があるのかどうかが問題となる。判例（【15】）は，特に工場抵当法にその旨の明文がなくとも民法192条の適用があるものと解すべきであるとした。学説も同様の考えに立つ[22]。

【14】 福岡高判昭和28・7・22高民6・7・388

［事実］　Aは，B社所有の工場に属する建物と当該建物に備え付けた旋盤（6尺）1台およ

---

22) 我妻＝有泉215頁，星野72頁，鈴木171頁，広中185頁，川井108頁など。

び製缶ロール1台（以下「本件物件」という）を含む機械，器具とに対して工場抵当法3条による抵当権の設定を受けた（設定登記経由）。その後Y（被告・控訴人）は，本件物件のうち旋盤1台をB社から買い受け，また，製缶ロール11台をB社から買い受けたCからさらに買い受け，これらの本件物件を使用占有している。YおよびCは，本件物件がもともと本件工場抵当の目的である建物に備え付けのものであることは承知していたが，これを建物から分離して処分するについては抵当権者Aの同意を得ている旨のB社の言を信じて（善意で）B社からこれを買い受けた。本件工場抵当権が実行され，競売の結果X（原告・被控訴人）が62万余円をもって買い受け，代金を完済して本件物件の所有権を取得した（所有権移転登記経由）。そこで，XはYに対して本件物件の引渡しを求めて本訴を提起した。Yは，本件物件の即時取得を主張した。原審は，Yの過失を認定して，Xの請求を認容した。Y控訴。控訴棄却。

[判旨]「工場抵当の目的たる建物の備附物の所有者は，抵当権者の同意なくして備附物の分離をなすことを得ないけれども，その分離した物に対しては依然所有者であり処分権を有しているのであるから，かかる所有者から備附物の引渡を受けた第三取得者は，処分権のないものから権利を取得したのではなく，抵当権者の同意なくして分離されたものを取得したものでつまり，抵当権の負担のついた物を取得したこととなるのであるが，民法第192条の要件を具備するときは抵当権は消滅し第三取得者は抵当権の負担のない動産上の権利を取得することとなさねばならない。従つてこの場合同条の要件として具備することを要する善意無過失は，処分者の無権利者であることについてではなく，いわゆる備附物が抵当権者の同意なくして分離されたということ，すなわち抵当権の存することを知らず且その知らざるについて過失のないこと別言すれば備附物の分離は抵当権者の同意を得たものであると信じ，且その信ずるについて過失のないことを要するものと解すべきである。」

「Y等は本件物件がもともと工場抵当の目的たる建物に備附のものであることは承知していたのであるから，所有者が本件物件を該建物より分離することすなわち備附物たることを廃止することは抵当権者の同意を得ていると信ずるについて過失がなかつたと言いうるがためには，単に所有者の前記のような一方的な言明のみをもつては足らず，更に進んでその事実の有無を確めるため抵当権者に問合せるとか或は所有者にこれを証するに足る書面の提示を求めるなどの方法をとることを要するものと解すべきところ，Y及びCにおいてかかる事実の有無を確める手段をとつたことについてはこれを認め得べき何等の証拠も存しないので，同人等が本件物件の分離すなわち備附物たることの廃止は抵当権者の同意を得ていると信ずるについて過失がなかつたとはいえないから，Yの右抗弁も亦理由がない」。

【15】 最判昭和36・9・15民集15・8・2172

[事実] A社所有の本物件（カール・ツアイス製新型万能測定顕微鏡付属品付1台）は，A所有のA社工場に備えられ，A社工場とともに本件工場財団を組成するものであり，本件工場財団に対しては，A社のB銀行およびC銀行に対する借用金を担保するため抵当権が設定され（設定登記経由），また，国税局より滞納処分を受けその旨の登記がなされていた。

A社は本物件を高額に処分し，売得金をもって再建経営資金に充てたいと考え，債権者には

第2章 民法192条の即時取得

事後承認を得ることとして，ひそかに買主を物色していた。X社（i 事件原告・ii 事件被告・被控訴人・被上告人）は，本物件の入手を希望し，X社に出入りする測定機械商D商会に照会し，昭和25年3月D商会に対し本物件を203万円で発注し，D商会は翌日A社より本物件を60万円で買い受ける契約を締結した。ついでX社は，D商会の本物件引取発送を監督させるため，社員をD商会の社員らと同行させたので，同人らは1週間後本物件の所在するA社工場に到り，A社社長A_1に本物件の引渡しを要求したところ，たまたま同社は労働争議中のため，関係者において本物件上にD商会の所有である旨の表示をした貼札をした。翌日，同社工場長A_2は取極めにしたがい社長A_1に代わり搬出許可を与え，A社の従業員らの協力を得て平穏公然に本物件を搬出し，鉄道により神戸へ向け搬送し，到着後X社に引き渡した。X社においては，本物件を本店工場内に据え付け，精密機械の製作上検定用に使用していた。A社は，昭和30年4月破産宣告を受け，Yが破産管財人に選任され，A社管理人Eが本物件につき仮処分決定を得，仮処分の執行をした。そこで，Xは，本物件の所有権がXにあることの確認を求めて訴えを提起し（i 事件），逆に，Yは，本物件の所有権がA社にあることの確認と本物件のYへの引渡しを求めて訴えを提起した（ii 事件）。両訴訟が併合され，第1審（東京地判昭和30・9・10下民6・9・1952）は，工場抵当法によれば，工場財団組成物件は，本来動産であったにしても一括してこれを一個の不動産とみなされ，また工場財団に属するものはこれを分離して譲渡することができないが，同法14条に工場財団はこれを一個の不動産とみなすとあるのは，動産である機械が工場財団を組成したためにその性能を一変して不動産となる趣旨ではなく，抵当権の目的に添うため形式上不動産としての取り扱いを受ける

というのにとどまる故，不動産とみなされる工場財団を組成する動産である機械はこれを分離する以上，本来の機能を発揮し，引渡しにより移転を対抗しうるに至るものと解するのが妥当であり，したがって民法192条所定の要件を備える限り，その譲受人は所有権取得をもって第三者に対抗しうることなどを理由に，X社の請求を認め，破産管財人Yの請求を棄却した。原審も，第1審の判断を支持した。

Yは，工場抵当法2条に定める工場抵当権については，同法5条2項により民法192条の適用を妨げない旨規定されているが，同法8条により工場財団を設定した場合については，それに対応する規定がない，工場財団が設定され機械等の動産がこの財団の構成分子となったときは，その動産性を失い，同法14条において特に財団として一個の不動産となると規定している所以は，特に民法192条の適用を排除するために設けた規定と理解しないと，同法2条・5条の規定と対比し意味のない規定となるものといわなければならないなどとして，上告。上告棄却。

［判旨］「工場抵当法第2条により工場抵当権の効力の及ぶ工場備付動産について即時取得の効力の及ぶことは工場抵当法第5条第2項の明記するところであつて，同法に基き工場財団が設定されその財団目録に記載された動産については，同法には民法第192条の適用を妨げない旨明記されているものではないことは所論の通りである。そして工場財団は一個の不動産と看做され，工場財団に属する動産はその譲渡を禁止されているのであるが，かかる動産といえども右財団から分離され第三者に譲渡，引渡された場合，たとえその処分が不当であつてもその譲渡引渡を受けた第三者に公然，平穏，善意，無過失の要件が具備するときはこれを保護すべきであるから，特に工場抵当法にその旨の明文

がなくとも民法第192条の適用があるものと解すべきである。」

「本物件が本件工場財団から分離せられたことは原審認定事実から明らかであるから、これについて民法第192条の適用を妨げないとした原審の判断は相当であるといわねばならない。しかして右動産は差押中でない旨の念書をD商会がとつていること、D商会が従前A社から買受けた他の機械については何ら問題を生じたことはなかつたこと、A社は本件物件につき担保権の設定なきことを保障した旨の事実等原審が証拠上認定した事実関係のもとにおいては、Xに於て登記簿の調査迄しなくても所論過失ありとなし難いとした原審の判断も亦肯認できる。」

(11) 抵当不動産の付加物

抵当権の目的不動産の付加物を抵当不動産所有者が不動産から分離して、第三者に譲渡したときは、この付加物について即時取得が成立しうる。【16】は、抵当権の目的であるビル内に設置されたエレベーターや配電盤を第三者に譲渡した事案であるが、傍論であるが、第三者による即時取得の可能性を肯定している。

【16】 大阪地判昭和47・12・21 判時 713・100、判タ 298・397

［事実］ A所有の本件ビル（9階建て）には抵当権が設定されており、本件ビルの中央部にはエレベーター1基が、また地下室北部の壁面には本件ビル全部の冷暖用、灯明用に使用すべき電力を送電する配電盤一式（エレベーター1基と配電盤一式をあわせて「本件物件」とい

う。）が、設置されていた。その後、AはBに本件物件を含めて本件ビル内の有体動産の大半を300万円で譲渡し、Bから引き続き借り受けている。次いでBは、Aに対して本件物件はY（被告）に売り渡したから、以後はYのために保管し、賃料もYに支払うよう通告し、Aはこれを承諾した。本件ビルが競売にかけられ、X（原告）が7,210万円で競落した。本件物件につき、Yが所有権を主張。そこで、XはYに対して本件物件の所有権確認を求めて本訴を提起した。

［判旨］「本来性質上独自の所有権の対象となりうる有体動産たるべき物であっても、不動産に従として付加しまたは不動産に付加して一体となり、独自の所有権の対象としての適格を失い、不動産の所有権のうちに包摂さるべき場合においても、かかる有体動産たるべき物が右不動産から分離されるときには、かかる有体動産たるべき物は、他の通常の有体動産と同様に、独自の所有権の対象となることは当然である。そして、かかる有体動産たるべき物が不動産に従として付加しまたは不動産に付加して一体となり、その不動産に対する抵当権の効力が及ぶべき場合において、その不動産となるべき物を右不動産から分離して処分をすべきときには当該抵当権者の同意を得なければならず、これを得ないで処分をしたときには、その処分は無効であるというべきである。それゆえ、不動産所有権者が抵当権者の同意を得ないでかかる有体動産たるべき物を不動産から分離して独立に所有権の対象として処分をしたときにおいては、善意の取引第三者を保護すべき民法192条の規定が適用されるものというべきである（なお、農業動産信用法13条、工場抵当法6条等参照）」。もっとも、BはAより本件物件につき占有改定による引渡しを受けたにすぎないから、Bは本件物件を即時取得し得ず、またBより譲り受けたYも、Bから指図による占有移転を受けたに

すぎず，一般の外観上従来の占有の状態に何ら変更があったものといえないから，Yの本件物件の即時取得の主張は認められない。

(12) 登記・登録を対抗要件とする自動車等の動産

民法 192 条の規定は，「動産ノ占有ヲ始メタル者」としており，目的物が動産であればすべて即時取得の対象になるような表現となっているが，動産の中にも登記・登録を物権変動の対抗要件とするものがある（道路運送車両法により登録された自動車，建設機械抵当法により登記された建設機械，船舶登記のされた船舶，航空機抵当法により登録された航空機など。自動車以外のこれらの動産については，次の(13)で扱う）。これらの動産の場合には，不動産の場合と同様，占有よりもむしろ登記・登録が権利の表象と見ることができる。したがって，これらの動産については，民法 192 条の適用がないとするのが，現在の判例（後掲【24】）・通説[23]である[24]が，かつては既登録自動車についても民法 192 条の適用を肯定する裁判例も多かった。これに対して，未登録の自動車，登録を抹消された自動車，登録制度のない軽自動車などについては，民法 192 条が適用される（後掲【33】，【34】）。

(a) 登録された自動車等

(i) 民法 192 条適用否定の立場　道路運送車両法により登録された自動車（既登録自動車）等に 192 条の即時取得の規定の適用があるかどうかについては，裁判例は肯定説に立つものと否定説に立つものとにかなり長期に亘って分かれていた。最高裁として，既登録自動車については民法 192 条の適用はないとして否定説の立場に立つことを明らかにしたのは，昭和 62 年（1987 年）になってからである（後掲【24】）。

① 民法 192 条適用肯定のかつての裁判例すなわち，大審院判例は，既登録自動車についても 192 条の適用を肯定しており（大判昭

---

23) 我妻＝有泉 216 頁，鈴木 172 頁，広中 183 頁，近江 142 頁以下，内田 457 頁，川井 107 頁。
24) もっとも，譲渡人が無権利者であるが，譲渡人名義の登録があり，民法 192 条の要件を満たしかつ譲受人名義の所有権移転登録がなされたときは，即時取得を認めるべきだとする見解が有力となっている（我妻＝有泉 216 頁，鈴木 172 頁，内田 457 頁，生熊長幸「既登録自動車と民法 192 条適用の有無」森泉古稀・現代判例民法学の理論と展望 151 頁以下〔1998 年〕など）。安永教授も，善意取得者の保護の必要性を主張され，民法 94 条 2 項類推適用か民法 192 条の類推適用の可能性があるとされる（安永 498 頁）。広中教授や近江教授は，民法 94 条 2 項類推適用説を主張される（広中 183 頁，近江 143 頁）。なお，少数説であるが，登録に公信力を認める見解（石田穣「判例批評」法協 89 巻 5 号 130 頁〔1972 年〕）や，サブディーラーから，登録所有者名義が所有権留保をしているディーラーとなっている自動車を譲り受けたユーザーの保護の問題（後述）に関連して，譲渡人（サブディーラー）名義の登録の有無を問わず，民法 192 条の適用を認める見解（米倉明「判例批評」法協 93 巻 8 号 148 頁〔1976 年〕，安藤次男「判例批評」法学 40 巻 4 号 113 頁〔1977 年〕）などもある。

和8・8・9新聞3593・13〔占有改定による引渡しのため即時取得否定事例〕, 大判昭和10・7・9大審院判決全集1・20・13〔過失認定事例〕,【17】〔即時取得肯定事例〕), 第2次大戦後も下級審裁判例ではあるが肯定裁判例は多かった(【18】, 東京高判昭和31・11・26下民7・11・3360〔過失認定事例〕,【19】〔過失認定事例〕,【20】〔過失認定事例〕, 東京高判昭和62・4・27判タ658・117〔過失認定事例〕)。しかしながら, これらの裁判例においても, 実際に即時取得が認められたものは非常に少ない。適用肯定裁判例は, 買主は自動車の買受けの際, 売主の名義と登録原簿上の名義人とが異なっていた場合には, 登録原簿上の名義人を通じて自動車の所有者が何人であるかについて確知すべきであり, これを怠ったときには過失があるなどとしており, 買主の過失の存在が認定された事案が非常に多い(【19】,【20】。前掲大判昭和10・7・9大審院判決全集1・20・13, 前掲東京高判昭和31・11・26下民7・11・3360, 前掲東京高判昭和62・4・27判タ658・117も買主の過失を認定した事例である)。また, 買主が所有権移転登録を受けていないため, 原所有者に所有権取得を対抗し得ないとするものもある(【18】)。もっとも, 最後の裁判例は, 買主に自動車の即時取得を認めるならば, それにより原所有者は無権利者となり, したがって買主は登録なしに所有権を無権利者である原所有者に対抗しうると考えるべきものであろう。

【17】 大判昭和11・5・21法律学説判例評論全集25・民法633

[事実] 事実関係の詳細は不明。下記の本件2台の自動車の所有権はX(原告・被控訴人・被上告人)に帰属している。その後, Y(被告・控訴人・上告人)は1931年式新フォード号1両(時価1,680円)および同年式貨物自動車1両(時価1,500円)を第三者に無断で他に売却した。そこで, Xは, YによるX所有の2台の自動車の無断売却の結果, 自動車所有権侵害によりその時価相当額の損害を被ったとして, Yに対して損害賠償請求の訴訟を提起した。原審は, Yによる自動車所有権侵害を認め, Xの請求を認めた。そこでYは, これら2台の自動車譲受人が民法192条の規定により自動車所有権を即時取得した場合, または売却行為の結果, これらの自動車が滅失しもしくは所在不明になったため滅失と同視ししうべき状態が発生した場合の如き特別の事情が存在しなければ, 自動車所有権の侵害があったということはできないとして上告。上告棄却。

[判旨]「他人ノ所有ニ係ル動産ヲ占有スル者カ自己ノ所有物トシテ之ヲ他ニ売却シタルトキハ買主ニ於テ其情ヲ知リ又ハ之ヲ知ラサルニ付過失アル等ノ特別ノ事情ノ存セサル限リ買主ハ其所有権ヲ取得スルニ至ルモノナルヲ通常トスルカ故ニ原審ハ此ノ見地ニ基キ被上告人ノ所有ニ属スル本件自動車ノ賃借人タル上告人カ之ヲ自己ノ所有物トシテ他ニ無断売却シタル結果買主カ其所有権ヲ取得シ被上告人カ之ヲ喪失スルニ至リタルコトヲ判定シタルモノト解セラレサルニ非ス従テ原審ニ所論ノ如キ審理不尽其他ノ違法アルモノト做スヲ得ス」

【18】 東京高判昭和 31・1・24 下民 7・1・75

[事実] A_1 会社は，自動車販売会社 Y_1 （被告・被控訴人）より本件ダットサンを所有権留保特約付割賦販売により買い受け，代金の一部を支払いその引渡しを受けた。A_1 会社において運行の用に供する関係上，Y_1 の同意を得て A_1 の所有名義で登録をした。その後，A_1 会社は割賦払い金の支払いを滞るようになった。A_1 会社は，営業上の資金に窮し，本件ダットサンを買い受け引渡しを受けて間もなく，本件ダットサンを売渡担保として X（原告・控訴人）から 40 万円を借り受け，X に登録名義の変更に必要な印鑑証明書委任状，その他の書類を手渡したが，X は登録名義の変更をすることなく，A_1 会社の弁済を待っていた。しかし，A_1 会社の弁済がなされないので，X は，A_1 会社の代表者 A_2 と相談し，Y_1 の手により売却しようと考えた。A_2 は，Y_1 会社の販売員である Y_2 にその旨を懇請したが，Y_1 は中古車の販売をしないので，Y_2 が個人としてこれを販売し，売却代金を A_1 会社の未払い代金の弁済にまず充当することを条件に Y_2 はこのことを承諾した。Y_2 は，本件ダットサンを B に 42 万円で売却し，B 名義に登録名義を変更し，そのうち 8 万円を A_1 会社の未払い代金の弁済に充て，残額を A_2 に手渡した。Y_2 は，B から代金の一部の支払いを受けた時点で，X から本件ダットサンは A_1 から X が買い受けたものであるとの話を聞いたが，X を A_1 会社の社員と思っていた。A_1 から貸金の返済を受けられなかった X は，Y_1 および Y_2 に対して本件自動車の所有権は即時取得により X にあり，Y_1 および Y_2 は X の自動車所有権を侵害したとして，損害賠償を求めて本訴を提起。第 1 審は請求を棄却。X 控訴。控訴棄却。

[判旨]「A_1 会社が未だ代金を完済しない以上本件ダットサンの所有権は依然として Y_1 に留保されているものとみるべきものであるが，Y_1 が本件ダットサンの登録をなすにあたり A_1 会社の所有名義をもってなすことを承諾した以上，自動車の登録が所有権についての公証であることにかんがみ，最早右所有権の留保をもって利害の関係を有する善意の第三者に対抗することができないものというべく，善意で A_1 会社から本件ダットサンを買い受けた第三者は，これにより，その所有権を取得するか，少くとも民法第 192 条の適用あるものとみるべきである。しかしながら，登録を受けた自動車の所有権の得喪は，登録を受けなければ第三者に対抗することができないことは，道路運送車両法（昭和 26 年法律第 185 号）第 5 条の明定するところであるから，仮りに上叙売渡担保契約が内外共に所有権を X に移転する趣旨のものであり，少くとも買戻期限の徒過により本件ダットサンの所有権が終局的に X に帰したものであり，または民法第 192 条の適用により X がその所有権を取得したとしても，まだ X 名義に登録を受けていないのであるから，X は，その所有権取得をもって Y_1 らに対抗することができないものというべく，A_1 会社に対する関係においてまだ本件ダットサンの所有権を留保している Y_1，また現に登録名義人である A_1 からこれが売却委任を受けた Y_2 が同条にいわゆる第三者に該当することは疑を容れないところである。」

【19】 東京地判 44・12・22 判時 588・84

[事実] X（原告）は，本件自動車の自動車登録原簿上の所有名義人である。X と A との間に，所有権留保特約付き割賦販売契約が成立し（代金 81 万余円），A は本件自動車の引渡しを受け，使用していたが，その後本件自動車は売買

や代物弁済，譲渡担保等により転々譲渡し，Y（被告）がこれを占有している。Xは，所有権に基づきYに対して本件自動車の引渡しを求めて本訴を提起，Yは，譲渡担保により本件自動車の引渡しを受けたのであり，前主が無権利者であるとしても民法192条による即時取得が成立すると主張した。Xの請求認容。

［判旨］「Yは，民法192条による即時取得の抗弁を主張するが，弁論の全趣旨によれば右自動車は運行の用に供せられていた車輌と認められるところ，その占有開始に当っては，自動車登録原簿を調査すべき注意義務があるものといわなければならない。従って，Yにおいて前主の占有を信頼して前主に権利があると信じたとしても，当然に無過失を推定することはできない」。

【20】 東京高判昭和45・7・20判時602・56

［事実］ 本件自動車はもとAの所有であったところ，自動車販売会社X（原告・被控訴人）は，他の自動車の売買の下取りとして，下取り価格を70万円としてAから本件自動車の所有権を譲り受け，代金完済までの所有権留保特約付で本件自動車を91万余円でBに売り渡した。Bは，Xに対してなお30万円ほどの未払い代金が残っていたが，BはY（被告・控訴人）に本件自動車を20万円で売り渡した。YはCの仲介によりBから買い受けた当時，本件自動車は登録原簿上A所有名義になっていたことを知っていた。YはXから本件自動車はまだXのものであるとして，その返還を求められたが，Cに対して負担していた債務の弁済に充てるため本件自動車を15万円で解体業者であるDに売り渡した。その後，本件自動車は廃車とされ，登録原簿の登録が抹消され，その頃Dにより解体されるに至った。そこで，Xは，Yに対して自動車所有権侵害を理由に損害賠償を求めて本訴を提起した。第1審は，Xの請求を認容。Y控訴。控訴棄却。

［判旨］「本件自動車は道路運送車両法に基づいてその所有権の得喪について登録を受けなければ登録の欠缺を主張する正当の取引関係に立つ第三者に対抗できない（同法第5条参照）ところであるけれども，なお動産であるから民法の即時取得の適用の余地はある。そして，YがBからこれを買受ける契約を締結し，その引渡を受けるに当たり，平穏，公然の裡になされたことは前認定の事実に照らして明認できるけれども，右事実によれば，YはCの仲介により本件自動車を買い受ける契約を締結した当時，本件自動車は登録原簿上A所有名義のままであることを知っていたのであるから，本件自動車はYの前者であるBの所有であると信じたとしても，少くも右登録原簿上の名義人である右Aを通じ，本件自動車の所有者が何人であるかについて調査しこれを確知すべき注意義務があるのにYはこれらの調査をして，その所有者を確かめなかった点において過失があるから，Yの右即時取得の抗弁も採用できない。」

② 民法192条適用否定の下級審裁判例
しかし第2次大戦後は，既登録自動車については民法192条の適用を否定する下級審裁判例がむしろ多数になった（【21】，東京地判昭和44・12・15判時594・75，東京高判昭和45・5・28判時595・56〔後掲【31】の原審〕，山形地判昭和45・5・28判タ253・303，【22】，【23】など）。

【21】 福岡高判昭和30・5・25高民8・5・331

［事実］ 本件自動車は，自動車販売会社X（原告・被控訴人）が所有し，X名義に登録された後，Y₁（原審被告）に所有権留保特約付割賦

販売により譲渡され、代金は120万4,000円であったが、その一部27万円が支払われているに過ぎない。自動車の登録名義はXのままである。Y_1は、本件自動車をY_2に使用させていたところ、Y_2はY_3（被告・控訴人）およびAに対し鮮魚代金立替による71万円余の債務を負担するに至ったので、Y_3およびAは、Y_2をY_3等に紹介したY_4（被告・控訴人）およびその子Y_5（被告・控訴人）と相談の上、控訴人3名（Y_3・Y_4・Y_5）よりY_2に対し強硬に債務の支払いを求めた。Y_2はその債務の支払いをなしえなかったので、Y_3等は本件自動車をY_3とAに対する右債務の代物弁済とさせた。その後、Y_3等はXが本件自動車の所在を探しているのを知り、本件自動車を知り合いに保管させていたが、結局Xに返還されるに至った。Xは、本件自動車の所有権が自己に存することの確認等を求めて本訴を提起。第1審は、Xの請求を容認。Y_3ら控訴。Y_3らは、Y_3とAはY_2から善意無過失で本件自動車の譲渡・引渡しを受け、民法192条により本件自動車を即時取得したと主張。控訴棄却。

［判旨］「道路運送車両法によれば、すべて運行の用に供する自動車は登録原簿に登録することを要し、登録を受けた自動車の所有権の得喪は、その旨の登録を受けなければ第三者に対抗することができないこととなつて居つて、これ等の規定の趣旨よりすれば、登録原簿に登録せられた自動車については民法第192条の規定はその適用がないものと解するのが相当である」。

【22】 東京地判昭和45・7・17 判時616・81

［事実］ メーカー系列の自動車販売会社X（原告）は、本件自動車につきXが本件自動車の所有者である旨の登録手続をし、自動車登録原簿に登録がなされた後、Aに対して本件自動車を代金を76万余円とし所有権留保特約付割賦販売で販売したが、代金は完済されていない。Y（被告）は、本件自動車をB自動車商会から27万円で買い受けた。Yは、本件自動車を買い受けた時、自動車検査証によって所有者がX名義であり使用者がA名義であることを知ったのであるが、B自動車商会から名義変更ができる車であると聞いていたため、所有権を取得しうると誤信して買い受けその使用を継続していた。その後、検査証の有効期限切れの月になって、Yは初めて本件自動車の所有権を取得できないことを知り、Xからも返還を求められたが、敢えて本件自動車を他に処分し、Xは自動車の所在を発見できない。そこで、XはYに対して本件自動車の回復不能による損害の賠償等を求めて本訴を提起。Yは、本件自動車の即時取得等を主張。請求一部認容。

［判旨］「登録制度がとられている自動車が自動車登録原簿に登録された場合、それが公示方法として物権変動の対抗要件となり、権利の表象となるのであるから、他の一般動産の場合と異なり、占有を信頼した即時取得による保護を与える必要性に乏しい。したがって登録済自動車については民法第192条の適用はないと解するのが相当である。よってYの即時取得の抗弁は理由がない。」

【23】 東京高判昭和60・9・17 判時1182・80、判タ578・75

［事実］ X鉄工所（原告・被控訴人）は、本件車両（クレーン車）を製造し、Aに所有権留保特約付で割賦販売したが、Aの倒産とともに売買代金未払いのまま、本件車両は所在不明となった。Y（被告・控訴人）は、本件車両（クレーン車）を占有していたB重機株式会社か

ら，1,100万円で買い受け，引渡しを受けた。その際，労働基準局長の発行する検査証が添付されていた。Xは，所有権に基づき本件車両の引渡しを求めて本訴を提起した。Yは，労働安全衛生法40条に基づく労働基準局長の検査証に本件クレーン車の所有権は表象されており，Yは，検査証とともに本件車両の引渡しを受けたことにより即時取得した，また，かりに車体を即時取得しなかったとしても，クレーン部分は即時取得したと主張。第1審は，Xの請求を認容。Y控訴。控訴棄却。

[判旨]「1　本件車両の即時取得について……

㈡　ところで，《証拠略》によると，本件車両は，道路運送車両法にいう自動車であり，クレーン車として自動車登録ファイル（登録原簿）に登録されていることが認められる。そうすると，同法5条1項によりその所有権の得喪は右登録をもって対抗要件とするところ，右のように登録された自動車については，その占有ないし引渡しを公示方法とする一般の動産とは異なり，民法192条の即時取得の規定は適用されないものと解するのが相当である。

㈢　もっとも，控訴人は，本件車両は検査証とともにしなければ譲渡できず，また労働安全衛生法により権利の発生から変動まですべて右検査証制度により管理されているから，自動車としての登録のみをもって即時取得の有無を決すべきでないなどと主張する。

なるほど労働安全衛生法は，クレーン車についても規制し（労働安全衛生法施行令12条），同法40条は，都道府県労働基準局長の検査証を受けていないクレーン車等の使用を禁じ，また，検査証とともにしなければ譲渡できない旨を規定している。しかしながら，これらの規制はいずれも労働災害の防止の見地から定められたものであるところ（同法1条参照），道路運送車両法が車両の所有権についての公証，陸上を走行するものとしての安全性の確保等の見地から種々規定している内容は右規制と対立しているわけではなく，労働安全衛生法がクレーン車の所有権の得喪についての対抗要件が登録であることを修正したわけのものでもない。《証拠略》によると，検査証には所有者の記載のないことが明らかであり，右証書から所有者を確知することはできず，したがって本件車両が右検査証に表象されているものとは到底解することができない。

してみると，本件車両が検査証とともに譲渡され，しかも前記のとおり右検査証が所有権の移転に関係することを考慮したとしても，登録された本件車両の即時取得が可能になると解することはできない。

㈣　よって，本件車両を即時取得したとの抗弁は，その余の点につき判断するまでもなく，理由がない。

2　本件クレーンの即時取得について

《証拠略》によると，本件車両は外形上1台のクレーン車であり，登録上もその長さ，幅，重量などから明らかなとおり本件台車と本件クレーンとが，一体化したものとして扱われ，また，控訴人はB重機から本件車両を製造者・被控訴人，名称・トラッククレーンとする一個の「機械」として買受けていることが認められる。《証拠判断略》

してみれば，本件クレーンも登録の対象となっており，即時取得の規定は適用されず，また一つの物の一部に独立の所有権は存在しないから，いずれにしても本件クレーンについてのみ即時取得の成立する余地はない。しかも，物理的に本件台車と本件クレーンとが分離可能であっても，前記判断の妨げとなるものではない。

よって，本件クレーンを即時取得したとの抗弁も理由がない。」

第2章　民法192条の即時取得

③　民法192条適用否定の最高裁判例の登場　このような状況の中で昭和62（1987）年になって最高裁は既登録自動車については，民法192条の適用はないとし（【24】），その後はこの否定説に立つ判例が確立している。

【24】　最判昭和62・4・24 判時1243・24

[事実]　自動車販売業者Xは，Aに対し，冷蔵冷凍車（本件自動車）を所有権留保特約付割賦販売により引き渡し，X（原告・被控訴人・付帯控訴人・被上告人）を所有者名義とする新規登録をした。Aが割賦金の支払いを怠ったため，XからAへの所有権移転登録をしない間に，Aに対して売掛代金債権を有しているY（被告・控訴人・付帯被控訴人・上告人）が本件自動車を持ち去り，これを占有している。Xは，Yに対し所有権侵害による損害賠償を請求して本件訴訟を提起した。第1審（第1審および原審の判決については，金商778号31頁以下参照）は，Yの自動車の即時取得などの主張を斥け，Xが勝訴した。これに対して，Yが控訴。Xは，右損害賠償請求を主位的請求とし，本件自動車の引渡とその拒絶による損害賠償請求を予備的請求として追加して，付帯控訴。Yは，本件自動車所有権もしくは商事留置権の即時取得を主張。原審は，Xの主位的請求を棄却し，予備的請求については，Yの即時取得の主張を斥け，Xの引渡請求と損害賠償の一部を認容した。Y上告。上告棄却。

[判旨]　「道路運送車両法による登録を受けている自動車については，登録が所有権の得喪並びに抵当権の得喪及び変更の公示方法とされているのであるから（同法5条1項，自動車抵当法5条1項），民法192条の適用はないものと解するのが相当であり，また，商法521条所定の留置権は，法律上当然に発生し，当事者間の取引により取得される権利ではないから，民法192条にいう動産の上に行使する権利にはあたらないものと解するのが相当である。」

(ii)　ユーザーである買主の保護の必要性

判例・通説は，(i)で見たように既登録自動車については，192条適用否定説に立っているが，無権利者である自動車販売会社から買い受けたユーザーである買主の保護の必要性はないだろうか。

①　サブディーラーからの買主の保護

自動車メーカーは，自社系列の自動車販売会社を通してユーザーに自動車を販売することが多いが，メーカー系列の自動車販売会社から買い受けた中小の自動車販売会社がユーザーに自動車を販売するケースも多い。後者の場合，中小の自動車販売会社は，メーカー系列の自動車販売会社から現金で自動車を買い入れてユーザーに販売することは少なく，多くは代金割賦払いで買い受け，したがってメーカー系列の自動車販売会社に所有権が留保されたままユーザーに転売している。メーカー系列の自動車販売会社は，中小の自動車販売会社が買い受けた自動車をユーザーに転売することは当然予定しているのであり，前者をディーラー，後者をサブディーラーという。ディーラーは，サブディーラーに対する代金債権担保のために，販売した自動車の所有権を代金が完済されるまで留保するのが一般的であり，したがって自動車の登録名義はディーラーの所有名義になっている。通常は，

第1節 要　件

ユーザーが代金を完済すれば，サブディーラーもディーラーに代金を完済し，所有権がサブディーラーに移転し，さらにユーザーに移転するから，所有者登録名義もディーラーからユーザーに変更されることになる。ところが，ユーザーがサブディーラーに代金を完済したにもかかわらず，サブディーラーが倒産し，ディーラーが代金の完済を受け得ず，そのためにディーラーとサブディーラーとの間の売買契約が解除されるケースが生じる。この場合，ディーラーがユーザーに対して留保所有権を主張しうるかが問題となる。

民法1条3項の権利濫用の法理を適用して，ユーザーの保護を認めたものとして，【25】，最判昭和52・3・31金法835・33，【26】などがあり，権利濫用法理を適用しなかったものとして，【27】がある。

権利濫用の法理を適用した【25】においては，①ディーラーがサブディーラーとユーザー間の売買契約の履行に協力していたこと，②ユーザーがサブディーラーに対し，代金を完済し，自動車の引渡しを受けたこと，および③ユーザーとサブディーラーとの間の売買契約締結後，ディーラーとサブディーラーとの間で，本件自動車につき所有権留保特約付売買契約が締結されたことの3つが権利濫用の法理を適用する要件として挙げられていた。それに対して，前掲最判昭和52・3・31金法835・33は，要件の①と②は共通であるが，要件の③については，ユーザーとサブディーラーとの間の売買契約締結と，ディーラーとサブディーラーとの間の所有権留保特約付売買契約の締結が同時であったという事案である（【25】と同旨）。また，【26】は，要件の②は共通であるが，要件の①と③に関しては，ディーラーがサブディーラーに，ユーザーに対する転売を容認しながら，所有権留保特約付で自動車を販売していたことを挙げ（ディーラーとサブディーラーとの間の所有権留保特約付売買後にサブディーラーとユーザーとの間の売買契約締結），また，要件の④として，ユーザーは，ディーラー・サブディーラー間の所有権留保特約を知らず，また，これを知るべきであったという特段の事情なくして自動車を買い受けたということを挙げている。

他方，権利濫用法理の適用を認めなかった【27】は，ユーザーは注文に相当する自動車の所有権がディーラーに留保されていることを予測していたにもかかわらず，その使用名義を自己とする登録手続さえも経由しなかったことや，ディーラーは，サブディーラーとユーザーとの間の売買契約の締結および履行につきなんら関与しなかったこと（上記の要件の①の不存在）などを理由に，ユーザーからの権利濫用の主張を認めなかった原審の判断は正当であるとしたものである。

しかしながら，その後の【26】は，より緩やかな要件で権利濫用の主張を認めており，【27】のような事案においても，ユーザーからの権利濫用の主張が認められるのではないかと考えられる。

これらの判例（【25】，最判昭和52・3・31金法835・33，【26】）は，権利濫用の法理を用いて，ディーラーがユーザーに対して留保所有権に基づき自動車の引渡しを請求することは権利の濫用にあたり許されないとするものであるが，この考え方は自動車の所有権はなおディーラーにあるという考え方を前提として

おり、また所有権の登録名義はなおディーラーにある。そこで、ユーザーはディーラーに対して所有権登録名義のユーザーへの移転を求めることができるかが問題となる。おそらくかかる請求に対してディーラーがこれを拒否することは権利濫用にあたるということになろう[25]。しかし権利濫用の法理によると、自動車の所有権自体はなおディーラーにあるということになり、所有権移転登録を経由したユーザーからの買主は、なお無権利者からの自動車の譲り受けとなり、権利関係がなかなか安定しないことになる。かかるユーザーからの善意の買主については、少なくとも94条2項の類推適用により保護が図られるべきであろう。下級審裁判例であるが、【28】は、ユーザーであるXはAの営業の通常の過程でAに代金を完済して、Aから本件自動車の引渡しを受けたのであるから、Xにおいて本件自動車の所有権を取得したものと信じたものと推認するのが相当であり、ディーラーYが留保所有権を行使し、Xの所有権移転登録請求を拒否することは、信義則に照らして許されず、したがってXは民法192条の法理にのっとり本件自動車の所有権を取得し、XはYに対して直接本件自動車について所有権移転登録手続を請求することができるとしている。この裁判例は、192条の類推適用を認める説であって、最高裁判例の考え方とは一致していない。

学説上は、ユーザーをいかなる法的構成により保護すべきかにつき見解が分かれている。すなわち、サブディーラーをディーラーの代理人として構成する説[26]や、ディーラーからサブディーラーに転売授権がなされており、その結果としてユーザーは代金完済により所有権を取得すると構成する説[27]、ユーザーがサブディーラーから通常の販売ルートで買い受けた場合は、条理を根拠にディーラーの所有権は消滅するとする説[28]、あるいは信義則による所有権留保の効力（追及力）の制限の結果、ユーザーが所有権を取得することになるとする説[29]などが見られる。転売授

---

[25] 米倉・注24掲記「判例批評」法協93巻8号147頁以下、森井英雄「判例批評」〔1976年〕民商73巻6号51頁以下、道垣内弘人・担保物権法〔1990年〕307頁は、権利濫用の法理によると、ユーザーはディーラーに対して所有権登録名義の移転を求めることができないことになるとされる。

[26] 中馬義直「判例批評」〔1975年〕判評199号〔判時783号〕19頁。

[27] 米倉・注24掲記「判例批評」法協93巻8号149頁以下、森井・注25掲記「判例批評」民商73巻6号39頁以下、鈴木319頁、同・物的担保制度の分化〔1992年〕879頁、安永正昭「判例批評」〔1982年〕判評280号〔判時1037号〕18頁以下、道垣内弘人・担保物権法〔1990年〕307頁、高木多喜男・担保物権法〔新版〕〔1993年〕370頁、内田貴・民法Ⅲ〔債権総論・担保物権〕〔1996年〕504頁など。なお、高木教授はさらに、ユーザーがディーラーの所有権留保につき善意無過失であれば善意取得の効果として、代金完済なくしてユーザーは留保所有権の負担のつかない所有権を取得するとされる。多数の学説は、ユーザーからサブディーラーに対する代金が完済されているときは、ユーザーは所有権を取得しうるとするのであるが、私は、ユーザーが割賦販売の約定に従い代金を分割払いしている場合には、その時点でディーラーから所有権を主張されてもこれに応ずる必要はなく、代金を完済することによって所有権を取得しうると解する。

権説に立ち，ディーラーのサブディーラーに対する所有権留保につきユーザーの善意・悪意を問わず，サブディーラーとユーザーとの間の売買契約が履行される以上（ユーザーがサブディーラーに割賦代金を契約通り払い続けている以上，あるいは，ディーラーのサブディーラーの有する売買代金債権への物上代位〔民法304条〕により，ユーザーがディーラーに割賦代金を契約どおり払い続けている以上，まだ代金が完済されていなくともディーラーは自動車を引き揚げることはできない），ユーザーはディーラーに対して自動車の所有権取得を主張しうる（所有権移転登録も請求しうる）と解すべきであろう[30]）。

〔権利濫用の法理適用事例〕

【25】 最判昭和 50・2・28 民集 29・2・193

　〔事実〕 自動車メーカー系列の自動車販売会社 X（原告・控訴人・上告人）は，自動車のディーラーであり，自動車の販売・整備を業とする A は，X のサブディーラーであって，両者は協力してユーザーに自動車を販売していた。ユーザーである Y（被告・被控訴人・被上告人）は，A から X 所有の本件自動車を買い受け，代金 82 万円を完済してその引渡しを受けた。X は，A と Y との間の右売買契約の履行に協力し，みずから Y のために車検手続，自動車税，自動車取得税等の納付手続および車庫証明手続等を代行し，そのために自社のセールスマンを 2，3 度 Y のもとに赴かせたりした。右売買の成立の 8 日後，X は，A に本件自動車を代金 71 万余円で売り渡し，その代金の支払方法は，同月中に 2 回に分け 25 万余円を支払い，残額は 9 カ月に渡り毎月 5 万 1,100 円の月賦払いとし，代金完

---

28) 米倉教授の見解であり，教授は，インベントリー（流通過程におかれた商品，すなわち他への処分を予定された物）の特殊性を考慮に入れたアメリカ法に示唆を受けられて，条理を根拠に，「インベントリー即時取得」とでもいうべきものを主張されている（米倉明「流通過程における所有権留保再論」法学協会百周年記念論文集第 3 巻〔1993 年〕359 頁以下）。具体的には，ユーザーがサブディーラーからサブディーラーの営業の通常の過程において自動車を買い受けることを前提としたうえで，①ユーザーがサブディーラーに対し第 2 売買の代金債務を完済し，かつ，自動車の現実の引渡しを受けた場合には，ユーザーが第 2 売買の契約締結時においてディーラーの留保所有権の存在を知っていたとしてもディーラーの留保所有権は消滅し，ディーラーは第 1 売買の代金債務の不履行，第 1 売買の解除を理由に，留保所有権に基づきユーザーに対し自動車の引渡しを請求することは許されない，②ただし，ディーラーの留保所有権の存在を右締結時に知っていたユーザーにおいて，ディーラーの留保所有権が消滅すると期待するのが合理的でない特段の事情がある場合はこの限りでない，という法理であり，転売授権の考え方と大きな違いはなさそうである。

29) 平野裕之「判例批評」椿寿夫編・担保法の判例 II〔1994 年〕104 頁，千葉恵美子「判例批評」民法判例百選 I〔第 5 版〕〔2001 年〕208 頁。ほぼ同旨・吉田真澄「判例批評」民法判例百選 I〔第 4 版〕〔1996 年〕208 頁。

30) 手塚宣夫「所有権留保の追及力」民法の争点〔1985 年〕I 184 頁も，結論ほぼ同旨。

済までは本件自動車所有権をXに留保するというものであった。その後、AがXに対する割賦金の支払いを3カ月にわたり怠ったので、支払いを催告したうえXA間の売買契約を解除し、XはYに対して本件自動車の引渡しを求めて本訴を提起した。第1審・原審とも、Xの引渡請求は権利の濫用にあたるとして、Xの請求を認めない。X上告。上告棄却。

　[判旨]「Xは、ディーラーとして、サブディーラーであるAが本件自動車をユーザーであるYに販売するについては、前述のとおりその売買契約の履行に協力しておきながら、その後Aとの間で締結した本件自動車の所有権留保特約付売買について代金の完済を受けないからといって、すでに代金を完済して自動車の引渡しを受けたYに対し、留保された所有権に基づいてその引渡しを求めるものであり、右引渡請求は、本来XにおいてサブディーラーであるAに対してみずから負担すべき代金回収不能の危険をユーザーであるYに転嫁しようとするものであり、自己の利益のために代金を完済したYに不測の損害を蒙らせるものであって、権利の濫用として許されないものと解するを相当とする。」

【26】 最判昭和57・12・17 判時1070・26

　[事実]　X_1（原告・控訴人・上告人）およびX_2（原告・控訴人・上告人）は、ともに同じ自動車メーカー系列の自動車販売会社である。Aは、自動車の修理販売を業とする会社である。X_1は、Aがユーザーに転売することを承知のうえ、自らの営業活動の一環として、かなり以前からAに対しその所有する自動車を継続的に販売していた。X_1は、Aの販売用に本件各中古自動車を、その所有権を代金完済まで留保し、2回ないし9回の代金分割払いの約定で売り渡し、Aは、各割賦金支払いのためにX_1にあてて約束手形を振り出した。X_1は、右売買契約の際、Aがユーザーに転売するために買い入れることを承知し、かつ右転売を容認していた。X_2も従前からAに対し、Aがユーザーに転売することを知りつつ、自らの営業活動の一環として自動車を販売していた。X_2は、Aに対し、Aの販売用に本件各新車を、その所有権を代金完済まで留保し、代金支払方法は一括払いの約定で売り渡し、Aは右支払いのために小切手を振り出した。右売渡しにあたり、X_2はAから転売先まで知らされていた。その後、Aは、本件各自動車をYほか5名のユーザー（被告・被控訴人・被上告人）に、それぞれ所有権留保の特約を付することなく転売し、Yらはそれぞれその引渡しを受け、代金を完済した。Yらは、X_1らのAに対する所有権留保の特約の事実を知らず、また、これを知るべきであったという特段の事情もない。Aは、その後倒産し、X_1らに対する本件各自動車の代金は支払い不能となった。そこで、X_1およびX_2は、Aとの間の本件各自動車の各売買契約をそれぞれ解除し、Yほか5名のユーザーに対して、留保所有権に基づき本件各自動車の引渡しを求めて本訴を提起した。第1審はX_1およびX_2の請求を棄却。原審も、X_1およびX_2の請求は権利濫用にあたるとして控訴を棄却。X_1およびX_2が上告。上告棄却。

　[判旨]「右事実関係によると、ディーラーであるX_1らは、サブディーラーであるAに対し、営業政策として、ユーザーに対する転売を容認しながら所有権留保特約付で本件各自動車を販売し、ユーザーであるYらは、右所有権留保特約を知らず、また、これを知るべきであったという特段の事情なくして本件各自動車を買い受け、代金を完済して引渡しを受けたのであって、かかる事情の下において、X_1らがAとの右売買

契約を代金不払いを理由として解除したうえその留保所有権に基づいてYらに対し本件各自動車の返還を請求することは、本件X₁らにおいてサブディーラーであるAに対して自ら負担すべき代金回収不能の危険をユーザーであるYらに転嫁しようとするものであり、かつ、代金を完済したYらに不測の損害を被らせるものであって、権利の濫用として許されないというべきである。右と同旨の原審の判断は、正当として是認することができ、論旨は、採用することができない。」

〔権利濫用の法理不適用事例〕

【27】 最判昭和56・7・14 判時1018・77、判タ453・78、金判632・13

　［事実］ X（原告・控訴人・被上告人）は、Xの所在する県一円を営業区域とする自動車メーカー系列の自動車販売会社である。Aは、各種自動車の販売および修理を業とする会社であって、買主から受けた注文に基づき、Xその他の自動車販売会社との間で右注文車に相当する自動車につき売買契約を締結し、当該販売会社に諸手続を行ってもらっていた。Xは、Aに対して自己所有の自動車を割賦金の支払い完了までの所有権留保特約付で販売していた。Y（被告・被控訴人・上告人）は、被服衣料の製造販売会社であり、これまでにAから買い受けた自動車についていずれもその割賦金の支払いを完了した後も、その所有者名義をY名義に変更する旨の登録手続をしたことがなく、その自動車を相当期間使用した後、当初の所有者名義のままこれをAから新たに自動車を購入する際の下取車としてAに引き渡していた。Aは、Yとの間でライトバンを従前と同じ販売方法で売り渡す旨を合意し、これを履行するため、XからXを所有者として登録された本件自動車を、当該県以外で販売しない条件で買い受け、本件自動車をYに引き渡した。ところが、Aが本件自動車の割賦金支払いのために約束手形を振り出さなかったり、Yは当該県の隣県に本店をおく会社であることなどを理由に、Xは、XA間の売買契約を解除し、留保所有権に基づきYに対して本件自動車の引渡しを求めて本訴を提起した。第1審は、Yの権利濫用の主張を認めてXの請求を棄却した。それに対して原審は、ユーザーYは注文に相当する自動車の所有権が当初の売主Xに留保されていることを予測していたにもかかわらず、その使用名義を自己とする登録手続さえも経由せず、また、ディーラーXはサブディーラーAとの間でAが他県で新車を販売することを禁ずる旨の特約を結び、AとYとの間の売買契約の締結および履行につきなんら関与しなかったなどの事実関係のもとでは、Xが留保所有権に基づいて本件自動車の引渡しをYに求めることは権利濫用とはいえないとして、第1審判決を取り消し、Xの請求を認容した。Y上告。上告棄却。

　［判旨］「原審が適法に確定した事実関係のもとにおいて、XがYに対し所有権に基づき本件自動車の引渡しを求める本訴請求が権利の濫用にあたるとはいえないとした原審の判断は、正当として是認することができる。所論引用の判例は、事案を異にし、本件に適切ではない。」

〔信義則適用事例〕

【28】 福井地判昭和58・12・26 判タ521・203

　［事実］ 自動車メーカー系列の自動車販売会社であるY（被告）は、従前から自動車を一般

のユーザーに販売する場合には，Aのような自動車販売を業とする業者に一旦売り渡し，その業者がさらにユーザーに販売するといういわゆる「業販システム」を採用していた。Yは，Aに対して本件自動車を，自動車の代金から下取車の価額を控除したものをAが割賦で支払い，代金完済まで所有権をYが留保するという約束で売り渡した。Yは，本件自動車をAに売り渡したときも，Aが他の一般ユーザーに販売することを十分認識していた。ユーザーであるX（原告）は，Aから本件自動車を買い受けそのころ代金全額をAに支払い本件自動車の支払いを受けた。Aは，本件自動車の代金としてYに下取車を引き渡したほか代金の一部を支払っただけで事実上倒産し，YはAから残代金の支払いを受けられなくなった。Xは，Yに対して本件自動車の所有権移転登録手続を求めて本訴を提起，Yは，本件自動車につき留保所有権を有すると主張。Xの請求認容。

［判旨］「以上の認定事実によれば，ユーザーであるXはAの営業の通常の過程でAに代金を完済して，Aから本件自動車の引渡を受けたのであるから，他に特段の事情の認められない本件においては，Xにおいて本件自動車の所有権を取得したものと信じたものと推認するのが相当である。

したがつてYにおいてAとの売買における留保所有権を行使し，若しくはAから代金の支払を受けていないことを理由としてXの本訴請求を拒否することは，Xに対して不測の損害を与えるものであつて信義則に照して許されないものと解するのが相当である。

以上の認定判断によれば，Xは民法192条の法理にのつとり本件自動車の所有権を取得し，その結果Yは右自動車の所有権を失ったものと認むべきであるから，XはYに対して直接本件自動車について所有権移転登録手続を請求する

ことができるものと解すべきである。」

② 無権利であるが所有権移転登録を経由している売主から自動車を買い受けて引渡しを受け所有権移転登録を経由したユーザーの保護

前述のように，判例は，既登録の自動車については，売主の占有している自動車を売主の物と信じて買い受け引渡しを受けても，民法192条の適用がないから，売主が無権利者であった場合には，買主は善意無過失で取得しても自動車を即時取得し得ないとする（前掲【24】）。しかしながら，自動車の所有権登録名義が無権利者である売主にあり，その者を所有者と信じて買い受けて所有権移転登録を経由した場合にも，なお買主であるユーザーは所有権を取得しえないかが問題となる。

学説上は，民法94条2項の類推適用により買主の保護を図ろうとする説と民法192条の類推適用により買主の保護を図ろうとする説などが有力に主張されている。すなわち，民法94条2項類推適用説は，既登録の自動車の場合は，登録が所有権の対抗要件であり，登録によって権利が表象されているので，占有を信頼した取引を保護する余地はないから，民法192条の適用はないと解すべきであるが，無権利者である売主の登録名義になっており，そのために買主が売主を真の所有者と信じて買い受けた場合には，民法94条2項の類推適用がありうるとする[31]。それに対して民法192条類推適用説は，売主が無権限であるにもかかわらず自分名義で所有権移転登録をしかつ自動車を占有しており，買主がこの自動車を善意無過失で買い受けて引渡しを受け，

買主名義に所有権移転登録を経由した場合には、民法192条を類推適用して買主の即時取得を認めるべきであるとする[32]。

両説の差異は、ⅰ）民法94条2項類推適用説の場合は、買主は現実の占有と所有権移転登録を取得する必要がないが、民法192条類推適用説の場合は、買主はこれらを取得する必要があること、ⅱ）前説の場合は、買主は善意で足りるが、後説の場合は、買主は善意無過失であることが要求されること、ⅲ）前説では、買主が保護されるには、原所有者に責めに帰すべき事由がない限り原所有者は自動車の返還を求めうるが、後説では、買主が善意・無過失で盗品である自動車を買い受けた場合、民法193条・194条の適用があることにある[33]。

私は、所有者は自動車については盗難保険等をかけておくことにより、損失の回避を図ることができるのに対して、買主は売主に対して担保責任を追及し得るだけであるから、192条類推適用説の方が適切ではないかと考える。

この他、登録に公信力を認め、登録を信頼して善意無過失で譲り受けた者は、即時取得が認められるとする説もある[34]。

ともかく、自動車の所有権登録名義が所有権を有していない売主にあり、その者を所有者と信じて買い受けて所有権移転登録を経由した買主に関する判例はまだ現れていない。

なお、次の裁判例（【29】）は、既登録自動車の取引について民法192条の適用否定説に立つものであり、既登録自動車の所有権留保売主が所有権移転登録に必要な書類一切を買主に交付し、買主が代金を完済しないまま、この自動車がかかる書類とも転々譲渡され、最初の売主が後の買主に対して自動車の引渡しを請求したという事案であるが、後の買主の即時取得の主張を排斥している。本件は、中古自動車販売業者間の転々譲渡の事案であって、後の買主が悪意であった可能性がないわけではないが、もし後の買主が善意のユーザーであった場合には、かかる買主は保護されるべきであり、理論構成としては、民法94条2項の類推適用あるいは民法192条の類推適用が考えられよう。

【29】 東京地判昭和44・12・15 判時594・75

[事実] 自動車メーカー系列の自動車販売・修理を業とするX会社（原告）は、自動車の販売および部品等の小売等を業とするA自動車会

---

31) 広中183頁、甲斐道太郎「判例批評」〔1972年〕民商65巻5号104頁、近江143頁、川井108頁など。
32) 鈴木「即時取得」71頁以下、鈴木172頁、加藤一郎・法学教室〔第1期〕2号〔1961年〕164頁、石田喜久夫「自動車と即時取得」柚木馨＝谷口知平ほか編・判例演習物権法〔増補版〕〔1973年〕292頁以下、内田457頁、生熊・注24掲記「論文」143頁以下など。我妻栄＝有泉216頁も即時取得を認める余地があるとする。
33) 安永正昭「判例批評」昭和62年度重要判例解説〔1988年〕72頁。
34) 石田穣「判例批評」〔1972年〕法協89巻5号129頁、多田利隆「判例批評」〔1988年〕法時60巻9号92頁。

第2章　民法192条の即時取得

社に対し，営業の目的に使用するためX所有の本件自動車を含む自動車2台を所有権留保特約付で販売し，A自動車会社は約束手形を振り出し，X会社は右2台の自動車を引き渡した。X会社は，A自動車会社に売り渡すに当たり，所有権移転登録に必要な書類一切（自動車検査証，移転登録申請書，移転登録委任状，自動車申告書，譲渡証明書ならびにX会社の住所変更に対する変更登録申請書および委任状，登録簿抄本）を交付した。本件自動車は，A自動車会社からBに，BからCに，CからYに，それぞれ譲渡された。BCYは，いずれも中古自動車取扱業者のようである。X会社が，所有権移転登録に必要な書類をA自動車会社に交付したため，以後中古自動車取扱業者の常としてX会社が交付した所有権移転登録に必要な書類を付したまま，BCYへの各譲渡がなされた。X会社は，Yに対して本件自動車の引渡しを求めて本訴を提起した。Yは，自動車販売業者間において中古自動車の販売に当たっては，所有権移転登録に必要な一切の書類とともに自動車が引き渡されるときは，所有権留保特約付き売買の場合にも所有権は移転する，既登録自動車の取引には，民法192条の適用はないが，所有者自身において所有権移転登録に必要な一切の書類とともに自動車が引き渡されたときには，自ら登録に基づく法益を放棄したものであって，この場合当該自動車は本来の動産に立ち帰り，192条の規定が適用される，と主張。Xの請求認容。

［判旨］「Yは自動車販売業者間において中古自動車の販売に当っては当該自動車が業者間を転々とする間は自動車原簿に一々その所有権の移転を登録することなくその登録に必要なる一切の書類が完備しておればその書類と共に自動車が取引されることが業者間の一般の商慣習であることを理由として所有権留保の売買であっても通常の売買とみなされ所有権は移転する旨主張するが，前記の如き取引がなされることと，所有権留保の売買契約によっても所有権が移転することとみなされると言う事とは重大な差異があり，《証拠略》によるとY主張の如き取引もなされていることは認められるが所有権留保の売買契約をしても所有権移転登録に必要な書類を交付すれば，所有権が移転したものとみなされるなどの商慣習は本件に顕われた全証拠によってもこれを認めることはできない。従って右抗弁は採用できない。」

「即時取得は占有に公信力を認め前主の占有を信用したものを保護する制度であるから，権利の表示が占有以外の方法で公示される場合，たとえば登記登録によって表示される動産については即時取得の要件たる動産から除かれることは一般に認められるところであり，当事者間にも争いのないところである。

ところでYはXがA会社に本件自動車を売渡した時，所有権移転登録に必要なる一切の書類を交付したことをもって自ら登録に基づく法益を抛棄したものであるから即時取得の適用を受ける動産として取扱われると主張するが，前記認定の事実によると一応自ら登録に基く法益を抛棄したことは認められるがそれは自己の交付した所有権移転登録に必要なる一切の書類を行使し，それにより登録されて対抗要件を喪失するなど，右書類を交付しこれを行使したことにより直接発生する権利の行使を妨げない趣旨のものを意味し，これが直ちに右範囲以上を越えて民法上規定する特別の法律要件である即時取得の動産として取扱われることになるまでの強い意味をもつものではないと解するので爾余の点を判断するまでもなく，右即時取得の抗弁もまた採用できない。」

(b) 未登録の自動車・登録を抹消された自動車

以上のように既登録の自動車については、192条の即時取得の規定の適用がないとするのが判例の立場であるが、未登録の自動車および既登録であったがその後登録を抹消された自動車については、192条の適用があるとするのが、判例（【30】，【31】，【32】）・通説である。

【30】 東京地判昭和31・4・28 下民7・4・1079

［事実］ 事実関係の詳細は不明であるが、およそ以下のようである。本件自動車をX（原告）が所有していたが、Aらによって窃取された。タクシー会社Y（被告）はB会社からその代理人B_1を通して、代金55万円で本件自動車を買い受け占有している。そこで、XはYに対して本件自動車の引渡しを求めて本訴を提起した。Yは、本件自動車の即時取得を主張し、YがB会社に支払った代金55万円の支払いを受けない以上、Xの請求に応ずることはできないと主張した。Xが55万円をYに支払うのと引換えにXの本件自動車引渡請求を認容。

［判旨］「(1) 先づYが本件自動車を即時取得したかどうかであるが、YがB会社からその代理人B_1をとおして、代金55万円で本件自動車を買受けた事実は当事者間に争がない。そうである以上特別の主張及び立証のない限り、Yは平穏公然かつ善意に占有を開始したものであると認めるを相当とする。次に、右売買によるYの占有承継が無過失であったかどうかの点であるが、……B会社の代理人であるB_1が昭和27年10月末頃本件自動車をY会社へ持って来て、Y会社の専務取締役をしていたCに対し、適当な買手があつたら紹介してほしい旨売却の依頼をしたところ、その後、本件自動車について所定の登録ができたら、Yにおいて買受けようということとなり、同年11月20日頃山梨県の陸運局においてうけた車体検査に合格し、神奈川県渉外課長のDに払下げたという証明書であったか或は所謂廃車証明書であったか、必ずしも判然としないが、ともかくその何れかによって山梨第3231号として登録ができたので、Yは、B会社から当時としては相応の価格である代金55万円で買い受けたことが認められ……（る）。右認定事実よりすれば、Yは、本件自動車の占有をB会社から取得するにつき無過失であったということができ、いわゆる即時取得によりその所有権を取得したものであるとしなければならない。

(2) 次に、B会社は中古自動車を販売する商人であったかどうかの点であるが、……B会社では、他から買受けた中古自動車のうち自己のところで登録できなかった車を他に売却することもやっていたこと、昭和27年4、5月頃から本件自動車を買受けるまでにYは、B会社から既に4台もの中古自動車を買受けていること、更にB会社は、中古自動車を、甲府市のE会社に2台、吉田町の需要先に数台売却していることを認めることができ、右認定に反する証拠はない。そうであってみればB会社は中古自動車の販売を業としておったものと認めるのが相当であるから、民法194条の『同種ノ物ヲ販売スル商人』に該当するものといわなければならない。

したがって、Yは、本件自動車を同種の物を販売する商人であるB会社から所謂即時取得したこととなるから、Yの抗弁は理由があるということができる。」

第2章　民法192条の即時取得

【31】　最判昭和 45・12・4 民集 24・13・1987

[事実]　本件自動車は，自動車販売会社であるA会社の所有であり，A会社所有名義で新規登録がなされ1カ月後に道路運送車両法16条による抹消登録がなされた。その後，A会社は系列の自動車販売会社であるX会社（原告・控訴人・上告人）に吸収合併されている。Y（被告・被控訴人・被上告人）は，かねてからBに対して35万円を貸与し，その弁済期も到来していたが，BがY方に本件自動車で乗りつけ，本件自動車を担保に差し入れるからあと8日弁済を猶予されたい旨申し入れた。Yは，BがCオート販売の名でX自動車の販売に従事しており，Bの店舗の周囲付近には常時2, 3台の自動車を置き，これらの自動車を自由に乗りまわしていたことを知っており，Bが本件自動車は仮ナンバーで登録はないが最悪の場合にはすぐ登録してやる，とにかく自分の自由になる車だから預かってくれというので，A会社の所有物であるとは知らずにBの所有物と信じて本件自動車を担保として預かった。なお，Yは以前Bを通じてA会社からX自動車を購入したことがある。Bは，A会社の取次店であって，単に顧客をA会社に紹介するだけで契約の当事者にはならなかったものである。また，Yは，本件自動車に関する登録の有無を調査したり，譲渡証明書や新規登録用謄本の交付をBに要求したことはない。X会社は，Yに対して本件自動車の返還を求めたが，Yがこれに応じず，またYが本件自動車を匿していた関係で返還請求権保全の仮処分も実行不能であったため，本件自動車は回復不能としてYに対して本件損害賠償請求訴訟を提起した。これに対して，Yは質権の即時取得を主張。第1審（後掲【67】）・原審（前掲東京高判昭和45・5・28判時595・56）ともYの質権の即時取得の主張を認めた。X会社上告。上告棄却。

[判旨]　「道路運送車両法による登録を受けていない自動車は，同法5条1項および自動車抵当法5条（昭和44年法律第68号による改正前のもの）の規定により所有権の得喪ならびに抵当権の得喪および変更につき登録を対抗要件とするものではなく，また，同法20条により質権の設定を禁じられるものではないのであるから，取引保護の要請により，一般の動産として民法192条の規定の適用を受けるべきものと解するのを相当とする。そして，この理は，道路運送車両法により登録を受けた自動車が，同法16条（昭和44年法律第68号による改正前のもの）の規定により抹消登録を受けた場合においても同様である。右と同旨の原審の判断は正当であつて，論旨は，採用することができない」。

「およそ，占有者が善意に占有をなすものと推定されることは，民法186条の定めるところであり，また過失なくして占有を始めたものと推定されることも，当裁判所の判例とするところである（最高裁昭和39年（オ）第550号同41年6月9日第1小法廷判決民集20巻5号1011頁（後掲【36】）参照）。したがつて，占有取得者であるYは，民法192条にいう善意無過失の立証をすることを要しないものというべきである。」

「右の見解に立つて本件をみるに，原審が適法に確定した事実関係のもとにおいては，論旨指摘の事実を考慮しても，なお，Yが本件自動車につき質権の設定を受けてその占有を始めるに当り，悪意であつたか，または過失があつたとするに足りないのである。Yが善意無過失であつた旨の原判示は，当裁判所の前記見解に照らし，結局正当であつて，論旨は理由なきに帰する。」

【32】 東京地判平成 4・9・24 判時 1468・108

[事実] CとY（被告・Dグループの一員）との間において，YがD₁（Dグループの一員）から買いヨーロッパから輸入してCに自動車（複数）を売り渡す取引に関し売買基本契約が締結された。その契約によれば，個別契約締結にあたりCは売買代金の20パーセント相当額を手付金として支払い，目的自動車の所有権は，CがYに対して自動車売買代金残額を支払うのと引換えに，YがCに対して輸入通関証明書と譲渡証明書とともに自動車を引き渡した時に，YからCに移転すべきものとされている。X（原告）とC間において，本件自動車につき売買代金を60万英ポンドとしてCの銀行預金口座に振込送金するとの注文書と注文請書が交換されて売買契約が締結され，XはCの指図により，右売買代金の支払いとして，送金者名義をCとして，60万英ポンドに相当する1億5,570万円をYの銀行預金口座に振込送金した。この振込金を引当てにYは，Cの代表者C₁に30万英ポンドを貸し，その後振込金のうちの30万英ポンドを貸付金の返済に充て，残額は他の自動車の商品代前受金に充当された。ところで，本件自動車は，英国製ジャガーの特別仕様によるスポーツカーであって，Cが買い付け交渉を行い，A社からB社を経て買い付けたものである。B社とCとの間の本件自動車の取引については，総合商社Dグループが商社として介入し，売買契約は，B社とD₁間（代金額72万英ポンド），D₁とY間（代金額1億7,670万円），YとC間（代金額1億8,112万余円）で順次売買契約が締結された。本件自動車は，通関手続を経た上でCからXに引き渡された。走行テストの結果いくつかの重要な不具合が発見されたので，本件自動車は英国に空輸され，A社による修理を経た後，空路返送され，Yが本件自動車を占有し，現在に至っている。Xは，主位的にCから本件自動車を買い受けてその所有権を取得したことを理由に，また予備的にCから本件自動車の引渡しを受け即時取得したことを理由に，Yに対して本件自動車の引渡しを請求した。本判決は，CはYに対する本件自動車の代金を完済しておらず，そのためYからCに対して本件自動車に関する輸入通関証明書と譲渡証明書は交付されていないから，所有権はCに移転していないとして，主位的請求を排斥し，予備的請求を認容した。

[判旨]「1 未登録自動車の即時取得
……登録が自動車の所有権得喪の公示方法とされるのは新規登録がなされた後であるから，未登録の自動車については，登録が所有権取得の対抗要件とされることはない。従って自動車も未登録の間は一般の動産と同様に即時取得の対象となり得る（最高裁昭和45年12月4日第2小法廷判決民集24巻13号1987頁（【31】））。
2 善意無過失等
(一) ……
(二) 未登録の建設機械や自動車で比較的高価な物の所有権の移転にあたっては，通常はその機械や自動車等の製造業者が発行した譲渡証明書を交付することが多い。巷間それによって所有権移転に間違いがないことが確認されているのである。また追って登録することが予定されている自動車の売買においては，その所有権移転にあたり，登録に必要な書類を授受するのが通常である。YとC間の自動車売買基本契約においても，もともと未登録の自動車を反復して売り渡すことが予定されていたから，その所有権移転にあたっては譲渡証明書等を交付すべきものとされていたことは前述のとおりである（輸入自動車の売買が目的であったから譲渡証明書だけでなく，その他に通関証明書も交付すべ

きものとされていた）。それにもかかわらず億単位の高価な本件自動車の所有権移転のための引渡にあたり，Xは譲渡証明書も通関証明書も受け取らなかったのであるから，特別の事情がないかぎりは，Xに過失があったことが疑われてもやむを得ないところである。しかし本件については二つの格段の事情があるために，Xはなお善意で無過失であったと認める。

その第1は，Xが本件自動車売買代金をその引渡を受けるに先立って支払済みであったことである。Xは，CがY関与の下に英国のメーカーに発注して本件自動車を取得してこれをXに売り渡すものであるとの認識の下に，Cがその取得資金として活用できるように，平成2年10月11日に，当時渡英して本件自動車の確保にあたっていたC_1の指示により，売買代金の全額である1億5,570万円をYの銀行預金口座に振込送金したのである。この振込金を使用して，Cが本件自動車を適法に入手してXに引渡した，とXが信じたとしても何の不思議もない。……

ところで，登録されていない建設機械が譲渡証明書付で譲渡されるのは，現に登録されていないだけでなく，追って登録することも予定されていないからであるが，それとは異なって登録予定の自動車につき譲渡証明書等が交付されるのは，それが登録手続のために必要だからという意味もある。本件自動車は，登録手続をする前提として，まず特別注文の輸入特殊車両であったために，排気ガスに関する諸法令による検査基準に合格するように整備した上でその手続を経なければならず，そのためにCは，追って輸入する予定であった本件自動車と同種の第2号車をまず整備して排ガス検査を受け，しかる後に本件自動車についても所定の手続を経て，登録手続に進むとXに告げていたのであり，それまでは登録手続に必要な通関証明書や譲渡証明書はCが保管しておくと述べていたのであっ

たが，Xはその言を信じていたのである。このような特殊事情に，Xが既に本件自動車取得代金として大金を支払済であることを併せて考えるとXがCの言を信じて譲渡証明書等を受領しなかったとしても過失があったとするのは酷である。

またXは，本件自動車の取引以前にも，Cと取引しており，同社から本件自動車を含めて高額な自動車3台を購入しているが，その間何のトラブルもなかったから，Xは，Cを疑わなかったとしても不思議はなく，このことも，Xの善意無過失であった事実を補強する。

以上の次第で，Xは本件自動車の占有を取得した当時，Cが本件自動車の処分権限を有すると信じており，かつそう信ずるについて過失はなかったものと認められ，この認定を覆すに足りる証拠は存在しない」。

(c) 軽自動車・原動機付き自転車など

軽自動車や原動機付き自転車などについては，民法192条の即時取得の規定の適用があるとするのが，判例・通説である。道路運送車両法4条は，自動車は，自動車登録ファイルに登録を受けたものでなければ，これを運行の用に供してはならないとし，同法5条1項は，登録を受けた自動車の所有権の得喪は，登録を受けなければ第三者に対抗することができないとしているが，これらの条文にいう「自動車」から，軽自動車，小型特殊自動車および二輪の小型自動車は除外されているからである（同法4条）。

次の判例（【33】）は，軽自動車には民法192条の即時取得の適用があることを前提に，金融のために買い受けた質屋兼金融業者に過

失の存在を認め，即時取得を否定したものである（同様に，新品同様の軽自動車を質受けした質屋営業者に過失を認めた裁判例として，後掲【65】，後掲【66】などがあり，自動車修理販売業と古物商を営む者の即時取得を認めた裁判例として，【34】がある）。

なお，軽自動車や原動機付自転車等の標識証明書の所有者欄の表示の意味であるが，後掲【66】は，原動機付自転車標識証明書の所有者欄の表示の意味につき，「権利の得喪変更を第三者に対抗する要件である道路運送車両法上の自動車の登録の場合とは異り，市町村がその区域内において運行の用に供せられる原動機付自転車に課税する必要上住民にその所在の届出を強制し所有者として届出られた者に課税するとともにその者に対し届出を受け標識を交付したことを証明するにすぎない原動機付自転車標識証明書の所有者欄の表示はその性質上所有権の所在そのものを公証するものでないことは明らかであるというべきであつて，実際にも関係者としては税負担者が何人であるかを主眼として届出をすれば足りる関係上，販売業者が所有権を留保して月賦販売をした場合でも直ちに買主を所有者として届けられている例が多い……。従つてその表示は通常の事態においては一応所有権の所在を示す手がかりであるといえるにしてもそれ自体自動車登録と同様な推定力ないし信頼性をもつものではないといわなければならない。」としている。

第1節　要　件

【33】　最判昭和44・11・21 判時581・34

[事実]〔事実関係の詳細は不明である〕自動車販売会社X（被上告人）は所有権留保特約付で本件軽自動車をAに販売した。一見新車と認めうる本件軽自動車（Xに所有権が留保されたままである）を，金融の目的で質屋兼金融業者Y（上告人）がAから買い入れた。Xは，本件軽自動車はXの所有物であるとして，Yに対してその引渡しを求めて本件訴えを提起。Yは即時取得を主張。原審は，Yには過失があるとして即時取得の主張を斥けた。Y上告。上告棄却。

[判旨]「原判決（その引用する第1審判決を含む。以下同じ）の事実認定は，その挙示の証拠に照らして肯認することができ，その確定した事実関係のもとにおいては，質屋営業および金融業を営むY（上告人）は，自動車についてはいわゆる所有権留保の割賦販売が広く行なわれていることを熟知しているはずであるから，面識のないAから一見新車と認めうる本件軽自動車を金融のため買い受けるにあたっては，同人がこれを処分しようとする事情および処分権限の有無について疑いを抱きこれを調査すべきであり，かつ，その確認は決して困難ではなかったのであって，Yにおいて，知人の紹介を受けたほかなんらの調査をせず，漫然Aに処分権限があるものと信じて取引に応じ本件軽自動車の占有を取得したことには過失があるものとする原判決の判断は，正当として是認することができる。」

【34】　東京高判昭和39・12・2 東高民時報15・12・245

[事実]　X（原告・被控訴人）は，自動車修

理業と古物商を営んでいた。本件各車（甲車・乙車・丙車）は、もと自動車販売会社Y（被告・控訴人）の所有に属し、YがAに対して、所有権留保特約付割賦販売で売り渡したものであるが、右代金はいずれも完済されるに至らなかった。甲車は、Xが親しい間柄にある古物商Bから買い受けたものであるが、買い受けにあたってBは、「甲車はYからCに売り渡され、その後Bの手に渡ったものであり、代金の支払いも全部すんでおり間違いのないものである。現在名義切替の手続中（前所有者のした届出につき廃車の手続をすること）であるが、すみ次第関係書類を届ける。」といい、YからCにあてた金額17万6,000円の領収書を交付したので、Xは甲車の所有権はBに移転しているものと信じて甲車を代金10万5,000円で買い取った。乙車については、XがBから買い受けたものであるが、買い受けにあたってBは、乙車はYからAが買い受け、そのAからBが買い受けしばらく使用していたもので、代金の支払いもすみ間違いのないものであるといい、各所有者欄にAの氏名が記入されている車籍カードと原動機付自転車標識交付証明書とを交付したので、Xは、BはいまだB名義で管理当局に対し所定の届出を済ませてはいないが、乙車はBの所有になっているものと信じて、代金6万5,000円で買い受けた。丙車については、Xは、Aから買い受けたものであるが、買い受けにあたりAは、丙車はYから友人Dが買い受けたものを、DからAが譲り受けたものであり、代金の支払いもすみ間違いのないものであるといい、各所有者欄にDの氏名が記入されている車籍カードと原動機付自転車標識交付証明書とを交付したので、Xは、Aは丙車の所有者になっていると信じて、丙車を6万5,000円で買い受けた。これらの取引については、Xは、その都度店に備え付けの古物台帳に、取引の日、品名、代金額および売主名をありのまま記帳しておいた。Xは、本件各車はいずれもAが最近Yから買い取り、まだ所有権がYに留保されている間に勝手に処分したものであることをその後に知った。

［判旨］「本件車がいずれも道路運送車両法第3条の軽自動車にあたり、したがって、自動車登録の制度が適用されないものであることは、弁論の全趣旨から明らかである。……

もともと、道路運送車両法第97条の3、同法施行規則第63条の2以下7までに規定する軽自動車届出制度は、同法第2章の自動車登録制度、これに付随する譲渡証明等に関する規定が、第4条の自動車（それは軽自動車を含まない）の所有者を対象とし所有権を公証して取引の安全をはかる目的に出でたものであるのとは趣を異にし、軽自動車の事実上の使用者を対象とし、主として保安上の見地から設けられた制度であると解するのが相当である。したがって、右規定による軽自動車届出済証等の様式中に所有者をも表示するようになっていても、それは単に便宜上そのようにしたにすぎず、もとより所有権を証明する意味までをももたせる趣旨ではないと解すべきであり、このように所有者を公示する力のない届出済証等に所有者の表示をさせることはかえってまぎらわしい等の欠陥もあって、……現に、この記載欄のみならず届出制度自体をもこれを廃止する機運も出てきていることがうかがわれるのである。……

Xは以上に認定したとおりの事情のもとに本件車を買受けたのであつて、このような事情の下では、Xが本件車をBまたはAから譲り受け、かつその引渡しを受けたのは、民法第192条の意味における善意、平穏かつ公然であつたことは勿論、Xが、本件車がBらの所有に属するものと信じたについてはもつともな事情があった、すなわちこの点について過失がなかったと認めるのが相当である。したがって、Xは、さきに

説明した各取引により本件車の所有権を取得したものといわなければならない。」

(13) 既登記の船舶（商法687条）・既登記の建設機械（建設機械抵当法7条）・既登録の航空機（航空法3条の3，航空機抵当法5条）・不登記船舶

総トン数20トン未満の船舶を除き船舶所有者は船舶登記をしなければならず（商法686条），船舶所有権の移転の対抗要件は，登記および船舶国籍証書への記載とされている（商法687条）。また，建設業法2条1項に規定する建設工事の用に供される機械（「建設機械」という）については，建設業者である所有者は，所有権保存登記をすることができ（建設機械抵当法3条1項），既登記の建設機械の所有権および抵当権の得喪および変更は，建設機械登記簿に登記をしなければ，第三者に対抗することができないとされている（建設機械抵当法7条1項）。さらに，登録を受けた飛行機および回転翼航空機の所有権の得喪および変更は，登録を受けなければ第三者に対抗できないとされている（航空法3条の3）。

したがって，これらの動産は，登記・登録が所有権移転等の対抗要件とされており，既登記・既登録のこれらの動産については，その占有により権利が表象されているとはいえず，民法192条の適用がないが（既登記建設機械について【35】），未登記・未登録の場合には，民法192条が適用されるとするのが，判例・通説[35]である。

また，前述のように船舶でも総トン数20トン未満の不登記船舶の場合には，民法192条の規定が適用される（大阪地判昭和31・11・30下民7・11・3488，【36】〔この最高裁判例は，民法192条の「過失ナキ」ことの立証責任を即時取得を主張する占有者は負わないことを明らかにしたもの〕）。

〔既登記建設機械〕

【35】 大阪地判昭和41・4・28判タ191・184

［事実］ 本件建設機械は，建設機械抵当法により登記がなされ，AのB建設工業に対する950万円の債権を被担保債権とする抵当権が建設機械抵当法に基づき設定され，抵当権設定登記がなされていた。その後，本件建設機械について執行吏により動産競売の手続がなされ，Cが競落し，CからD，DからY（被告）に譲渡された。事実関係は不明であるが，本件建設機械の所有者であるX（原告）からYに対して，その引渡しの請求訴訟が提起されたもののようである。

［判旨］「建設機械抵当法によって登記された建設機械については，その所有権の得喪及び変

---

35) 我妻＝有泉216頁，鈴木172頁，広中183頁，近江143頁，内田457頁，川井107頁。これに対して，安永教授は，自動車と異なり，すべての建設機械が登記されるべきであるとはされておらず，抵当権設定の目的のために登記が利用され，しかも実際上その数は微々たるものであり，およそ占有に代わって登記が建設機械一般についてその権利関係を公示するものであるとはいえない実情にあるので，登録自動車と同様，192条適用否定でよいのかについてはなお検討の余地があるとされる（安永497頁以下）。

第2章　民法192条の即時取得

更は建設機械登記簿に登記をしなければ、第三者に対抗することができないものとされ、一般の動産とは異り、占有には公信力が認められないものであるから、……善意取得する余地のないことはいうまでもない。」

〔不登記船舶〕

【36】　最判昭和41・6・9民集20・5・1011

[事実]　本件船舶は、Z（第1審参加人・控訴人・上告人）が所有していたが、ZとX（原告・被控訴人・被上告人）間で売買契約が締結され、所有権留保付き割賦販売がなされた。代金一部未払いの状態で、Xはこの船舶を所有権留保付き割賦販売でAに譲渡したが、代金の一部不払いのため、約定によりAはこの船舶をXから賃借していることになった。その後、本件船舶をAがXから賃借中、Aに対する債権者が強制競売の申立てをし、本件船舶に対する強制執行は、有体動産に対する強制執行手続により行われ、Bが本件船舶を競落した。この船舶をBからY（被告・被控訴人・被上告人）が買い受けた。XおよびZは、Yに対して本件船舶の引渡しを求めた。原審は、本件船舶の強制競売は、執行裁判所により行われるべきところ（民訴旧718条）、有体動産に対する強制執行手続により行われたもので、職分管轄を誤った無効のものであるが、本件船舶は、総頓数20頓未満の不登記船に該当し（最高裁もこれを是認）、動産即時取得の対象となりうるものであり、Bから本件船舶を買い受けたYの本件船舶に対する占有は、平穏かつ公然に開始され、Bが無権利者であることにつき善意であったものと認めるべきである、また、Yが善意であることにつき無過失であるとみるのが相当であるとして、本件船舶のYによる即時取得を認め、ZがXに対して本件船舶の所有権がZにあることの確認を求めることはできないとした。また、原審は、本件船舶の所有権がZにない以上、ZがYに対して本件船舶の価格に相当する25万円の支払いを求める予備的請求も失当であるとした。Z上告。上告棄却。

[判旨]　「本件船舶が総屯数20屯未満の不登記船舶である旨の原審の認定は挙示の証拠によつて肯認し得るところである。しかして、論旨はまず原判決がYの右船舶の所有権取得を認めたのは、民法192条にいう無過失の解釈を誤つたものであると主張するので、この点を判断する。

思うに、右法条にいう「過失なきとき」とは、物の譲渡人である占有者が権利者たる外観を有しているため、その譲受人が譲渡人にこの外観に対応する権利があるものと誤信し、かつこのように信ずるについて過失のないことを意味するものであるが、およそ占有者が占有物の上に行使する権利はこれを適法に有するものと推定される以上（民法188条）、譲受人たる占有取得者が右のように信ずるについては過失のないものと推定され、占有取得者自身において過失のないことを立証することを要しないものと解すべきである。しかして、このように解することは、動産流通の保護に適合する所以であり、これに反する見解に立つ判例（大審院明治41年（オ）第331号、同年9月1日判決、民録14輯876頁（後掲【44】））は改むべきものである。

今叙上の見解に立つて本件を見るに、原審の認定したところによれば、Bが右船舶を競落したものの右競売手続には瑕疵があつたため、該船舶の所有権を取得しなかつたところ、執行吏によつて船舶の競売手続がなされるような場合、船舶の所有権が競落人に移転するものと信ずるのは通常であるから、Bから船舶を買い受けた

Yにおいて，Bが船舶の所有権を取得せずして無権利者であつたことを知らなかつたことにつき過失ありとは認められないのであつて，原判示の無過失であつた云々の措辞は必ずしも妥当ではないが，原判示は前記当裁判所の見解に照らし，結局正当である。」

(14) 農業動産信用法によって登記された動産

農業動産信用法により農業用動産は，いくつかの農業用動産をまとめて登記し，一括して担保の目的にすることができる。そして，この場合，登記を公示方法としているが，その後，所有者が登記された動産を第三者に譲渡した場合，第三者に即時取得の適用がありうることは明文で認められている（農業動産信用法13条1項）。これは，農業用動産と登記との関係は，一般にそれほど密接なものとは考えられていないためであるとされる[36]。

2 有効な取引による承継取得であること

(1) 取引による承継取得

192条の文言は，前述のように，「平穏且公然ニ動産ノ占有ヲ始メタル者カ善意ニシテ且過失ナキトキハ即時ニ其動産ノ上ニ行使スル権利ヲ取得ス」と規定するのみであって，占有開始の原因については，何の言及もない。したがって，ある人が取引によらず，「事実行為」により善意無過失で動産の占有を開始した場合も，その動産を即時取得しうるかが問題となる。結論的には，即時取得が認められるためには，取引による承継取得（特定承継）により占有を取得したことが必要であって，取引によらずに他人の動産を自己の動産と誤信して占有しても即時取得は認められないということになるが[37]，判例においては必ずしもそのことが明確に述べられているわけではない。判例上，この点が問題となったのは，無権利者から山林あるいは山林に生育する立木のみを善意無過失で譲り受けて，立木を自己の所有に属すると信じている者が，その後に立木を伐採し（事実行為），動産となった材木を占有した場合，材木を即時取得しうるかというものに関してである（(a)）。

取引による承継取得の典型は，第三者の所有する動産を無権限者から売買により取得する場合である[38]。第三者の所有する動産につき無権限者から譲渡担保権の設定を受けることも多い（たとえば，東京高判昭和60・11・20判タ604・121〔市売用の木材について市場開設者に集合物譲渡担保の即時取得が認められた事例〕，後掲【71】〔冷凍蛸を集合物譲渡担保として即時取得するについて過失があるとされた事例〕）。第三者が所有権を留保している動産，所有者から賃借していた動産，保管を委託さ

---

36) 我妻＝有泉215頁。
37) 我妻＝有泉217頁，舟橋239頁，鈴木172頁，広中187頁，近江144頁，内田459頁，川井108頁など通説。
38) 我妻＝有泉217頁，舟橋239頁，星野73頁，近江144頁，内田459頁，川井109頁など通説。

れていた動産，あるいは譲渡担保権を設定していた動産などを，動産占有者が無権限で売却し占有を移転する場合に，譲受人に即時取得が生じうる。また，かかる動産につき，動産占有者が無権限で質権を設定し，質権者が善意無過失で質物の引渡しを受けた場合にも，質権の即時取得が生じうる（たとえば，前掲【31】)[39]。担保権の実行としての競売や強制競売による動産の取得の場合も，即時取得は認められる。また，代物弁済または弁済として給付し，あるいは消費貸借の成立のために交付する場合も，即時取得が成立しうる。

なお，贈与が即時取得の認められる取引行為に当たるかについては争いがある。肯定説が多数であるが[40]，否定説も有力に主張されている[41]。贈与のような無償行為によっても即時取得が認められるという通説の立場からすると，原所有者から即時取得者に対して不当利得返還請求権が生ずるかという問題が生ずることになる（後述第2節2〔115頁〕）。

即時取得が成立するのは，所有権または質権の取得を目的とする取引行為がなされる場合であるから，ホテルのクロークに預けたコートの引渡しを受けるときに，他人の類似のコートの引渡しを受け，そのまま家に着て帰ってしまったというようなケースにおいては，即時取得の問題は生じえない[42]。

相続により相続財産中にある他人の動産を相続人が包括承継して占有を開始しても，即時取得は認められない[43]。会社の合併等による包括承継の場合も同様である。

(a) 事実行為による占有の取得

無権利者から山林あるいは山林に生育する立木のみを善意無過失で譲り受けて（山林あるいは立木は不動産であるため民法192条の適用がないことについては，1(1)〔8頁〕参照），立木が自己の所有に属すると信じている者が，その後に立木を伐採し（事実行為），動産となった材木を占有した場合，即時取得が認められるかが問題となる。まず，前掲の【1】は，民法192条は，占有物が占有の当初より動産であった場合の規定であって，占有物が当初不動産であった場合にあっては，同条の規定を適用すべきではないから，無権利者より立木を買受け，その後これを伐採し材木として占有した場合には，材木についても即時

---

39) 我妻＝有泉217頁，舟橋239頁，星野73頁，近江144頁，内田459頁，川井109頁など通説。
40) 我妻＝有泉217頁，舟橋239頁，星野73頁，広中197頁，内田459頁，川井109頁など。もっとも肯定説に立つ場合，無権利者からの贈与の場合にも即時取得が認められることになるが，不当利得が，関係当事者間の財産価値の移動を公平の原則によって調整しようとするものであることを重視するときは，即時取得者の利得は法律上の原因を欠くと解して，原所有者からの不当利得返還請求を認めるべきだとする説が有力である（我妻＝有泉227頁以下，広中197頁など）。
41) 近江144頁。近江教授は，取引行為というのは，取引市場において，両者が対価性（対価的牽連関係）に立つものでなければならないのであり，贈与は，近代法においては一方的な財貨付与（無償行為）という構成になったのだから，対価性は認められず，取引行為には当たらないとされる。
42) 我妻＝有泉216頁以下，鈴木172頁など。
43) 我妻＝有泉217頁，舟橋239頁，鈴木172頁，近江144頁，内田459頁，川井108頁など通説。

取得は認められないとした（同旨・【37】，【38】，大判昭和4・2・27新聞2957・9）。また，【39】は，他人の所有する山林内より無権原で雑草木を採取し善意無過失で占有したという事案であるが，本来不動産の一部を組成するものを事実上の行為により動産にして占有しても即時取得は成立しないとした（同旨・大判昭和7・5・18民集11・1963）。判例は，このように事実行為による動産の占有の取得には，即時取得の規定は適用されないとする立場に立つ。もっとも，古くはこれらとは異なり，立木を無権利者より買い受けた者がそれを伐採し，動産となった木材を平穏公然善意無過失で占有した場合に，「其動産ノ取得カ継受取得ナルヤ否ヤハ素ヨリ問フ所ニアラス」として，192条により即時取得が認められるとした判例も存在したが（【40】），この判例は例外に属し，その後の多くの前記大審院判例により改められたものと解すべきである。学説上も，無権利者から山林あるいは立木を譲り受け，伐採して占有しても即時取得は認められないとするのが通説である[44]。もちろんかかる無権利の伐木占有者から伐木を善意無過失で買い受けて引渡しを受けた者は，即時取得を主張しうる[45]。

〔即時取得適用否定〕

【37】 和歌山地判大正6・10・26 新聞1340・22

　［事実］　本件山林の地盤およびその上に定着する本件立木は国X（原告・被控訴人）の所有に属するが，無権限のAがY（被告・控訴人）に本件立木を譲渡した。Yは，本件立木を伐採して，その一部を売却した。そこで，Xは，Yに対して伐木および売却により得た金銭の返還を請求して本訴を提起。Yは，善意無過失で本件立木を買受け，本件立木を伐採して占有しているから，即時取得が成立したと主張。原審は，Xの請求を認容。控訴棄却。

　［判旨］　「立木は其土地に密着して相離れざるものなるが故に縦令伐採の目的を以て売買するも未だ伐採せざる間は不動産の性質を変ずべきものに非ざれば明治42年法律第22号立木に関する法律に依り登記を受けたる立木たると否とを問はず之に対し直に民法第192条を適用し得ざるは勿論同条は元来動産取引の安全を保持する為め非権利者より動産上の権利を譲受けたるものが其権利を取得する条件を定めたるものにして控訴人Y等が被控訴国Xの所有に属する本訴立木を自己の所有に属すと誤信し伐採なる事実上の行為に因り動産と為して之を占有したる本訴の如き場合に適用すべき規定にあらずと解すべき」である。

【38】 大判昭和3・7・4 新聞2901・9

　［事実］　Y（上告人）は，X（被上告人）所有の立木を無権限者Aから伐採の目的で買い受け占有を開始し，その後これを伐採し，伐木を動産として占有した。Xは，Yに対して立木所有権確認，伐木停止および損害賠償を求めて本件訴えを提起した。そこで，Yの伐木の即時取得が認められるかが争われた。

---

[44]　我妻218頁，鈴木171頁，鈴木「即時取得」63頁以下，広中224頁，内田456頁。
[45]　我妻＝有泉216頁，鈴木「即時取得」65頁など。

[判旨]「然レトモ民法第192条ハ現ニ動産タルヘキ物ノ占有ヲ始メタル場合ニノミ適用スヘキ規定ニシテ性質上不動産ノ一部ヲ組成スル物ノ占有ヲ始メタル者カ其ノ後事実上ノ行為ニ因リ之ヲ動産ト為シテ占有シタル場合ニ適用スヘキ規定ニ非ス」

【39】 大判大正4・5・20民録21・730, 新聞1025・28

[事実] 本件係争地の一部はX（原告・控訴人・被上告人）の所有に属する山林であるが，Y（被告・被控訴人・上告人）はその山林内より明治34年以降9年間毎年雑草木を採取してきた。そこでXは，不当利得の返還を求めて本訴を提起した。これに対して，Yは本件雑草木を民法192条により即時取得したため不当利得は存在しないと主張。原審は，民法192条は，正権原に基づく権利の譲渡行為による場合に限り適用すべき規定であって，Yの雑草木の採収のように正権原に基づかない場合には適用されないとして，Xの控訴を認めた。Yは，Yの取得した雑草木は土地を離れると同時に動産となり，これをYが平穏公然善意無過失で占有したのであるから，民法192条の即時取得が成立すると主張し，上告。上告棄却。

[判旨]「民法第192条ノ規定ハ現ニ動産タルモノヲ占有シ又ハ権原上動産タルヘキ性質ヲ有スルモノヲ其権原ニ基キテ占有シタル場合ニ付キ適用スヘキ規定ニシテ本来不動産ノ一部ヲ組成スルモノヲ事実上ノ行為ニ因リ動産ト為シテ占有シタル場合ニ適用スヘキ規定ニ非ス」

〔例外的裁判例〕

【40】 大判明治40・12・6民録13・1174

[事実] A所有の本件山林をAからX（原告・控訴人・被上告人）が買い受けた。他方，本件山林上の立木をY（被告・被控訴人・上告人）は無権利者Bより買い受けた。その後，Yは本件立木を伐採し，伐木を占有した。Xは，伐木所有権がXに属することの確認を求めて本訴を提起した。これに対して，Yは伐木の即時取得を主張。原審は，Yの伐木所有権の即時取得を認めた。Xは，民法192条が適用されるためには，占有取得当時目的物が動産であり，その動産の占有を継受的に取得することが必要であるとして上告。この点につき上告棄却。

[判旨]「動産ノ占有ニ付テハ善意ニシテ過失ナク平穏且公然ニ其占有ヲ始メタルトキハ即時ニ其動産ノ上ニ行使スル権利ヲ取得スルコトハ民法第192条ノ規定スル所ニシテ其動産ノ取得カ継受取得ナルヤ否ハ素ヨリ問フ所ニアラス故ニ原院ニ於テ上告人カ善意ニシテ過失ナク平穏且ツ公然ニ本訴木材ヲ占有シタル事実ヲ認メ以テ上告人ハ占有ニ依リ本訴木材ノ所有権ヲ取得シタル者ト判定シタルハ其当ヲ得タルモノトス」

(b) 競売による占有の取得

債務者の所有に属さない動産が強制競売（民執122条以下）にかけられた場合，買受人（競落人）が192条の要件を具備すれば，その動産の所有権を即時取得しうる[46]。判例もこれを認める（大判昭和7・12・26大審院裁判例6・民361，【41】）。動産の所有者が買受人の

---

46) 我妻＝有泉217頁，鈴木172頁，星野73頁，川井110頁など通説。

即時取得を阻止するためには，強制競売の手続が行われているうちに第三者異議の訴え（民執38条）を提起し，競売手続を取り消させる必要がある。また，動産占有者の所有に属さない動産に動産占有者により質権が設定された場合，質権の即時取得という問題が生ずるが（(1)），この時点で質権の即時取得が生じなかった場合でも，質権の実行としての動産競売（民執190条以下）において買受人が善意無過失で買受け，民法192条の要件を満たせば即時取得しうる。この場合も，動産の所有者が買受人の即時取得を阻止するためには，動産競売の手続が行われているうちに第三者異議の訴えを提起し，競売手続を取り消させる必要がある。

【41】　最判昭和42・5・30民集21・4・1011

［事実］　X₁（原告・控訴人・被上告人）所有の第1目録記載の(8)の物件（ガラス入戸棚）およびX₂（原告・控訴人・被上告人）所有の第2目録記載の物件（石盤印刷機ほか）は，Aの所有に属するものとして強制競売がなされ，いずれもBが競落した。これらの物件をAがBから買い受けた。その後，Y（被告・被控訴人・上告人）がAに対する動産執行を申し立て，本件物件が差し押さえられた。そこで，X₁およびX₂がこれらの物件は自分たちの所有に属するとして，第三者異議の訴え（現行民執38条）を提起した。Yは，これらの物件はBが強制競売により即時取得しそれをAが買い戻したもので，第三者異議の訴えは認められないと主張。原審は第三者異議の訴えを認めた。一部破棄差戻・一部棄却。

［判旨］「執行債務者の所有に属さない動産が強制競売に付された場合であつても，競落人は，民法192条の要件を具備するときは，同条によつて右動産の所有権を取得できるものと解すべきである。したがつて，前記第1目録記載の(8)の物件については，所論のようにBが競落したのであれば，同人は同条によつてその所有権を取得することがあり得るし，また，前記第2目録記載の物件についても，Bは同条によつてその所有権を取得することがあり得る筋合であるから，Yの前叙の各抗弁は，いずれも採用される余地のあるものである。」

(c)　代物弁済・弁済

自己の債務の弁済としてあるいは代物弁済として，第三者所有の動産を無権原で債権者に提供し，債権者が債務者所有の動産と信じて受領したときは，無過失である限りその動産の所有権を即時取得しうる[47]。大判昭和5・5・10新聞3145・12は，第三者所有の玄米による代物弁済の事案であるが，代物弁済の場合にも即時取得が成立しうることを前提に，192条の無過失については即時取得を主張する者が立証すべきであるとして，即時取得を認めた原審判決を破棄差戻としたものである。弁済の場合も，即時取得の成立は認められるが，判例として挙げられる前掲【5】は，弁済として支払われた金銭の債権者による即時取得を認めるものであり，現在では金銭は，通常，物としての個性を持たず，単なる価値の表象ととらえるべきであり，し

47）　我妻＝有泉217頁，舟橋239頁，星野73頁，近江144頁，川井109頁など通説。

がって占有取得者の善意・悪意とはかかわりなく，占有の移転とともに所有権が移転するのであって，民法192条の即時取得の適用はないと解されているから（1(3)〔10頁〕），この判例をここで挙げるのは適切とはいえない。

(d) 消費貸借

消費貸借において，貸主が自己の所有に属さない米などの種類物を借主に交付し，借主が貸主の所有物と信じて受け取ったときも，借主はこの種類物の所有権を即時取得しうる[48]。消費貸借に関する判例として，前掲大判昭和9・4・6民集13・492（1(3)〔10頁〕）があるが，事案は金銭の消費貸借に関するもので，金銭については即時取得の適用がないと解されるから，ここに掲げるのは適切ではない。

(2) 有効な取引行為であること

即時取得の適用のためには，前主と即時取得主張者との間の取引行為に，無効や取消原因がないことが必要である。前主が制限能力者（民法4条以下の成年被後見人・被保佐人・被補助人・未成年者）であったり，錯誤（民法95条）に陥っていたり，契約締結において詐欺・強迫による取消し（民法96条・120条）の事由があったり，代理人として処分したが代理権がなかったりした（民法113条以下）場合には，物権変動の効力が生じなかったり取り消されたりする。このような場合には，買主がこれらの事情を知らず，また知らないことにつき過失がなくても，即時取得の規定の適用はない。このことは，民法192条の規定上明瞭ではないが，これらの場合は取引行為そのものに瑕疵があるのであり，このように解さないと，制限能力者の保護・意思の欠缺・瑕疵ある意思表示・無権代理などに関する民法の諸規定はほとんど意味を失うことになるからである[49]。もっとも，かかる買主からさらに瑕疵のない契約により善意無過失で譲り受けた者は，民法192条の要件を備える限り即時取得しうる[50]。

3 前主が無権利者ないし無権限者であること

前主が無権利者ないし無権限者であって，取引の対象となった動産についての処分権限を有していないことが即時取得の要件となる[51]。

前主が賃借人あるいは受寄者であってその物を占有する権限を有していても，処分権限は有していない以上，無権限者からの譲渡であって即時取得は成立しうる。

動産の売買において，占有改定による引渡しがなされたときは，買主は動産につき対抗

---

48) 我妻＝有泉217頁，舟橋239頁，川井109頁など。
49) 我妻＝有泉220頁，舟橋240頁，近江143頁，川井109頁など通説。
50) 我妻＝有泉220頁，舟橋240頁，川井109頁など。
51) 我妻＝有泉218頁，舟橋237頁，星野73頁，近江143頁，内田458頁，川井110頁など通説。

要件を備えた所有権を有しており，売主は所有権を喪失しているから，売主が再びそれを第三者に譲渡したときも，無権利者からの譲渡ということになり，即時取得は成立しうる。

代理人がその権限に基づいて処分した動産が本人の所有に属さず，第三者の所有に属する場合も，相手方がこれを本人の所有に属し，代理人にその物の処分権限があると誤信したときは，即時取得が成立しうる[52]。このことは，不在者の財産管理人（民法25条以下），相続人が未確定中の相続財産管理人（民法918条・926条・940条），相続人不存在の場合の相続財産管理人（民法952条）あるいは遺言執行者（民法1006条）などのように，他人の財産を管理処分する権限を有する者が，その管理する財産の中に第三者の所有に属する動産が混入しており，これを処分したときも同様である[53]。

4 取得が平穏・公然，善意・無過失であること

即時取得が認められるためには，即時取得を主張する占有者が，善意無過失で，平穏かつ公然に動産の占有を始める必要がある。

(1) 平穏・公然の動産の占有

(a) 平穏・公然の占有の意義

平穏の占有とは，凶暴の占有ではないことであり，公然の占有とは，隠秘の占有ではないことである[54]。取得時効の場合にも平穏・公然の占有が要求されているが，そこでは占有者の「占有の態様」に関して平穏・公然の占有が要求されているのに対して，即時取得の場合には，前主からの「占有承継の態様」に関して平穏・公然が要求されている[55]。公然に動産の占有を始めるといっても，店舗や公の市場（民法194条参照）等で取引をして動産の引渡しを受ける必要はないのであって，売主の自宅や買主の自宅で取引をして動産の引渡しを受けても何等さしつかえない。つまり，即時取得は，有効な取引による承継取得を前提としているから，平穏・公然の要件は通常充たされているといってよい[56]。平穏・公然の占有は，取引による引渡しの時に必要とされているだけであって[57]，買主が動産の引渡しを受けてその後それを金庫にしまっていても，即時取得の成立にとっては何等さしつかえない。

(b) 平穏・公然の立証責任

占有者は，民法186条1項により「平穏且公然ニ占有ヲ為スモノト推定」されるから，

---

52) 我妻＝有泉219頁，舟橋238頁。
53) 我妻＝有泉219頁，舟橋238頁。
54) 川井105頁。
55) 内田459頁。
56) 内田459頁。
57) 川井105頁。

即時取得を主張する者は，平穏・公然の占有であることを立証する必要はなく，真の所有者の側が，即時取得を主張する者の占有が平穏・公然の占有ではないことを立証する必要がある[58]。もっとも，民法186条1項は「占有の態様」に関する推定規定であるから，この規定から，「占有承継の態様」に関する平穏・公然を推定することは，厳密にいえば無理があるといえるが[59]，この規定の趣旨からいって，即時取得の場合にも，平穏・公然に取引がなされたと推定してよいとする見解もある[60]。いずれにしても，前述のように，即時取得は有効な取引による承継取得を前提としているから，平穏・公然の要件は通常充たされているといってよく，この要件についてはあまり問題は生じない。

(2) 善意・無過失による占有の取得

即時取得が認められるためには，善意・無過失で動産の占有を始めることも必要である（民法192条）。前主が目的動産を占有していたからといって，前主が無権利者であることを知っていた（悪意）あるいは過失により知らなかった（善意有過失）ときにまで，無権利者から買い受けた者を保護する必要はない。そこで，善意・無過失の意義およびそれらの立証責任が問題となる。

(a) 善意・無過失の意義

即時取得の要件としての善意・無過失とは，取引の相手方がその動産につき無権利者でない（処分する権限がある）と誤信し，誤信したことにつき過失のないことである（【42】）[61]。

法人における善意・無過失は，その代表者について決する。代表機関が代理人により取引行為をしたときは，その代理人について決すべきである（【43】）。

〔善意・無過失の意義〕

【42】 最判昭和26・11・27民集5・13・775

［事実］ X（原告・控訴人・上告人）が工場に保管していた電気銅6,411キロ余（「本件物品」とする）をAほか4名に強奪され，AからB，BからC，CからDに順次売却された。CやD等はいずれも本件物品の買い受け当時盗難品であることを知らず，ことにY鉄道会社（被告・被控訴人・被上告人））においては，その営業鉄道路線において電線の架設が緊急の必要に迫られていたため，盗難前にすでに電線加工資材として電気銅30トンの購入を，同種物品の販売を営業とする商人であるDに申し込み，その結果，その電気銅を買い受けるようになったのであるが，たまたまこの買受品中に右の盗品（本件物品）が混入していたもので，Yは盗品であることを知らなかった。当時，電気銅は統制品で臨時物資需給調整法等によって指定生産資材需要者割当証明書と引換えでなければその配給を受

---

58) 鈴木172頁，星野74頁，近江144頁以下，川井105頁。
59) 我妻＝有泉221頁，内田459頁。
60) 我妻＝有泉221頁。
61) 我妻＝有泉220頁，川井105頁。

けることができなかった。そこで，Xは，本件物品は盗品であって，右の経路を経てYの所有となったが，その占有が善意であるかについて疑わしい点があるばかりでなく，本件物品は統制品であるから，指定生産資材需要者割当証明書と引換えでなければその配給を受けることができないのにかかわらず，Yはかかる方法によらずに取得したものであるから不法に占有しているとして，Yに対して本件物品の引渡しを求め，引渡しができない場合には，電気銅1キロにつき9万2,655円余の割合による金員の支払いを求めて本訴を提起した。これに対して，Yは，194条により代価を弁償せずに引渡しを求めることは失当であると主張した。なお，本件電気銅はすでに消費され，現存していない。第1審はXの請求を棄却。Xは，主位的請求として，Yは統制法規に違反して本件物品を買い受けたのであって，善意であっても過失があり，194条は適用されないとし，予備的請求として，YがDに支払った代金16万6,699円と引換えに本件物品の引渡しを求めるとして控訴。原審は，主位的請求につき，Dは，電気銅のほか鉄工関係の機械器具等を販売し相当信用のある商人であることが窺われ，また，この事実とYがDから買い受けた電気銅の大部分は盗品でなかった事実とを考え合わせると，Yは善意無過失であったと認められ，Yが統制法規に違反して本件物品を買い受けたこととYが善意無過失であったかどうかは，全く別個の問題であるとし，予備的請求については，194条の法意を探究すると，被害者の回復請求権は盗品の存在が不可欠の一要件と解され，回復請求の際に盗品が存在しなければ，被害者には回復請求権はなくなり，占有者は引渡義務を負わないとして，Xの控訴を棄却した。Xは，Yが本件物品をDから割当証明書と引換えによらないで買い受けたのは法令に違反する不法行為であるから，その占有者は192条の善意無過失の要件を欠き，同条により権利を取得するものではないことなどを理由に上告した。上告棄却。

［判旨］「論旨は，いずれもYが本件物品をDから割当証明書と引換に依らないで買受けたのは法令に違反する不法行為であるから，その占有者は民法192条の善意無過失の要件を欠き，同条により権利を取得するものではないと主張している……。しかし，民法第192条にいわゆる『善意ニシテ且過失ナキトキ』とは，動産の占有を始めた者において，取引の相手方がその動産につき無権利者でないと誤信し，且つかく信ずるにつき過失のなかつたことを意味するのであり，その動産が盗品である場合においてもそれ以上の要件を必要とするものではない。原判決は，Yは本件物品が盗品であることを知らず，従ってDが本件物品の非所有者であつたことを知らなかったことにつき過失のなかつたものと判定しているのであつて，原審挙示の証拠によれば原審が右判断の根拠とした事実は認められ該判断も正当である。」

「原審は民法194条により占有物を回復するには，その物の現存することを前提とするところ，本件物品は現存しないのであるから，上告人の請求は失当であるとしてこれを排斥したものであつて，その判断は正当である。それゆえ，論旨は理由がない。」

〔法人の善意・無過失〕

【43】 最判昭和47・11・21民集26・9・1657

［事実］ Y会社（被告・被控訴人・被上告人）は，A会社に対し共同住宅の新築工事に伴う空気調和設備工事を請け負わせた。A会社は，X会社（原告・控訴人・上告人）から本件冷暖房

機器19台ほか1台を買い受け，これを右共同住宅に設置して右請負工事を完成し，Y会社に引き渡した。右機器20台については，X会社とA会社との売買契約において，その代金完済まで所有権がX会社に留保されていたが，A会社は代金を全く支払わなかった。本件工事の請負取引当時，A会社の代表取締役であるBは，Y会社の取締役でもあった。X会社は，Y会社に対して右機器の引渡しを求めて訴訟を提起。原審は，Y会社が本件機器の引渡しを受けるにあたり，その代表取締役Cが，本件機器がA会社の所有に属すると信じ，信じたことに過失がなかったとして，Y会社の本件機器の即時取得の主張を認め，X会社の本件機器の引渡しの請求を認めなかった。X会社が上告。

［判旨］破棄差戻し。「おもうに，民法192条における善意無過失の有無は，法人については，第1次的にはその代表機関について決すべきであるが，その代表機関が代理人により取引をしたときは，その代理人について判断すべきことは同法101条の趣旨から明らかである。したがつて，具体的に実質上取引が何者によりされたかを決することなくしては，善意無過失を論ずることができないわけである（大審院昭和12年11月16日判決・民集16巻1624頁参照）。ところで，記録に徴すると，X会社の主張の趣旨は，A会社の代表取締役であるBが本件工事の請負につきY会社の専務取締役として深く関与したというにあると認められ，右取引当時，BがY会社の取締役であつたことは，原審の確定するところであり，同人がY会社の業務執行に関与しうる立場にある以上，取引の形式いかんを問わず，右工事請負について，Y会社の代理人として行動した余地がありえないわけではなく，同人はA会社の代表取締役であるから，本件機器の所有権の帰属については認識をもつていたとも解しうるところである。したがつて，原審がこの点を審究することなく，Y会社の代表者であるCの善意無過失のみによりただちに本件機器の所有権の即時取得の成立を認めたのは，民法192条，101条の解釈を誤り，ひいて審理不尽，理由不備の違法をおかしたものといわなければならない。」

(b) 善意・無過失の立証責任

それでは，善意・無過失の立証責任は，即時取得を主張する占有者が負うことになるのか。民法192条のもととなった旧民法証拠編144条は，即時取得の要件とされた「正権原」および「善意」をともに同条2項において推定していたが[62]，民法192条においてはかかる推定規定は置かれていない。

判例は，「善意」の立証責任については，一貫して，「平穏且公然」と同様，「占有者ハ所有ノ意思ヲ以テ善意，平穏且公然ニ占有ヲ為スモノト推定ス」とする民法186条1項の規定によって推定されるとし，即時取得を主張する占有者の側から立証する必要はないとしてきた（【44】，前掲【31】〔未登録自動車〕）。善意の立証責任の根拠規定に関しては，判例の考え方を支持する学説が多数であるが[63]，異なった見解も有力である。すなわち，有力説は，次のようにいう。取得時効に

---

62) 安永485頁。
63) 我妻＝有泉221頁，鈴木172頁，星野74頁，近江144頁，川井105頁など。舟橋242頁は，民法186条によって無過失も推定されるとする。

第1節 要　件

おける「善意・無過失」は，占有者が自らに占有権限があると思っているかどうかの問題であり，即時取得における「善意・無過失」は，前主の権限の有無に関するものである。そして，民法186条1項により推定されるのは，現在の占有者は自己の占有について善意であるということであるから，即時取得に要求される前主が無権利であることについての善意は，むしろ民法188条の「占有者カ占有物ノ上ニ行使スル権利ハ之ヲ適法ニ有スルモノト推定」するという規定によって，推定されると解すべきである，とするのである[64]。理論的には，有力説の方が筋が通っているというべきであろう。

それに対して，「無過失」については，判例上考え方に変遷が見られた。つまり，判例は長い間，「無過失」について占有者が立証すべきことは当然であるとしてきたが（【44】，【45】），現在では，民法188条により「占有者カ占有物ノ上ニ行使スル権利ハ之ヲ適法ニ有スルモノト推定」されるから，譲受人である占有取得者が譲渡人が占有という外観に対応する権利を有するものと信ずるについても無過失が推定されるとしている（前掲【36】，前掲【31】）。学説の多数もこの立場である[65]。なお，買受け以前に目的動産について執行官保管の仮処分がなされ，その旨の公示書が目的動産に貼付されたが，その後何人かにより公示書が取り除かれ，公示書の貼付のない当時目的動産を買い受けた場合，公示書貼付の事実をもって無過失の推定を覆すことはできないとした裁判例が存在する（東京地判昭和46・2・24判時636・68）。

〔即時取得主張者の善意は推定されるが，無過失は立証すべきものとした古い判例〕

【44】　大判明治41・9・1民録14・876

［事実］（事実関係の詳細は不明）　Aは，Y（国。控訴人・被上告人）より山林の払い下げを受けたが，払い下げられた山林以外のY所有の山林をBに譲渡し，BからX（被控訴人・上告人）がこの山林に生育する檜を買い受け，Bがこれを伐採し，Xは伐採された材木350本ほどの引渡しを受けた。YとXとの間でこの材木の所有権の所在が争われることになった。Xは，本件材木の即時取得を主張した。原審は，Xの提出した証拠によってはXの占有に過失がないことは立証されていないとして，Xの主張を認めなかった。そこでXは，188条によりXの占有は適法であることが推定され，その占有に過失がないことの証明は，Xの義務ではなく，即時取得を攻撃するYにその挙証責任があるとして上告。上告棄却。

［判旨］「占有者ハ民法第186条ニ依リ所有ノ意思ヲ以テ善意平穏且公然ニ占有ヲ為スモノト推定セラルト雖モ占有ニ過失ナキヤ否ニ付テハ此ノ如キ法律上ノ推定アルコトナキヲ以テ同第192条ニ依リ動産ノ上ニ行使スル権利ヲ取得シタルコトヲ主張スル占有者ハ自己ノ占有ニ過失

---

64) 広中194頁，内田460頁など。また，末川238頁や，安永486頁以下は，善意の推定根拠として，民法186条の占有者は「所有ノ意思ヲ以テ」占有するとの推定規定と民法188条を挙げる。
65) 我妻＝有泉221頁，舟橋242頁，広中195頁，星野74頁，近江144頁，内田460頁，川井106頁，安永486頁以下など。

第2章　民法192条の即時取得

ナキコトヲ立証スヘキコト当然ナリ然レハ原院カ……上告人Xノ占有ニ過失ナキコトヲ証スルニ足ラスト判示シタルハ本論旨ノ如キ不法アルモノニアラス」

〔無過失の立証責任が即時取得主張者にあるとした古い判例〕

【45】　大判昭和8・5・24民集12・1565

［事実］　本件動産をY₂（被告・被控訴人・上告人）はY₁（被告・被控訴人・上告人）より買い受けてこれを占有している。しかし，本件動産は，本件工場財団に属するものであり，工場抵当権の実行によりX（原告・控訴人・被上告人）は，本件動産を競落した。そこでXは，Y₁・Y₂に対して本件動産の所有権の確認を求めて本訴を提起した。Y₁・Y₂は，本件動産の即時取得を主張。原審は，Y₁・Y₂が無過失である事実はこれを認めうべき証拠はないとして，Y₁・Y₂の主張を排斥した。Y₁・Y₂は，占有の初め過失のあることの立証責任はXにあるとして上告。上告棄却。

［判旨］　「然レトモ民法第192条ニ依リ動産ノ所有権ヲ取得シタルコトヲ主張スル者ハ其ノ占有ノ始メニ善意平穏且公然ナルノミナラス自己ニ過失ナキコトヲ証明セサル可カラス上告人Y₂カ上告人Y₁ヨリ本件動産ヲ買受ケタル事実ノミヲ以テ直ニ上告人Y₂ハ過失ナキモノト認定セサル可カラサルモノニアラス従テ原審カ上告人（Y₂）ニ過失ナカリシ事実ニ付テ之ヲ認ムルニ足ル証拠ナキヲ以テ此ノ点ニ関スル上告人（Y₂）ノ抗弁ヲ排斥シタルハ相当ニシテ毫モ所論ノ如キ違法ノ点ナク論旨ハ理由ナシ」

〔善意・無過失は推定されるとする現在の判例〕

前掲【31】【36】

(c)　悪意認定事例

買主の善意が否定された事例も多い。これは，代金未払いの動産の売主からの追及をのがれるために，買主が兄弟会社や親密な関係にある者に譲渡する場合などでは，譲受人の悪意を認定しやすいからである（横浜地判昭和47・6・5判タ283・276）。もっとも，即時取得主張者の善意は推定される（民法186条1項または188条）から，真の所有者はこの推定を覆す証明をして即時取得主張者を悪意とするよりも，過失の存在を証明して即時取得の成立を阻止する方が容易である。そのため過失の有無が争われるケースの方が圧倒的に多い（(d)参照）。また，動産の強制競売において，目的動産が債務者に属していないことを知っていながら競落した場合（【46】）や，抵当不動産について競売開始決定がなされたことを知りながら，その従物である動産を買い受けた場合（【47】）にも，悪意の取得者として即時取得の成立は否定される。

【46】　大判昭和6・11・26法律新聞3347・14

［事実］　債権者Aは，債務者Bに対する債務名義に基づいて本件物件（動産）を強制競売にかけ，Y（上告人）がこれを競落した。本件物件はもともとBの所有であったが，X（被上告人）のBに対する2万円の債権の担保としてXに信託的に譲渡され（譲渡担保の設定），Xがこ

れをBに貸し付けていたものである。そこで，Xは，本件物件はXに帰属すると主張し，Yは，本件物件を競売により即時取得したと主張した。原審は，Yは本件物件の競売当時，本件物件がXに譲渡されていたことを知っていたので，即時取得の成立は認められないとした。Yは，強制競売は国家機関の行う手続であるから，買受人が競売の目的物が債務者以外の者に属していることを知っていても，即時取得しうる等を主張して上告。上告棄却。

［判旨］「然レトモ上告人Yカ強制競売ノ目的タル本件動産物件カ債務者タルAノ所有ニアラスシテ被上告人Xノ所有ニ属スルコトヲ知悉シナカラ之ヲ競落シタルコトハ原判決ノ認定シタル所ニシテ強制競売ニ付テハ民法ニ於ケル売買ノ規定ニ従フヘキコト同法第568条第570条ノ法意ニ照シ明ナレハ債務者ノ所有ニアラサルコトヲ知リナカラ競買ノ申込ヲ為シ競落人トナリタル者ハ悪意ノ買主ト同一ノ地位ニ在ルモノト謂フヘク従テ該物件ノ占有ニ付テハ民法第192条ニ所謂善意ニ占有ヲ始メタルモノト謂フコトヲ得サルヲ以テ上告人Yハ同条ニ依リ該物件ノ所有権ヲ取得スルニ由ナキモノトス」

【47】 大判昭和8・7・20 法律新聞 3591・13

［事実］ A所有の本件家屋には抵当権が設定され，本件甲号物件は本件家屋と一体をなし，また本件乙号物件は本件家屋の従物であった。本件家屋につき競売開始決定がなされ，そのことを知っているX（上告人）は，本件甲号物件と本件乙号物件をAから買い受け，引渡しを受けた後，これをAに賃貸した。その後，本件家屋を競売によりY（被上告人）が買い受けた。そこで，Xは，Yに対して，本件甲号物件と本件乙号物件の即時取得等を理由にその返還を請求して本訴を提起した。原審は，Xは本件甲号物件と本件乙号物件についても差押えの効力が生じていたことを知っていたか，知らなかったにせよ過失があるとして，Xの請求を棄却。X上告。上告棄却。

［判旨］「然レトモYカ競売法ニ基ク競売ニ因リ本件抵当家屋ノ所有権ヲ取得シタルコト原判決主文表示ノ物件（注・本件甲号物件と本件乙号物件）カ其ノ抵当家屋ト抵当権設立（注・原文のママ）当時ヨリ一体ヲ為シ若ハ之ト従物ノ関係ヲ有スルモノナルコト及Xハ右抵当家屋ニ付既ニ競売開始決定アリタルコトヲ知リナカラ判示物件ヲ買受ケシモノナルコトハ原判決ノ確定シタルトコロナルヲ以テYハ競売ノ効力トシテ本件抵当家屋ノ所有権ヲ取得スルト同時ニ之ト従物ノ関係ニ在ル判示物件ノ所有権ヲモ亦取得スルニ至リタルモノト云フヘク（大正7年（オ）第561号同年7月10日言渡当院判決参照）而モ尚其ノ所有権取得ハ競売開始決定カ差押ト同一ノ効力ヲ生スル点ヨリ観察スルモ将又民法第192条トノ関係ヨリ考察スルモ開始決定後ニ該決定アリタルコトヲ知リテ判示物件ヲ買受ケタルXニハ固ヨリ之ヲ対抗シ得ヘキ筋合ナレハ假令Xニ於テ其ノ買受当時該当物件ノ引渡ヲ受ケタリトスルモ之カ為Yノ右所有権取得ヲ否定シ得ルモノニ非スト云ハサルヲ得ス」

(d) 無過失認定事例・過失認定事例

即時取得主張者の善意は推定される（民法186条1項または188条）から，即時取得主張者が悪意であることが十分予想されるケースにおいても，真の所有者がこの推定を覆す証明をすることは必ずしも容易ではない。そこで，真の所有者はむしろ即時取得主張者の過失の存在を証明して即時取得の成立を阻止す

第2章 民法192条の即時取得

る道を選ぶことが一般的であり，したがって過失の有無が争われるケースは非常に多い。特に，所有権留保付き割賦販売契約において，買主が売買代金を完済しないうちに売買の目的物を転売し，転買人が買主を所有者と信じて買い受けた場合に，転買人の過失の有無が争われたケースが極めて多いが，無過失とされて即時取得が認められた事例もある。裁判例に現れている目的動産としては，建設機械が多い。なお，建設機械等高価な動産の所有権留保特約付き割賦販売契約において，売主（ディーラー）が買主（サブディーラー）に対して買主の名でその動産を転売することにつき授権をしていることも多く，かかる場合には，転買主であるユーザーは即時取得によることなく，有効に目的動産の所有権を取得しうる（((e)〔91頁〕)。

それぞれの事案においてどのような要素が過失認定において考慮されているかが重要になるので，以下，目的動産の種別に，過失の認定に関する主要な裁判例を検討する。

① 建設機械の即時取得

高額の建設機械の売買の場合，20カ月から30カ月の割賦販売で売却されることが多く，代金完済まで売主に所有権が留保される。代金完済前に買主がこれを第三者に売却した場合，第三者が平穏・公然・善意・無過失による即時取得を主張することになるが，無過失といえるかどうかがしばしば争われることになる。

高価な建設機械の売買においては，その大半（後掲【53】によれば，約95パーセント）が割賦販売されていて，代金完済までは売主に所有権が留保されている。そこで，当該建設機械の代金が完済されているものであるかどうかが，買主に容易にわかるような制度が必要とされ，昭和46（1971）年6月1日より，建設機械の製造業者によって組織された社団法人日本産業機械工業会は，所有権留保特約付きの建設機械割賦販売の場合に，代金未済の間に建設機械が盗難にあったり買主により不法に転売される事故の防止及び建設機械取引秩序の健全化を図るため，譲渡証明書の制度を導入した。この譲渡証明書は，建設機械の製造業者（メーカー）または指定販売業者（ディーラー）によって作成され，代金が完済されて買主に所有権が完全に移転した時点で買主に交付され（代金完済時に所有権留保の解除を証する），その後は機械が転売される都度，その所有権の帰属を証明するものとして機械とともに転得者に引き渡されるものである（後掲【57】）。譲渡証明書の発行されていない機械の購入を希望するユーザーはディーラーの本社，支店，営業所等に電話をすれば機械の所有者を確認することができるようになっている（後掲【53】）。そして，統一形式の譲渡証明書による建設機械の取引慣行の普及については，上記工業会が度々宣伝に努め，少なくとも販売業者間においてはかなりの程度その趣旨が浸透してきていると認められるものである（後掲【57】）。

昭和46年6月の譲渡証明書の制度実施以前あるいはまだこの制度が十分普及していなかった時期の事案においては，かかる建設機械の販売会社以外の者からかかる建設機械を買い受ける古物商や土木建築業者あるいはそ

第1節　要件

こに勤務する者等は，売主の所有権帰属を調査するため，売主に売買契約書，代金領収書その他の関係書類の提出を求めるべきで，そのような調査をせずに売主を所有者と信じた場合に，買主の過失を認定した裁判例が見られた（【48】，【49】，【50】）。

そして，前記譲渡証明書の制度が普及するにつれ，かかる譲渡証明書の交付を求めないまま取引をした土木建設業者，中古建設機械を専門に取り扱う業者，金融業者等については，過失を認定する裁判例が主流になっている（【51】，【52】，千葉地判昭和59・3・23判時1128・56，【53】，【54】，【55】〔本件は，建設機械を買主や転得者等が集団で詐取した事案のようである〕）。

なお，後掲の無過失認定事例において，建設機械に担保権を設定しあるいはこれを買い受けようとする金融業者としては，当該機械が新品あるいは製造後2，3年以内の場合，割賦払期間が長期にわたることが予想される1,000万円を超えるような高価品の場合等割賦金の支払いを完了していないことが予想される事由が存在する場合以外の場合にまで，常に金融業者にかかる所有権の所在についての調査義務を負わせることは酷に過ぎるとするものが見られるが（後掲【58】），他方，建設機械の取引一般の実情からすると，同一の建設機械について所有権留保の割賦販売方式による売買が何回か反復される可能性が高く，したがって，機械製造後の経過年数の長短を問わず，常にメーカーもしくは再販業者らの割賦金債権が残存しているおそれが多分にあるといえるから，中古建設機械を専門に取り扱う業者としては，製造後相当年数を経過した機械を購入する場合であっても，とくにユーザーもしくはこれに準ずる者から買い受ける場合には，右のような割賦金の残存の有無について常に留意し，売主の所有権の存否を調査確認すべき一般的な注意義務を負うものというべきであるとして，製造後5年を経過した建設機械についても譲渡証明書の交付等を求めなかった買主の過失を認定したものもある（【52】）。

それに対して，無過失認定の裁判例としては，昭和46年6月の譲渡証明書の制度実施以前のものとして，【56】が見られるが，譲渡証明書の制度実施以降のものとしても，割賦販売の年数は長くても3年ほどであるため，製造されてから3年を経過したような中古の建設機械については，譲渡証明書を確認しなくても過失はないとする裁判例（【57】）や，前述のように，建設機械に担保権を設定し，あるいはこれを買い受けようとする金融業者としては，当該機械が新品あるいは製造後2，3年以内の場合，割賦払期間が長期にわたることが予想される1,000万円を超えるような高価品の場合等割賦金の支払いを完了していないことが予想される事由が存在する場合には，相手方に販売した者や販売店等に対し所有権留保の有無の調査をする義務があるといえるが，それ以外の場合にまで，取引の安全を犠牲にして常に金融業者にかかる調査義務を負わせることは酷に過ぎる（かかる場合には，販売店等自らが当該目的物にいわゆるネームプレートを取り付けるなどしてその所有権の確保をはかるべきであろう）として，無過失を認定した裁判例（【58】）が見られる。また，買主が小規模の水道配管等の土木業者で

あって，通常の販売ルートにより新品の建設機械を買い受けた事案につき，売主の前主の転売授権を肯定し，仮に転売授権が認められないにせよ，買主の無過失が認められるとしたものも見られる（後掲【72】）。

　上述のように，建設機械については，所有権留保がなされたまま売却されるケースが多く，社団法人日本産業機械工業会が，譲渡証明書の制度を導入し，これが関係者に周知されてきているといえるようであるから，相当年数を経た建設機械でない限り原則的に譲渡証明書の交付を相手方に求め，十分所有権関係を調査せずに取引をした場合については，所有権留保をしている者のネームプレートが貼り付けられていなくとも，過失の存在が認定される可能性が高くなっているというべきであろう。このような建設機械につき取引をするのは，中古の建設機械を販売する者や，土木建設業者，リース業者あるいはこれらを担保に融資をする者が中心であり，これらの者は譲渡証明書の制度を知っているのが通常であるから，譲渡証明書や売買契約書，領収証等を手掛かりに所有権関係を十分調査することが可能であり，これらの調査を怠って取引をした場合については，過失を認定されてもやむをえないというべきであろう。

　裁判例に現れた無過失の認定事例には，前述のように製造後3年ほど経過した建設機械や，価額が1,000万円に満たないような建設機械については，譲渡証明書の呈示を求めなくても過失があるとはいえないとするものがあるが，中古建設機械でもかなりの価額（数100万円）を有するものについてはやはり所有権留保付き割賦販売がなされており，これらについて取引をするのは，前述のような業者に限られるのであるから，所有権の所在につき十分な調査を要求してもさしつかえないというべきであろう。もっとも製造後数年を経て取引価額が200万円以下ぐらいになっている中古建設機械を零細な土木建設業者が買い受けるようなケースについては，無過失認定事例に見られる裁判例の考え方を支持してよいのではなかろうか。

　なお，ネームプレートを貼り付けることも意味があるのではあるが，これらの建設機械については，転売が重ねられることも多いし，またこれらの業者にあってはネームプレートを取り付けたり取り外したりする工作は容易であるから，あまりこれに期待をかけることはできない。

　ディーラーからサブディーラーが所有権留保特約付きで建設機械を買い受け，ユーザーである零細な土木建設業者に転売したような場合については，転売授権を認めて，サブディーラーに代金を支払ったユーザーの所有権取得を認めるべきであろう（転売授権については，(e)参照〔91頁〕）。

　以下，建設機械の取引における過失認定事例と無過失認定事例の主要なものを掲げる。

〔過失認定事例—譲渡証明書普及前のケース〕

【48】　最判昭和42・4・27 判時492・55

　［事実］（事実関係の詳細は不明）　建設機械販売会社X（被上告人）は，本件土木建設機械を代金完済までの所有権留保特約付割賦販売で，

Aに売り渡した。K市で古物商を営み、土木建設機械をも扱っているY（上告人）は、第三者の紹介で、新品である本件土木建設機械をAより買い受けた。Aは、Xに対する代金を支払っていない。本件では、Yが本件土木建設機械を即時取得したかが問題となった。第1審は、Yの即時取得を認めたが、原審は、Yに過失があるとして、即時取得の成立を認めなかった。Y上告。上告棄却。

[判旨]「原判決の認定した事実は、その挙示の証拠関係により、これを肯認することができる。右事実、とくに、K市附近では土木建設請負業者が土木建設機械をその販売業者から買い受けるについては、通常代金は割賦支払とし、代金完済のとき始めて所有権の移転を受けるいわゆる所有権留保の割賦販売の方法によることが多く、Yは、古物商であるが土木建設機械をも扱っていたから、右のような消息に通じているものであるなどの事実に徴すれば、Yが本件物件を買い受けるに当っては、売主がいかなる事情で新品である土木建設の用に供する本件物件を処分するのか、また、その所有権を有しているのかどうかについて、疑念をはさみ、売主についてその調査をすべきであり、少し調査をすると、Aが本件物件を処分しようとした経緯、本件物件に対する所有権の有無を容易に知りえたものであり、したがって、このような措置をとらなかったYには、本件物件の占有をはじめるについて過失があったとする原判決の判断は、当審も正当として、これを是認することができる。」

【49】 神戸地判昭和48・7・23下民24・5〜8・494、判時721・81

[事実] Y（被告）は、建設用機械等の製造、販売等を業とするものであって、本件建設機械（(1)の物件、(2)の物件とも、ブルドーザーショベル）もYが製造し、(1)の物件は807万余円で、(2)の物件は781万余円で、A建設に代金完済までYに所有権を留保する約定で販売して引き渡した。代金はまだ完済されていない。Yは、A建設の倒産が予測される状態であったので、これらの物件（以下、「本件物件」という）を引き揚げることにし、その所在を探していた。一方、B商事は、土木建築業を営むとともに金融業も営んでおり、当時ゴルフ場を建設していたため建設用機械を必要としていた。B商事およびA建設の債権者Cらは、A建設の帳簿を検討しながら経営について協議し、その後B商事は、A建設に約700万円を営業資金として貸し付けたが、弁済期に弁済されなかった。A建設の債権者Cは、本件物件について強制競売の申立てをし、X（原告）が本件物件を競落した。Xは、B商事の職員であり、上司から本件物件が競売になるから競落するように言われ、合計900万円を支出して本件物件を含め3台の建設機械を前記強制競売で競落したものであった。Xは、本件物件をしばらく競売の行われた場所に置いていたところ、Yが本件物件を見つけだし、その旨を警察に連絡するとともに、Yの支店にこれらを引き揚げた。Xは、本件物件の即時取得等を理由にYに対してその引渡しを求めて本訴を提起した。請求棄却。

[判旨]「ところで建設機械は高価なものであり、当時土木建築業者がこれらを買受けるについて、販売業者は代金の支払を確保する等のため所有権を留保して売渡し、代金は分割払としその完済の際に所有権を移転するものとの方法をとるのが多い実状である。」

「以上の認定した事実によるとき、Xは土木建築業を営むB商事に勤務していたものであるから右のような建設機械売買の実状については知識をもっていたであろうし、本件競売に際し、

第2章 民法192条の即時取得

合計900万円もの金員を支出して本件物件を含めて3台の建設機械を競落しようとしたのであるから競売物件の所有関係及び競売に至った事情等について当然に慎重に調査すべきであったし、競売手続には上司からの示唆により加わったものであり、しかもB商事は、かつてA建設の帳簿等を検討して経営について協議しているのであるから容易に右調査をなしうる地位にあったので、すこし調査すれば本件物件の所有権がA建設になかったことを知り得たのであり、このような調査をしないで競落したXには、本件物件の占有を始めるについて過失があったものと言わなければならない。」

【50】 東京高判昭和49・12・10下民25・9〜12・1033, 判タ324・212

[事実] X（原告・被控訴人）は、本件機械の販売会社として本件機械（未登記の建設機械）を所有していた。Xは、本件機械をAに譲渡した。売買契約の内容は、代金734万余円、契約時に内金300万円の支払い、残額は26回の月賦返済、代金完済時にXが譲渡証明書を発行しその時点で本件機械の所有権がAに移転するというものであった。その後、本件機械の代金は完済されないまま、BがAに対する貸金債権等の代物弁済に充てようとしてAから勝手に持ち出し、ついでBのCに対する債務の代物弁済に充てようとしてBはCに本件機械を引き渡した。さらにCが本件機械をDに譲渡した。BCDはそれぞれ互いの事情をよく知っていた。さらに本件機械は、DからEさらにFに引き渡されたが、EFは金融業者として金融取引に関連して本件機械を取得した。次いで本件機械は、FからGを経て、Y（被告・控訴人）が取得した。Xは、所有権に基づいてYに対して本件機械を引渡しを求めて本訴を提起。原審は、Xの請求を認容。Yは、即時取得等を主張して控訴。控訴棄却。

[判旨]「本件機械の如き大型建設機械を取引の対象とするところの土木建設業者においては、通常の注意を払えば、本件機械がいまだその割賦代金が完済されておらず、その所有権が販売会社に留保されている蓋然性が高いことに気づき、これが譲渡を受けるにあたっては、予め指定販売会社に照会してその権利関係を調査することが可能且つ容易であり、その注意をつくすべき義務があつたことが認められる。」本件において、Yに至るまでの各譲受人はいずれもかかる注意をつくしておらず、過失があったものというべきで、本件機械についてYの即時取得および所有権取得は認められない。

〔過失認定事例—譲渡証明書普及後のケース〕

【51】 福岡高宮崎支判昭和50・5・28金判487・44

[事実] 建設機械等の販売会社であるY（被告・被控訴人）は、本件建設機械（ブルドーザー）を砂利採取、採石等を業とするA会社に、代金378万余円、20回の割賦払い、代金完済までの所有権留保付きで販売し、引渡しをしたが、A会社は割賦金を4回ぐらい支払っただけで代金を完済していない。A会社が本件建設機械の引渡しを受けてから3カ月も経たないうちに、A会社は土木工事を業とするB建設の代表取締役として建設業に従事していたX（原告・控訴人）に本件建設機械を250万円で譲渡し、その引渡しがなされた。A会社はその翌月には倒産し、その代表取締役aは行方不明になっている。Yは、本件建設機械をXから引き揚げたので、

Xは，Yに対して本件建設機械の引渡しと損害賠償を求めて本訴を提起した。Xは，本件建設機械の取得原因として，買受けと仮にA会社に所有権がなかったとしても即時取得が成立する旨を主張した。原審はXの請求棄却。X控訴。控訴棄却。

［判旨］「Xは，A会社から本件物件を買い受けるに際し，前記代表取締役aが，本件物件の代金は支払済みである旨述べた言葉を信用してこれを買い受けたものであって，それ以上に，本件物件がA会社の所有に属することを確かめる措置をとらなかったこと，本件物件は，新品ではなかったが，本件物件のような建設機械は，中古品の場合を含めて，その代金が比較的高額であるところから，所有権留保付の，20ないし30回の割賦払契約によるのが当時の取引の常態であり，したがって，これらの物件を使用，占有している者であっても，いまだその所有権を取得していない場合も少なくないと考えられたこと，また，これらの物件については，メーカー間の協定により，その所有関係を明らかにするなどの目的から，割賦金が完済され，その所有権が買主に移転したときには，販売業者が買主に譲渡証明書を交付する取扱いがなされており，前記のとおり建設業に従事するXとしては，これら取引の実情に通じていたことがそれぞれ認められ」る。

「以上認定の事実から考えると，XがA会社から本件物件を買い受けるにあたっては，A会社が本件物件につき所有権を有しているか否かにつき一応疑問をいだき，A会社に対し，本件物件を取得した経緯，代金が完済されているかどうかなどの点について，右の譲渡証明書や，売買契約書，領収証その他の関係書類の呈示を求め，或いは，A会社の買受先に対して代金支払の有無を確認するなどの方法により，適宜調査をなすべきであり，しかもこれらの調査は容易になしうるものであるから，Xには，右の調査をなすべき注意義務があったものというべきところ，Xは，前記のとおり，A会社の代表取締役aの，代金は既に支払ずみである旨の言葉のみを信用して，他に本件物件の所有権の帰属につき何ら調査，確認の方法をとることなく，漫然とA会社が本件物件を所有しているものと信じて売買契約を締結し，本件物件の占有を取得したものであるから，この点において右の注意義務違反すなわち過失があったものというべきである。

3. したがって，Xの即時取得の主張も理由がない。」

【52】 大阪高判昭和58・5・31判時1093・87，判タ504・98

［事実］ 本件機械（ブルドーザー）はAにおいて昭和45年10月制作され（本件機械の公表価格は750万円），Bは，同会社の九州地区の総販売元（ディーラー）からこれを買い受けて代金を完済し，次いでX（原告・控訴人）は，Bから本件機械を昭和49年11月450万円で買い入れ，同年12月代金を完済した。その後，Xは，本件機械に整備を加えた後，昭和50年2月福岡県飯塚市の土木業者であるCに対し，代金595万余円，20回の割賦払，代金完済までXに所有権を留保する旨の約定で本件機械を売却し引渡しをしたが，Cは割賦金を2回分支払っただけで倒産し，本件機械は同市内の自動車整備業者であるDにD自動車のCに対する債権の担保として引き揚げられた。Dは，本件機械を，かねてその代表者yと面識のあった大阪府内のY（被告・被控訴人）に195万円で売却し引き渡した。このDからの本件機械の買い入れに当たっては，Yの代理人Eが対応した。その後Yは，

第2章 民法192条の即時取得

自己の修理工場で約130万円をかけて本件機械を修理し，代金450万円でシンガポールに輸出する手筈を整えていた。そこで，XはYに対して本件機械の引渡しを求めて本訴を提起した。Yは本件機械の即時取得を主張。原審は，Xの請求を棄却したのでX控訴。本判決は，原判決を取り消してXの請求を認容。

[判旨] 以上に認定した事実関係に基づいてYの代理人Eの過失の有無を考察する。
「まず，前示㈠で認定した建設機械の取引一般の実情からすると，同一の建設機械について所有権留保の割賦販売方式による売買が何回か反復される可能性が高く，したがって，機械製造後の経過年数の長短を問わず常にメーカーもしくは再販業者らの割賦金債権が残存しているおそれが多分にあるといえるから，Yのように中古建設機械を専門に取扱う業者としては，製造後相当年数を経過した機械を購入する場合であっても，とくにユーザーもしくはこれに準ずる者から買受ける場合には，右のような割賦金の残存の有無について常に留意し，売主の所有権の存否を調査確認すべき一般的な注意義務を負うものというべきである。本件において，Eは，製造後約5年を経過した本件機械を自動車整備業者であるDから購入したものであるが，右のDは建設機械専門の販売業者ではなく，その意味ではむしろユーザーに準ずる者であったということができるから，Eにおいて右の一般的注意義務を免れることはできなかったものというべきである。Yは，建設機械の製造番号等から当該機械が製造後2年以上を経過したものであることが確認されたならば，割賦金は完済されたものと判断して取引すれば足りると主張するが，右の主張は，当該取引の相手方（売主）が第1次のユーザー（メーカーから新車を購入した者）である場合については一応妥当するものの，第2次以降の割賦販売がなされた本件のような事案を考えると，一般的にはとうてい容認しがたい主張である。

そこで，次に，右の所有権についての調査義務の内容，程度について考えるに，前示㈠で認定した統一譲渡証明書制定の趣旨，経緯等からすると，本件売買契約がなされた昭和50年9月当時においても，建設機械の所有権の所在についての最も確実な調査方法は産機工業会制定の統一譲渡証明書の呈示を取引の相手方に求めることであったと思われるところ，前示㈣で認定したところも合わせ考えると，本件売買契約当時本件機械については未だ右の統一譲渡証明書が発行されていなかったものの，Dが右機械の正当な所有者であれば，多少の日数を要するにせよ，中間の前所有者らを経由して発売元のメーカーから右証明書の発行を受けてこれを入手することができたものと推認できるから，前示㈢で認定したようにEがDに対して右証明書の添付を要求したことは，不可能を強いたものではなく，むしろ当然の義務を果したものと評するべきである。そして，右に説示したとおりとすると，Eとしては，Dが右の統一譲渡証明書を所持していないと答えたからといって安易に右の要求を撤回することなく，さらに進んで不所持の理由を尋ね，未だ前主から受取っていないのであれば右のような方法で同証明書を入手してくるよう求め，これにも応じられないとすれば本件機械に対するDの所有権について強い疑念を抱き，右の疑念を払拭するだけの特別の事由がない限り本件取引を再考すべきであったかとも思われるが，しかし，他面，前示㈠で触れたように，昭和50年当時においては，……未だ統一譲渡証明書制定の趣旨が業界全体に浸透し切っておらず，右の証明書を備えない中古建設機械が少なからず市場に出回っていたことも事実である（このことは，X自身前示のようにBから本件機械を取得した際に右の統一譲渡

証明書の交付を受けていなかったことによっても裏付けられる。）から，前示㈢のようにEがDに対して右の証明書の入手方を強く求めず，また，同証明書を所持していないということだけでDの所有権について強い疑いを抱かなかったからといって，これだけで直ちに過失があったものと断ずることはできない。

しかしながら，さらに進んで考えると，すでに認定したところから明らかなように，本件は，初めての客である九州福岡県の自動車整備業者であるDから大阪のYに対し，何らの紹介も経ることなくいきなり電話で本件機械を売込んできたものであり，しかも，Dはメーカー発行の統一譲渡証明書はおろか何らの譲渡証明書も所持していなかったというものであるから，このような場合，中古建設機械の取引に精通していた筈のEとしては，本件機械に対する相手方（D）の所有権について相当程度の不審を抱き，相手方の信用調査のみならず，これに加えて販売元のメーカーに照会して第1次の販売先その他本件機械に関してメーカーが収集している情報を確認する一方，取引の相手方であるDに対しては，同機械の取得原因，前所有者名等を確認して売買契約書等の裏付資料の呈示を求め，場合によっては前所有者に直接照会するなどの措置を講ずべき注意義務があり，しかもこのような措置を講ずることが容易にできたはずであったものと認めるのが相当である。しかるにEは，前示㈢で認定したように，本件機械の製造番号及び製造後の経過年数を確認し，F [筆者注・Xの九州における専属的取引先] 及びy [筆者注・Yの代表者] に対してDの信用調査をしたのみで，それ以上前示のような調査義務を尽すことなく安易に本件機械を買受けたものであるから，Eには右の義務を怠った過失があるというべきである。もっとも，EはDに対し，前示のようにD発行の譲渡証明書の交付と誓約書の差入れを要求しているけれども，このような措置を講じたからといって本件機械の所有権を調査したことにはならず，むしろ，右の誓約書の差入れ要求の事実は，Eが本件機械の所有権の所在について疑問を抱いていたことをうかがわせるものである。

なお，Yは，メーカーは直接の販売先についての記録しか所持していないから，本件のように中古機械が転々とした場合にはメーカーに照会してもその所有権の所在は判明しないと主張するが，仮にそのとおりであるとしても，右の照会により直接（第1次）の販売先は確実に知ることができるから，さらにその販売先に照会するなどして転売先をたどることもできるし，これに加えて前示の取引の相手方に対する取得原因等の調査を併用すれば，比較的容易に中古建設機械の所有権の移転経路ひいては現在の所有権の所在を確認できるものと思われるから，Yの右主張事実は前示の過失の認定の妨げとはならない。……

右のとおり，Yの代理人としてDから本件機械を買受けたEには，右機械の所有権がDにあると信じたことについて過失があったということになるから，Yの前記即時取得の抗弁は失当として採用することができない。」

【53】 大阪高判昭和60・5・31 金判727・27

[事実] 建設機械の製造販売会社であるX（原告・被控訴人）は，新品の本件建設機械を代金完済までの所有権留保特約付でA興産に販売した（代金180万円）。零細なスクラップ業者Y（被告・控訴人）は，A興産が買い受けてから8カ月ほど経った時にA興産から本件建設機械を87万円で買い受けたと主張する。A興産は本件建設機械の代金をXに完済していない。そこで，

XはYに本件建設機械の引渡しを求めて本訴を提起。Yは即時取得を主張。Xの請求認容。

[判旨]「(1)本件物件のような高価な建設機械の売買においては、約95パーセントが割賦販売されていて、割賦期間中は売主に所有権が留保されており、売主たるメーカーないしはディーラーが代金完済時に所有権留保の解除を証するために譲渡証明書を購入者に交付する制度が昭和46年から存在し、譲渡証明書の発行されていない機械の購入を希望するユーザーはディーラーの本社、支店、営業所等に電話をすれば機械の所有者を確認することができるようになっていた、(2)Yは、スクラップ業を営み、従来からフォークリフトを事業用機械として購入使用していたが、建設機械の取引をしたことのない建設業者のM興産から同会社の車体表示もない本件物件を取得するに当たって、同会社に対し同物件の譲渡証明書や契約書の所持の有無、その取得先など所有関係の確認、ディーラー等への物件照会などをしないまま、時価の2分の1程度の代金額87万円でこれを購入した、のであって、これらの事実を総合すると、Yが本件物件を即時取得するについては過失があったものというべく、仮にY主張に係る右事実があったとしても、これをもってしては未だYにおいて本件物件がM興産の所有であると信じたことについての過失を否定するに足らないものというべきである。」

【54】 東京地判昭和61・11・27 金判774・46

[事実] 建設機械の製造・販売を主たる目的とする株式会社X（原告）は、Aに対し本件機械（油圧式ショベル1台）を代金936万8,000円、代金完済までXに所有権留保をして25回の分割払いで売り渡し、引渡しをしたが、その後、Aは代金を支払わないうちにその行方が分からなくなってしまった。Xは、Aとの間の右売買契約を解除し、その後、古物商の許可を有するY（被告）が本件機械を第三者に保管させていることを発見した。そこで、XはYに対して、所有権に基づき本件機械の返還を求めて本訴を提起した。Yは、本件機械をCから400万円で買い受け現実の引渡しを受けたもので、即時取得が成立する等の主張をした。Xの請求認容。

[判旨]「1. Yが古物商の許可を有する者であることは、当事者間に争いがない。しかも、Y代表者本人尋問の結果によれば、Yは昭和48年から右許可を得てその営業をしているものと認められるのであるから、Yは専門業者として、建設機械の売買は所有権留保の割賦販売方式によるのが取引の通例であることを当然に了知しているものと考えられる。従って、Yのような専門業者が製造会社や指定販売会社以外の者から建設機械を買い受けるにあたっては、原則として、当該機械の売主がその所有者であるか否かについて、一般人とは異なった慎重な調査確認をすべき義務があるというべきである。然るに、Y代表者本人尋問の結果によれば、Yの調査確認は、Y代表者が、本件機械の購入の際、転得人であるCの社長cと共に、その前者であるB（弁論の全趣旨によれば、この両社とも製造会社や指定販売業者ではない。）の社長bから問題のない機械であるとの説明を聞き、かつ本件機械を見分したのみで、製造会社であるXからの転得者を順次追跡調査などしたことはない。よってこの点から、Yの調査確認には専門業者としての慎重さが欠けていたものと考えざるを得ない。

2. さらに、〈証拠〉によれば、産機工［筆者注・「社団法人日本産業機械工業会」の略］］は、昭和46年6月1日以降、建設機械について、製造会社またはその指定販売会社において代金全額

第1節　要　件

の支払いを受け，買主に所有権が完全に移転した時点で産機工制定の様式の譲渡証明書を発行し，買主は，機械を他に譲渡する場合にはこの譲渡証明書をその者に交付する旨の取決めをしたこと，この譲渡証明書の制度は，その後パンフレットの作成や定期的になされる新聞広告によって周知がはかられた外，専門業者には内容証明郵便による告知がされており，Yに対しても昭和54年9月ころその旨の内容証明郵便が送付されていること，以上のとおり認められる。しかるに，CからYへの本件機械の売買の際には右産機工制定の譲渡証明書がなかったことは当事者間に争いがない事実である。そうすると，この点からも，Yには過失があったのではないかと考えられる。

　もっとも，Yは産機工制定様式以外の様式の譲渡証明書（乙第1号証）を提出している。しかしながら，このように売買の相手方が作成した譲渡証明書では，単にその相手方から所有権が同人にあるかどうかを確認したのと同様であって，これがあるからといって，とうてい前記専門業者としての慎重な調査確認義務を尽くしたといえないことは明らかである。

　3．Yは，本件機械を購入した後，これに修理，再塗装などをした外，刻印番号を改変し，製造番号のプレートを取りはずしたことは当事者間に争いがない。

　以上を総合してみると，Yは専門業者としての慎重な調査確認義務を尽くしておらず，また産機工制定様式の譲渡証明書をも得ていないのであるから，Yには過失があったというべきである。」

【55】東京高判平成8・12・11判タ955・174

　［事実］　X（原告・被控訴人）は，建設機械の製造販売を業とするものであり，全油圧式パワーショベル2機（本件物件1および本件物件2）を製作して所有権を取得し，本件物件1については2日後に，本件物件2については翌日に，それぞれ代金（本件物件1は674万余円，本件物件2は623万余円）は現金による一括払い，代金完済までの所有権留保特約付でAに売り渡し，Aの指示により直ちにB建材会社に納入した。土木工事等を業としているY（被告・控訴人）は，直ちに本件物件1および2をB建材会社から引き取り資材置場に移動した。本件訴訟において，Yは，ダム工事に関連する仕事のため本件各物件のようないわゆるユンボを購入したいと考え，B建材会社の代表者bに相談したところ，機械関係の代理店としてCを紹介され，Cとの交渉は主としてbとしてもらい，本件各物件の代金をそれぞれ650万円として代金を一括して支払い，代金支払いの時点で売主がCではなく，Aであることを知ったと主張した。なお，Yは，B建材会社から本件各物件の引渡しを受けるまで，本件各物件を一度も見ていないと原審で供述している。Cの主な営業は乾燥麺などの中間卸であって，機械等の販売代理店はしていない。Xは，Yに対して所有権に基づき本件各物件の引渡しを請求して本訴を提起。Yは，即時取得を主張。原審は，Xの請求を認容。Y控訴。控訴棄却。

　［判旨］「Yは土木工事等を業としており，橋梁整備工事や各種道路工事等の営業活動をしていたのであるから，Y代表者は，本件各物件のような高価な建設機械については，そのほとんどが所有権留保特約付きで取引されており，また，機械を転売する際にはメーカーの発行する譲渡証明書を付けて取引される慣行となっていることを十分に認識していたものと推認されるところであるが，にもかかわらず，Y代表者は，その供述自体によっても，それまで全く取引も

第2章　民法192条の即時取得

なく，あるいは面識もなかったというCないしAから本件各物件を買い受けようとするに際して，Cの代表者cないしはAに対して，本件各物件のメーカーであるXに代金を完済したかどうかを確認したり，譲渡証明書の交付を要求したこともなく，また，Cは建設機械の販売代理店ではないところ，Y代表者は，bの言葉を鵜呑みにし，Cが建設機械の販売代理店であるというのなら，どのメーカーの代理店であるのかすら確認しようとしていないというのであり，さらに，Y代表者は，当初は，Cが本件各物件の売主と思っていたが，いざ代金を支払う段階になって，cからA名義の「納品書」と「領収証」を交付され，はじめて売主はAであると認識したが，その売主というAとは売買の前後を通じて一度も会わなかったというのであるから，誰が売主であるかすら正確に確認しようとしていないといわざるを得ないのであって，これらの事情を総合すれば，Yには，本件各物件を買い受けて占有を始めるに際し，それが売主とするAの所有であると信じたことにつき過失があったというべきであることは明らかである」。

〔無過失認定事例—譲渡証明書普及前のケース〕

【56】　広島地呉支判昭和47・11・27判時705・93

　［事実］　Y（被告）は，昭和41年7月本件機械（ドーザーショベル）を代金572万円，22回の月賦払い，代金完済までYに所有権を留保する約定で，Aに売り渡し，その後BがAから買主たる地位を承継した。昭和42年12月下旬の時点で，本件機械の代金はなお212万円が未払いであり，本件機械の所有権はYにあった。川砂利の採取，販売および建設工事請負等を業とする会社であるX（原告）は，昭和42年8月頃，かねて取引のあった土木建設機械，産業機械類の販売業者であったCに川砂採取のためクラムシェル1台を注文し，代金の一部を送金して履行を促したが，同年11月頃Cからドーザーショベルで我慢して欲しい旨の電話があり，その数日後Xの作業現場に本件機械が搬入され，Xに引き渡され，同年12月15日代金180万円で売買契約が成立し，Xは残代金をCに支払ってCからXあての本件機械の譲渡証の交付を受けた。昭和42年12月下旬，Yは，本件機械についてXの占有をといて執行官に保管させる旨の仮処分決定を受けてこれを執行し，本件機械を引き揚げたが，Xから本件機械がXの所有であることを理由として仮処分決定に対する異議の申立てがなされ，右申立てが認容され，昭和43年9月に至って本件機械がXに返還された。Xは，Yの過失に基づく違法な仮処分によって本件機械の使用を妨げられ，Xの砂利採取作業に致命的な打撃を受けたとして，700万円の損害賠償を求めて本訴を提起。本訴において，Xの本件機械の即時取得の主張が認められ，Xの損害賠償請求は346万余円の限度で認容された。

　［判旨］　「(1)　Cは，前記のとおり土木建設機械，産業機械の販売業者であって，新品ばかりでなく中古品も取扱っていた相当大手の商社であり，Xは，昭和41年7月頃からCと建設機械の購入取引を開始し，爾来本件機械の売買契約が成立した昭和42年12月までの約1年半足らずの間に，総額3,600万円にのぼる各種メーカーの建設機械を新品および中古品とりまぜて買入れていたが，本件機械のように後日その所有権の帰属が問題になったものは1台もなかった。

　(2)　X代表者は，Cから本件機械を買受けるにあたって，CのT大阪営業所長と交渉した際，本件機械の信用について質問したところ，T所

長は，BからC宛の昭和42年8月15日付の本件機械の譲渡証を示して，「このとおり売買ができており，ぐずぐずいわれるような品物ではない。」と説明したので，X代表者は，従来の取引の実績に照らしてもT所長の言葉をそのまま信用して買受けた。

(3) 建設機械の製造業者によって組織された日本産業機械工業会が，本件機械のような建設機械について，昭和46年6月1日以降盗難，詐欺もしくは割賦販売の代金食逃げなどを防止するための自主規程として，製造業者において代金全額の支払を受け，買主に所有権が完全に移転した時点で譲渡証明書を発行し，ユーザーは，機械を他に譲渡する場合この譲渡証明書が必要である旨を取り決めたことはあるが，同日以前には，建設機械の製造，販売業界において，右のような譲渡証明書の発行が一般的な取引慣行として行われていたわけではなく，現にYの取扱としても，所有者から特に依頼を受けたとき以外は譲渡証明書を発行していなかったし，また，XがCから本件機械の売買以前に中古品を買い受けた際，製造業者の譲渡証明書が添付されていたことはなかった。

以上のとおり認められ(る。)《証拠判断略》

右認定の事実によると，Xが，本件機械の製造元であるYに対し所有権の帰属について照会することなく，Cが前主Bから本件機械を買受けてその所有権を取得したものと信じたことをもってXに過失があったものということはできないし，他にXに過失があったことを肯認すべき証拠はない。

そうすると，Yの抗弁はすべて採用できないから，Xは本件機械の所有権を即時取得したものといわなければならない。」

〔無過失認定事例―譲渡証明書普及後のケース〕

【57】 東京地判昭和58・5・12判タ506・106

［事実］ 本件(一)物件（油圧ショベルHD1200G）は，製造業者であるA制作所がBに所有権留保付きで売り渡し，代金が完済され，BはこれをCに転売し，Cから建設機械の製造および販売等を業する株式会社X（原告）が下取り物件として買い受けた。本件(二)物件（油圧ショベルUHO9）は，製造業者であるXが，Dに所有権留保付きで販売し，代金が完済され，その後DからXが下取り物件として買い受けた。それから後，Xは，E重機産業に対し，本件(一)物件を代金500万円，本件(二)物件を代金660万円とし，所有権留保付き割賦販売で売却し，引き渡したが，E重機産業は売買代金未払いのまま，間もなく倒産した。E重機産業の倒産より1カ月ほど前に，FはE重機産業よりその占有にかかる本件(一)および(二)物件を買い受けて引渡しを受けた。本件(一)物件は，同日FからY₁（被告）が370万円で買い受け，引渡しがなされ，さらに同日Y₁からY₂（被告）が435万円で買い受け，その引渡しを受け，その後Y₃整備工業（被告）に修理のために本件(一)物件の引渡しをした。本件(二)物件については，E重機産業よりFがこれを買い受ける前日にFとY₁との間で代金を550万円とする売買契約が締結され，Fが引渡しを受けた日にこれをY₁に引き渡し，さらに同日Y₁からY₂（被告）が580万円で買い受け，その引渡しを受けた（なお，以上の売買代金額は当事者の主張にかかるものであって，認定されたものではない）。E重機産業が本件(一)および(二)物件の売買代金未払いのまま倒産したので，Xは所有権に基づき本件(一)および(二)物件の回収を図るべくその所在を調査したところ，本件(一)

物件はY₃が，本件㈡物件はY₁がそれぞれ占有していることが判明したので，Xは，それぞれにつき占有移転禁止の仮処分決定を受けて，その執行をするとともに，Y₁Y₂Y₃に対して損害賠償を求めて本訴を提起した［筆者注：損害賠償の請求になったのは，本件㈠および㈡物件の所在が不明となったためか］。Y₁Y₂Y₃は，本件㈠および㈡物件の即時取得を主張。請求棄却。

［判旨］「(2)〈証拠〉を総合すると，(イ)建設機械は一般に高額なものが多いため，大部分が製造業者または販売業者から使用者らに対して割賦販売方式によつて売渡され，代金完済まで所有権が売主に留保されている例が多いが，主として中古建設機械等を扱う販売業者間において中古建設機械が取引される場合は，その大部分が代金一括払いで取引されていること，(ロ)製造業者または販売業者から使用者らに対して割賦販売方式で売渡され，所有権留保の特約付の場合に，代金未済の間に建設機械が盗難に会つたり買主の不法転売等の事故が多発したため，建設機械の製造業者によつて組織された社団法人日本産業機械工業会が，右事故の防止及び建設機械取引秩序の健全化を図るため，昭和46年6月以降，統一形式による譲渡証明書を使用する慣行の普及に努めてきたこと，(ハ)右譲渡証明書は，建設機械の製造業者または指定販売業者によつて作成され，代金が完済されて買主に所有権が完全に移転した時点で買主に交付され，その後は機械が転売される都度，その所有権の帰属を証明するものとして機械とともに転得者に引渡されるものであること，(ニ)右譲渡証明書による建設機械の取引慣行の普及については，右工業会が昭和46年以来度々宣伝に努め，少なくとも販売業者間においてはかなりの程度その趣旨が浸透し現在に至つていると認められること，(ホ)Yら（Yらが販売業者であることは当事者間に争いがない。）においても，右工業会制定の譲渡証明書の存在及びその趣旨については知悉していたこと，(ヘ)しかしながら，Fは年間2億5,000万円余の，Y₁は年間6億円余の建設機械の取引高が現在あるものの，右譲渡証明書が授受される例はほとんどなく，また，これが授受されなくても所有権に関する紛争が従前発生したことは全くなかつたこと，(ト)しかも，FやY₁のような中古建設機械の取引を行う販売業者間においては，代金が完済されているにもかかわらず譲渡証明書が発行されていないもの（本件㈠物件がそうであつたことは前記認定のとおりである）や，使用者がこれを紛失したまま再発行されずにいるにもかかわらず転々と譲渡されている例がまれではなく，また，代金が完済されているにもかかわらず譲渡証明書が発行されていない場合にその発行を製造業者に求めても時間がかかる等のことから迅速な取引に間に合わないとの理由で，販売業者間でその所有権の帰属を証明するため販売業者独自の譲渡証明書を発行する例もあること，(チ)従つて，右工業会制定の譲渡証明書による建設機械の取引慣行はいまだ取引業界に充分定着し実行されているものと即断することはできないといわざるをえないこと，(リ)また，F，Y₁及びY₂ら販売業者間においては，中古建設機械の取引における前主の所有権の確認調査は，製造業者またはその指定販売業者からの最初の売買における割賦販売の支払期間が通常長くて3年位であることから，製造後3年を経過しているものについては，売主たる販売業者がその所有権を取得していることを信頼せざるをえず，その信用状態等に特段の不安を感じない以上これといつた調査手段を講じたりはしていないこと（本件㈠，㈡物件についても製造業者であるA及びXが最初に使用者に売渡してから3年以上経過して後F，Y₁及びY₂が買受けていること前記認定したところにより明らかである。），以上の各事実を認める

ことができ，他に右認定を左右するに足りる証拠はない。」

「(3) 右認定した各事実によれば，F，Y₁及びY₂が本件㈠，㈡物件をEから買受けるに際し，Eが譲渡証明書を所持していなかつたからといつてFにおいてその所有権の帰属につき調査すべきであつたということはできないというべきであり，また，右各物件の取得価格がことさら安価であつたと認むべき資料は本件証拠上存在しないからその買受けにあたり疑念をいだくべきであつたともいえず，F，さらにはY₁及びY₂にその前主の占有が所有権に基づくものと信じた点に過失があつたと断ずることはできないというべきである。」

「3 そうとすれば，本件㈠，㈡物件については，Fにおいて善意取得したものと認められ，Y₁及びY₂がこれを順次買受けその所有権を取得したものと認めるのが相当であ」る。

【58】 福岡高判昭和 59・3・21 判時 1128・54

［事実］ 本件機械（建設機械）は，昭和52年にA重機械工業が製造し，その頃ディーラーであるX（原告・控訴人）に所有権が移転され，XからBに売却されたが，Bの割賦金不払いにより約1年後にXに引き揚げられた。金融を業とするグループの一員であるY（被告・被控訴人）は，昭和56年7月頃Cに対して300万円の融資をし，その担保としてXが所有権留保中の本件機械の提供を受けこれをYの倉庫に搬入した。Yが本件機械の引渡しを受けた際，本件機械が昭和51, 2年製造の中古品であり，またA重機械工業の製造にかかるものであるとの表示はあったが，Xが所有権を留保していることを窺わせるに足りる表示はなく，その本体部分にはC工業の表示がなされており，CおよびDから，本件機械は昭和51, 2年頃製造されたもので，Cが1年以上前に同業者から購入し，代金は既に完済している旨の説明を受けたので，Yは本件機械がCの所有に属すると信じ，それ以上に売買契約書，譲渡証明書等の確認やXに対する所有権留保の有無の問い合わせ等をしなかった。同年11月Cの代理人Dから，本件機械を買い受け，その300万円の代金債務は，YがCに対して有していた前記貸金債権と対当額で相殺された。Xは，Yに対して本件機械の引渡しと昭和57年1月13日から引渡し済みまで1日1万円の割合による金員の支払いを求めて本訴を提起した。原審は請求棄却。X控訴。控訴棄却。

［判旨］ 「右㈡で認定した各事実を総合して判断すれば，建設機械に担保権を設定し，あるいはこれを買受けようとする金融業者としては，当該機械が新品あるいは製造後2, 3年以内の場合，割賦払期間が長期にわたることが予想される1,000万円を超えるような高価品の場合等割賦金の支払を完了していないことが予想される事由が存在する場合には，相手方に販売した者や販売店等に対し所有権留保の有無の調査をする義務があるといえるが，それ以外の場合にまで，取引の安全を犠牲にして常に金融業者にかかる調査義務を負わせることは酷に過ぎる（かかる場合には，販売店等自らが当該目的物にいわゆるネームプレートを取付けるなどしてその所有権の確保をはかるべきであろう。）というべきであり，かかる場合は金融業者において相手方に対し取得時期，取得経緯，代金完済の有無を質問するなどし，相手方の回答や建設機械の客観的形状，これまでの取引の経緯等により相手方が所有権を有するとの合理的な心証を得た場合には，静的安全と動的安全との調和上からも，それ以上に所有権留保の有無について調査すべき義務はないと解するのが相当である。

(五) そこで、これを本件についてみるに、Yの、建設機械につき一般的にこれが新品あるいは製造後2、3年以内の場合、割賦払期間が長期にわたることが予想される高価品の場合、ディーラーから直接購入している場合には、ディーラー等に対する問合せ等により所有権留保の有無を調査するが、右以外の場合は相手方に直接確認するだけにするとの取扱いは、相当であり、本件売買についても、前記3(一)(5)、同(6)に認定した各事情の下では、Yにおいて、本件機械の所有者がCであると信じたことは合理的な理由があり、Yにおいてそれ以上に所有権留保の有無の調査をしなかった点に特に責められるべき点があるとは認められない。

(六) 従って、YがCを本件機械の所有者であると信じたことにつき過失があるとはいまだいえず、他に前記推定を覆すに足りる証拠はない。

そうすれば、Yは民法192条により本件機械の所有権を即時取得したものというべきである。」

② 工作機械・印刷機械等の即時取得

次に、工作機械や印刷機械等かなり高価格の動産についての即時取得の事例を見る。数百万円から数千万円もする高価格の工作機械や印刷機械などは、代金完済までの所有権留保付で割賦販売されることが通常であるとして、かかる機械を買い受けた業者やリース業者、またかかる機械に譲渡担保権や質権等の担保設定を受けた金融業者については、機械についての権利関係を十分確認しなかったときは過失があるとする裁判例が多い(【59】、【60】、【61】、【62】)。無過失認定事例は、やや特異な経緯を経たものに見られる(【63】、【64】)。

〔過失認定事例〕

【59】 東京地判昭和52・5・31判時871・53

〔事実〕 X（原告）は、Aに対して本件物件（パワープレス1台、ボンチプレス2台）を637万余円、代金完済までXに所有権を留保する約定で31回の割賦払で売却したが、代金が完済されていない。Y（被告）は、本件物件を含む工作機械を、YのAに対する融資金の譲渡担保としてAより譲り受け、これらの工作機械はAが倒産するまでAが使用していた。その後、これらの工作機械をYが占有している。Xは、本件物件の所有権はXにあるとして、Yに対してその引渡しを求めて本訴を提起した。Yは、即時取得を主張。Xの請求認容。

〔判旨〕 「AがYより多額の融資をうけていたことは、先に認定したとおりであり、しかも《証拠略》によれば、本件物件のように価格の高い設備機械は、所有権留保約款付で、代金は割賦払の約定で売買されるのが通常であることが認められ、そのことは、メッキ業を営むYも当然知っておくべきことというべきであるから、Yが本件機械を取得するに際し、Aより本件機械の売買契約書や代金の領収証の提出を求めてその所有権の帰属についての調査をすることなく、本件物件がAの所有と信じたことには過失があるといわなければならない。《証拠判断略》」

【60】 名古屋地判昭和55・7・11判時1002・114、判タ426・184

〔事実〕 X（原告）は、本件機械（工作機械）をAに対して代金2,600万円、13回の月賦払い、代金完済までXに所有権を留保する約定で売却した。しかし、代金未済のままAはこれをY

（被告）に2,250万円で売却し，YはこれをBに売却した。YはAより本件機械を買い受けるに当り，本件機械の所有権は未だAにないのではないかと一応考え，Aの代表者にこの点を確認したところ，同代表者は，本件機械は機械商社のCより買い受けたが，その代金の一部を既に支払いずみであり，残代金についても，AがCに対しこの残代金額を超える額の債権を逆に有しているので，これは支払う必要がないものであると説明し，Cが発行したという納品書，領収証も見せたので，Yは本件機械はAの所有であるとのAの代表者の説明を信じてこれをAから買い受けたものである。AはXに対して，Yへの売却の事実を隠して，本件機械の代金の一部として1,000万円を支払ったが，残代金1,600万円を支払うことなく，倒産した。Xは，本件機械の所有権は自己にあるとして，Yに対して損害賠償を求めて本訴を提起した。Yは本件機械の即時取得を主張。Xの請求認容。

［判旨］「本件機械のように価格の高い工作機械は，所有権留保付で代金を割賦払いの約定で売買されるのが通常であることを，Yが知っていたことは前記認定のとおりであり，《証拠略》を総合すれば，Yは，本件機械の如き工作機械類の販売を業とする大手の専門商社であって，本件機械はXが総販売権を有し，中部地区にあっては，Yとも長年の取引関係にある機械商社のCを通じて一般ユーザーに販売されているものであることはわかっていたし，Aは，本件機械を買受けて間もなく一度も使用することなしにこれをYに売却しようとしているもので，しかもCは既に倒産していることもわかっていたのであるから，Yが本件機械を買受けるに当っては，Aが果してその所有権を有しているかどうか，殊に，本件の売買対象物が高額な本件機械であるから，A・C間のみならずC・X間にあっても所有権留保約款付で割賦払いの約定で売買がなされていて，その所有権は未だCもしくはXに留保されているのでないか，とその所有権の帰属について疑念をはさみ，Aに対し，本件機械の売買契約書や代金の領収証の呈示を求めるのみならず，CもしくはXに対しても問合せてその所有権の帰属につき確認すべきであったし，そうすることは極めて容易であったというべきである。しかるに，Yは，本件機械をAより買受けるに際し，Aの代表者aの説明と同人が呈示した納品書，領収証（特に乙第4，第5号証によると，呈示された領収証は，その記載からは本件機械代金のものと直ちにいえないものであるし，現金でなく約束手形を領収したというものである）の存在から，本件機械がAの所有のものであると軽信し，それ以上の所有権の帰属についての調査をしなかったのであるから，Yが本件機械がAの所有であると信じたことには過失があるといわねばならない。」

【61】 東京地判昭和55・12・12判時1002・103

［事実］ Y（被告）は，昭和53年8月18日，本件印刷機（ダイヤ菊全判2色機）を印刷機械販売業を営むAに対し，代金1,500万円，日歩2銭5厘の利息を加えた37回の割賦払いで代金完済までYに所有権を留保する特約のもとに売却し，右印刷機を据え付け場所であるB印刷所に搬入した。本件印刷機の引き渡しを完了してから，Yは前記利息を加えた代金額が1,699万8,000円となることをAに通知した。しかし，AはYに対して代金を全く支払わなかった。他方，リース業を営むX（原告）は，同年8月20日，Aから本件印刷機を代金1,820万円，納品場所B印刷所として買い受ける契約を締結し，また，同日，XとB印刷所との間で，本件印刷機についてリース期間60カ月，リース料月額1

万8,600円とするリース契約を締結した。Xは、本件機械の売買代金1,820万円をAに完済した。Yは、本件機械をB印刷所から引き揚げた。そこで、XはYに対して本件印刷機の所有権侵害を理由に損害賠償を求めて本訴を提起した。請求棄却。

［判旨］「本件印刷機のように著しく高価な機械類は、所有権留保の特約を付して割賦販売されるのが通常であり、このことは、リース業を営むXとしては、当然知っておくべきことであるが、《証拠略》によれば、Xは、本件印刷機を取得するに際し、Aから、本件印刷機の入手先さえも聞かず、Yとの本件印刷機の売買契約書や代金の領収証の提出を求めて、その所有権の帰属について調査すること（このような調査は、容易なことであるから、これをXに対して要求しても少しも酷ではない。）を全くしなかったことが認められる。そうだとすると、Xが本件印刷機をAの所有であると信じたことには過失があるといわざるを得ない。……このような取引の経緯を見ると、X及びB間のリース契約並びにX及びA間の売買契約は、かなり杜撰であったといわざるを得ず、Xがもっと慎重な手続をとっていたならば、当然、本件印刷機の入手先がYであることを知って、Yと接触する機会を持つことになり、本件のようなトラブルを未然に防ぐことができたと思われる。なお、《証拠略》によれば、Xは、信用調査機関を介してAの信用状態を調査したうえ、昭和52年12月ころから本件印刷機の売買契約に至るまでの間、印刷機械販売業を営むAとの間に、本件と同種の印刷機械についての売買取引を十数回続けてきたもので、その代金額は、200万円から1,840万円であったが、これまでトラブルが1回もなかったことが認められるけれども、このことは、前記判断の妨げとなるものではない。

5 以上の次第で、Xが本件印刷機の所有権を取得したことを肯定することはできない。」

【62】 東京地判平成7・9・25判タ915・126

［事実］ 木工機械の輸入販売業等を営むX（原告）と木製品の加工販売等を営むY（被告）との間で、木材の加工機である本件機械（精密自動多軸かんな盤）についての売買交渉が進められていたが、Yは、Yが付帯設備を一括して購入してほしいとのAの子会社aからの希望に従うとともにY自らも他の付帯設備を含めて値引き交渉を有利に行えるとの期待のもとに、Xから直接購入することを取り止め、aがXから本件機械を買い入れ、aがYに対してこれを付帯設備とともに売却することとなった。しかし、Xa間の本件機械の売買契約締結の直前に、Xa間の売買契約においてaからAに買主が変更されたが、XとAとの契約は、Xとaとの契約と全く同一内容で、本件機械はYの工場に搬入された。XA間の売買契約においては、代金2,441万余円（消費税込み）、2回の分割払い、代金完済まで売主Xに所有権を留保するという特約が付されていた。一方、Yとaとの間の本件機械を含む付帯設備一式の売買契約においては、代金6,500万円、3回の分割払いであったが、Yはaに代金を完済した。Aおよびaは、本件機械の売買代金をXに支払わないまま倒産した。そこで、XはYに対して所有権に基づき本件機械の引渡しを請求して本訴を提起した。請求認容。

［判旨］「1 転売権限の授与について
まず、Yは、Xは本件機械が転売されることを前提として、これをA機械に売却したものであるから、X（原告）はAに対し、本件機械をその名で他に転売する権限を授与したことになり、売主、買主の内部的な所有権留保を理由に、

当該商品を買受けた転買人の所有権取得を否定することは許されないと主張する。

　右主張は，転売を容認した以上，X（売主）は，買主に対して，転買人に無条件の所有権を移転し得る権限を授与したとの主張と解されるが，通常，売主は自己の債権回収を図るため，所有権留保付での転売を容認しているに過ぎないものと解され，本件においても，Xにおいて，Xに留保された所有権が転売によって消滅することを承認する意思を表示したことを認めるに足りる証拠は存在しない。

　したがって，この主張には理由がない。

　2　即時取得について

　一で認定したところからすると，本件のような高額な機械は，所有権留保付で売買される例が多数であり，代金の支払いのために手形が振出交付される場合が多いこと，XとYは，当初XがYに対して本件機械を直接販売することを前提として交渉を継続しており，その際，XからYに対して交付された3通の見積書にはいずれも支払条件として，契約時に代金の3分の1を約束手形（支払期日は契約日から90日後）で支払い，残金は納入時（または納入後10日以内）に約束手形（支払期日は納入日から90日後）で支払う旨が記載されていたのであるから，Yは右記載から，Xと売買契約を締結する際には，支払方法は分割弁済であり，代金完済まで所有権が留保されることを知り得たと解されること，XがYと直接売買せずに，aに本件機械を売却し，aがYに対してこれを売却することとしたのは，もっぱらYの都合と希望によるものであるから，Yは，Xとaとの売却条件が，価格の点はともかくとしてその余の点についてはYに対するものと同様であることを知り得たと解されること，Yがaから本件機械を購入した際に締結した売買契約においても，代金完済まで所有権が留保される特約が付いていること，

YからXに対して，Xとaとの間の売買条件を問い合わせることは容易であったと解されること，といった事情が存在し，右事情からすれば，Yは本件機械の引渡しを受ける際，aが所有権留保付でXから買い受けたことを知らなかったとしても，これを十分知り得たし，この点につきaに確認すべきであったというべきであり，これを怠ったYには過失があるといわなければならない。

　Yは，XはAに対して所有権留保付で売却したものであり，Yにとってaの存在は知り得なかったと主張するが，前記のとおりYはXが所有権を留保して本件機械を販売したこと，そのためaが所有権を留保された権利しか取得していないことを知り得たのであるから，Aの存在を知らなかったとしても，過失があるといわなければならない。

　したがって，即時取得の抗弁は認められない。

　3　権利濫用について

　本件では，Xがaを通じてYに本件機械を販売することになったのは，Yが付帯設備を一括して購入してほしいとのaらの希望に従うとともに自らも他の付帯設備を含めて値引き交渉を有利に行えるとの期待のもとに，Xから直接購入することを取り止めたことが原因であり，XはYとの直接取引を望んでいたこと，XはYの希望に従ってaに本件機械を売却することにしたものの，Xとaとは本件に至るまで取引関係はなく，aの要求により大幅な値引きを余儀なくされたこと，前述のとおり本件機械の所有権がXに留保されていることをYにおいて知り得たこと，Xとの契約締結の直前にaからAに買主が変更されたが，Xとaとの契約は，Xとaとの契約とまったく同一内容であり，aはAの子会社であってAと同時期に倒産しているので，仮にXがaに販売していたとしても，Xは本件と同様にYに対して所有権に基づき本件機械の

第2章 民法192条の即時取得

引渡しを請求せざるを得なかったものと解され、買主の変更によりYが特に不利な立場に置かれたものではないこと、またAは契約どおりの条件の手形を交付せず、交付した手形の支払期日の直前に事実上倒産したという経緯からすれば、aないしAはXと売買契約を締結した当初からXに対する支払いが危ぶまれるような経営状況であったと推測され、aないしAはこれを秘してXから本件機械を購入したと解されること、といった事情が存在し、右事情からすれば、Xが契約時に受領するはずであった800万円の約束手形を受領せず、製品納入後になって支払期日も遅れた手形を受領したという債権管理に甘さがあった点や、Yがaに代金を完済していることといった事情を考慮しても、なおXが留保された所有権に基づきYに対して本件機械の引渡しを求めることを権利の濫用であるとまでいうことはできない。

したがって、Yの抗弁にはすべて理由がない。」

〔無過失認定事例〕

【63】 大阪地判昭和56・2・24 金判639・34

[事実] 印刷機械の販売等を業とする会社であるY_1(被告)は、昭和53年8月、ラベルの印刷、販売等を業とする印刷会社Aに対してY_1所有の本件物件(ロータリーラベル印刷機およびその付属機械)を他の3台の機械とともに代金1,681万余円、代金完済までY_1に所有権を留保する約定の10回の分割払いで売り渡した。本件売買契約には、Aは、本件物件等を他に譲渡、転貸、質入れし、他人に使用させたりしてはならないとの約定があった。Y_1の担当者は、Aの代表者aから、本件物件の納入場所をラベル印刷を業とするY_2(被告)印刷工場内として欲しい旨の依頼を受け、Y_2はAの下請会社であると聞かされていたところから、Aの代金完済前にAからY_2に本件物件を貸与することについて了承して右納入場所に関する依頼を承諾した。他方、Aは、X(原告)に対し、本件物件をAから買い上げてAの下請会社にあたるY_2にこれをリースとして貸し付けて欲しいと依頼した。Xの担当者は、Y_2にリース契約の説明をするとともに、AからY_1作成の本件物件ほか3台の機械代金見積書と同年8月25日付け領収証を提示され、代金1,681万余円を領収した旨の上記領収証の記載(手形で受領した旨の記載はなかった)により、AがY_1に本件物件の代金全額を支払い、本件物件の所有権を取得したものと判断した。そこでXは、同年9月、本件物件をAから代金1,150万円で買い受け、同年12月に代金を完済した。Xの担当者は、Y_1に対してAの本件物件の所有権取得の有無について特に確認はとらなかった。他方、Aは、Y_1に昭和54年1月までに代金の一部841万円を支払ったが、その後支払いをしなくなったので、Y_1は、Aとの間の売買契約を解除したうえ、本件機械の所有権に基づく返還請求権を被保全権利として、Y_2に対する本件機械の仮処分決定を得、その執行をした。そこで、Xは、本件機械の所有権に基づき右仮処分執行の排除を求め、Y_1に対して本件第三者異議の訴えを提起し、Y_1は、本件機械の所有権に基づき、Y_2に対し、本件機械の返還と所有権侵害を理由とする損害賠償を求める訴えを提起した。そのため、本件機械についてのXの即時取得が認められるかどうかが問題となった。本判決は、Xの本件機械の即時取得を認め、XのY1に対する請求を認容し、Y_1のY_2に対する請求を棄却した。

[判旨]「Xの担当者は、Aから本件物件を買受けるに際しては、AよりAへの売主であるY_1

作成にかかる本件物件等の代金の見積書と代金全額を受領した旨の領収証の提示を受け、その記載内容によってAがY₁から本件物件を買受けてその代金を完済しているものと信じたのである（右領収証には手形による支払である旨の記載はなかったから、代金は分割払ではなく、一括払であると考えたことは無理からぬことである。）から、もともと、AとXとの売買が前記の如く、……Y₁からAへ、AからXへと順次譲渡され、Xからさらにに Y₂に賃貸されるという転々とした取引の一環として行われたことや、Y₁からAへの代金支払も手形による一括払の方法でなされており、AからY₁への代金支払は10回の分割払であったとはいえ、その支払は10通の手形の一括交付の方法でなされ、その手形も昭和54年1月2日満期の分まで5回にわたり計841万円が正常に決済されていたのであって、しかも、Y₁は本件物件の所有権留保の特約をしていたけれども、その引渡場所をAとは別会社のY₂印刷工場内とし、代金完済前におけるY₂の使用を認めたのに、引渡に際して所有権留保の表示を何ら行わなかったこと（Y₁の所有権留保はAに対する代金債権の担保の実質を有するものであるが、その公示方法は極めて不完全なものであるから、A以外の第三者の使用を許していた本件のような場合に、Aから譲渡を受けた第三者に対して容易に対抗力を認めることは取引の安全を著しく害することになって相当ではないと思われる。）、その他Aが所有権を取得していることに疑念を抱かせるような状況も存しなかったことなどの事情に鑑みると、本件物件が相当高額の機械であったことや代金分割払の場合には所有権留保の特約がなされることが通例で〔Xの担当者が〕右見積書と領収証の確認のうえにさらにAに対する売主のY₁に対してAの所有権の有無につき調査確認の措置を講ずるまでの注意義務はなかったというべきであって、Xの担当者にはAが本件物件の所有権を有すると信じたことに過失があったと認めることはできないのである。

そうすると、Xは、昭和53年9月16日ころ、即時取得により、本件物件の所有権を取得したものというべきである。

四. したがって、Xは、Y₁に対し、所有権にもとづき本件物件につきなされた仮処分執行の排除を求めうるものである。」

【64】 旭川地判平成 1・7・31 判タ 718・130

［事実］ Aは、本件機械（シャーリング・プレス機）を、昭和63年2月1日、貸金債権担保の目的でX（原告）に譲渡し、引き続きXから借りて使用していた。その後、Aは倒産し、Y（被告）は、同年4月30日Aの代理人として財産の売却を含めて債務の整理に当たっていたB弁護士から本件機械を買い受けて平穏、公然にその占有を取得し、その後本件機械のうちアングルカッターを除くその余の物件を第三者に売却した。そこでXはYに対して損害賠償を求めて本訴を提起した。Yは、本件機械の即時取得を主張。Xの請求棄却。

［判旨］「以上の事実によれば、X（原告）が、昭和63年2月1日、本件機械について所有者であったAから貸金債権担保の目的で譲渡を受けてその所有権を取得したことは認められるが、Y（被告）は、その後の同年4月30日、Aの代理人として財産の売却を含めて債務の整理に当たっていたB弁護士から本件機械を買い受けて平穏、公然にその占有を取得したものであり、占有の取得に至る経緯に鑑みてもYは本件機械がA以外の第三者の所有であることについて善意であり、かつそのことにつき過失があるとは認められないこと、B弁護士は少なくともAを

代理して本件機械を売却したことにつき代表者aから追認を得ているが，前記経緯に照らし当初からAの代理権限を有していたと認められることを考えると，Yは民法192条により本件機械の所有権を取得したものと認められる。」

③　軽自動車の即時取得

軽自動車は，自動車登録の対象にならないから，民法192条の適用があるが，過失の存在が認定された事案が多い。すなわち，前掲【33】は，金融のために買い受けた質屋兼金融業者に過失の存在を認めたものであり，同様に，新品同様の軽自動車を質受けした質屋営業者に過失を認めた裁判例として【65】が見られ，標識交付証明書に表示された所有名義人の記載および自己が権利者である旨の言を信頼して新品同様の原動機付自転車を譲り受けた質屋兼古物商に過失を認めた裁判例として【66】が見られる。他方，自動車修理販売業と古物商を営む者の無過失を認めて，軽自動車の即時取得を肯定した裁判例として前掲【34】が見られる。

〔過失認定事例〕

【65】東京高判昭和35・4・27下民11・4・937

［事実］　X（原告・被控訴人）は，第1物件（軽自動車）および第2物件（二種原動機付自転車）について所有権留保をしている。本件各物件をAが質屋営業を営むY（被告・控訴人）方に持参し，質入れした。Xは，本件各物件はXの所有物であるとしてYに対してその引渡しを求めた。Yは，所有権ないし質権の即時取得を主張。原審・控訴審ともXの請求を認めた。

［判旨］　「東京都内における軽自動車の販売はその大半が代金完済まで売主に所有権を留保する月賦販売の方法によって行われ，この種の月賦販売品が代金完済前に買主によって不正に処分される例が多いので，昭和31年警視庁より各警察署長，東京質屋協同組合を通じその組合員に軽自動車を質にとる場合にはその点に注意を払うよう周知方をはかつた事実が認められるので，Yもまた質屋営業者として右のような事情は当時これを知り又は知り得たはずであつたことを推認すべく，……本件各車両はいずれも走行時間数時間を出でない新品同様の軽自動車ないしこれに準ずべき品であつて，そのことは車体に備付けてある走行粁数メーターにより一見明瞭であることが認められ，……本訴第1物件については，Yが物件とともに受領した軽自動車届出済証には明らかに所有者欄にXの名称，所在が「サンコー」の名称所在とともに併記されているので，Yにおいては，右記載に基いてXに電話で問合わせる等の簡易な方法で容易にその権利関係を明らかにできたはずであつたにもかかわらずYはその措置を執らなかったことが認められ，又本訴第2物件については，右「軽自動車届出済証」のようなものが存在しないのでYから区役所に電話で紹介〔著者注：原文のまま〕した結果その登録番号の車はBが使用名義人となつていることを確めたことは……認められるけれども，それによつて知り得るものは使用者であつて所有者ではないことは……明らかであり，右物件も前記のように殆ど新品同様で多数人の間を転々とした物とは認められないから，Yにおいて持参者にその買入先を問い，その買入先に電話で照会する等の簡単な措置を執り又は執ろうとすれば，右物件が少くとも持参者の所有ではないことが看破できたはず

であつたにもかかわらずYにおいてこの簡単な措置をも執らなかつたことは……明らかである。以上のような措置は，一般の動産取引全部にこれを期待することはもとより困難であり，金額の少ない動産についてはかような措置を執らなかつたことから買受人の過失を認めることはできないけれども，本件第1，第2物件のように，動産とはいえ相当高価で容積も大きい車両であり，しかも買受間もない新品同様の品であり，広く月賦販売が行われていて，買受後日を経ていない物は月賦金未払でなお使用者の所有となつていない可能性の大きいことが推認できるような動産については，前記のように買入先を問いその買入先に照会を試みる程度の注意を払うことは質屋営業者として当然執るべき義務と認められるから，その注意を払わなかつたYは，……右物件は現金で買つた自己所有の品である旨の持参者の談話を信用してこれを受領したとしても，なおその占有の開始について過失なしということを得ない。従つてYにつき民法第192条による所有権ないし質権の即時取得を認めることはできない。」

【66】仙台地判昭和36・12・26下民12・12・3227

［事実］軽自動車および原動機付自転車の販売を業とするX（原告）は，昭和33年12月から1カ月半ほどの間に，Aに4台の原動機付自転車を，代金完済まで所有権をXに留保する割賦販売で売却し，買受人名義を合資会社αまたはβとして引き渡した。右4台の原動機付自転車の割賦代金は完済されていない。Aは，質屋営業および古物営業により動産金融を主たる業務とするY会社（被告）に，本件4台の原動機付自転車をそれぞれその買い受けの翌日，融資の担保として引き渡し，これらをY会社が占有している。なお，これら4台の原動機付自転車の取引の直前次々にY会社は，Aを相手方とする3台の取引を行つており，しかもこれら7台がいずれも新品同様のものであつた。そこで，XはY会社に対してこれら4台の原動機付自転車の引渡しを求めて本訴を提起した。Y会社は即時取得の成立を主張。Xの請求認容。

［判旨］「Y会社とAとの間には3箇月に充たない期間内に6回に7台の原動機付自転車の取引が行われていて，本件の4台は右のうち後半3回の取引にかゝるものであることが明らかである。Y会社代表者y尋問の結果によると，これら7台の原動機付自転車の取引にあたつたyがAの処分権の有無に関して払つた注意は，A自身の言分を聞く以外，その1台1台につき原動機付自転車標識交付証明書によって合資会社αまたはβが所有者として表示されていることをたしかめ，その看板のかゝつている事務所に行つて各代表者と称するAの父および叔父に会つてそれが夫々の会社の所有物でありAにその処分を委ねているという言明を得，これら原動機付自転車の所有名義を変更するに必要な各会社代表者名義の印章の押捺された書類一切を交付されたことに尽きること，即ち標識交付証明書に表示された所有名義人についてそれがたしかにその所有であるかどうか及び処分を承認しているかどうかを訊したに過ぎないことが明らかで，そのことは要するに交付証明書の名義人自身が現物を持参した場合であれば特に調査するまでもないことを偶々そうでなかつたために調べたというに過ぎず，交付証明書に表示された所有明義人が果して当人の言うとおり真正な権利者であるかどうかということには関係のない事項であるといわなければならない。従つて問題は専ら右証明書の所有者欄の表示がどの程度の信頼性を有するものであるかにかかるもの

というべきところ，……。権利の得喪変更を第三者に対抗する要件である道路運送車両法上の自動車の登録の場合とは異り，市町村がその区域内において運行の用に供せられる原動機付自転車に課税する必要上住民にその所在の届出を強制し所有者として届出られた者に課税するとともにその者に対し届出を受け標識を交付したことを証明するにすぎない原動機付自転車標識証明書の所有者欄の表示はその性質上所有権の所在そのものを公証するものでないことは明らかというべきであつて，実際にも関係者としては税負担者が何人であるかを主眼として届出をすれば足りる関係上，販売業者が所有権を留保して月賦販売をした場合でも直ちに買主を所有者として届けられている例が多いことは……これを窺うに難くない。従つてその表示は通常の事態においては一応所有権の所在を示す手がかりであるといえるにしてもそれ自体自動車登録と同様な推定力ないし信頼性をもつものではないといわなければならない。

ところが本件においては前認定のとおり4台の原動機付自転車の取引の直前次々に同一人を相手とする3台の取引が行われていることは前認定のとおりであつて，しかもこれら7台がいずれも新品同様のものであつたことは弁論の全趣旨に徴し明らかであるから，少くともその4回目から6回目にあたる本件4台の取引当時その取引はY会社にとつても異例なものであつたといわざるを得ない。そして……の証言によると原動機付自転車は所有権留保約款付で月賦販売される例が極めて多く，従つて新車の所持者の中には所有権を販売業者に留保されているものが相当存することが窺われ，一方前顕Y会社代表者y本人の供述によると，Y会社は質屋営業および古物営業の免許により動産金融を主たる業務とするもので実際上その代表者yの個人営業に等しい経営状態にあり，しかも原動機付自転車類を担保にとつて金融を行うことはその営業に属することが認められるから，代表者yは当然右事情を熟知していたと推定すべきであつて，前記のような異例の取引の申込に対しては，申込者が現金を調達するため月賦販売制度を悪用し販売業者から所有権を留保して引渡された新車をそのまま入質するのではないかという点に注意を払い，これを適当な方法で調査することがまさにその業務上の注意義務であるといわなければならない。（そのことは申込者がたとえば新車の小売業者であつて資金調達のため商品を担保に供しようとするような場合であつてすら事情によつては卸売業者に対する関係で妥当することがあろう。）

ところが……単に前示のように信頼度の必ずしも高くない原動機付自転車標識交付証明書の所有者の表示やAの虚言をそのまま信じて右のような調査を怠つたことはY会社の過失といわざるをえない。従つてY会社につき民法192条による所有権の即時取得を認めることはできない。」

〔無過失認定事例〕
　前掲【34】

④　未登録自動車の即時取得
　未登録自動車については，前述のように即時取得の適用があるが，過失の有無を認定するのは容易ではない。【67】は，無過失を認めた事例であるが，質権の即時取得が認められた者は，無権限占有者に対して金銭を貸し付けていたものであり，古物商や営業質屋ではなかつた。

〔無過失認定事例〕

【67】 横浜地川崎支判昭和43・6・29（前掲【31】の第1審判決）

［事実］　前掲【31】に記載。

［判旨］「以上認定の事実を総合すると、Y（被告）が本件自動車を昭和40年9月7日にBから質権の対象物件としてその占有を取得するに当つて、平穏公然善意無過失であつたと認めざるを得ない。なんとなれば、
(1) Bは、平素から本件自動車と同じ製造元の自動車の取次販売に従事し、その展示見本車を常時店舗付近に置き、かつこれを自由に乗りまわしていたというのであるから、Bに「〔α社〕」の自動車を販売するについて或程度の権限を有しているものと思いこむのは当然であり、むしろ、客を探して来てXに紹介するだけのことでそれ以上何らの権限も与えられていないことを知つていたと認めるには、それ相応の事由を必要とする。X（原告）は、その事由の一として嘗てY（被告）がBの紹介で〔α社製自動車β〕1台を購入したときXが売主であつてBが売主でなかつたことを知つていた事実を挙げているが、だからといつて本件自動車についてもBに処分権限がないことを知つていたことにはならず、かえつてBの尽力によりβを買うことができたのであるから、BはXのような販売業者と特別の関係があり、この自動車は「自分の自由になる車だ」と云われれば、本件自動車もBの尽力によつて結果的には自由に処分が可能な自動車であると信ずるのが当然であるし、かく信ずるについて過失はないものと云わなければならない。
(2) また、登録番号票のない新車であることも、Bが前記のような立場にあつてこの種自動車を乗りまわしていて、その挙句に売買契約成立に至るのであるから、Bがこのような無登録自動車を持ち込んだからといつて、善意でなくなつたり、その処分権限の有無を登録のある自動車より以上に厳重に調査しなければならないわけではない。むしろ、そのような厳重な調査は必要でなく、また、質屋でも古物商でもなく、そのうえ抹消登録のなされた自動車であることを知っていた証拠のないYとしては、譲渡証明書や新規登録用謄本の交付を求めなかつたことが過失になるわけでもない。更に本件自動車の価額と被担保債権額の間に前示のような差のあることなどなんら異とするに足りないからである。最後に平穏公然の点については多言を要しないから省略する。
(3) 換言すれば、金350,000円の債務の弁済について僅々1週間の猶予を求めるため、平素取扱つている商品である自動車で、新車、無登録、販売代金529,000円のものをBの方から進んで担保に差入れたいと持ちこんで来たような場合には、Bの「自由になる車」つまり処分権限のある自動車であるとの言を信ずるのが、むしろ当然であつて過失があつたものとは認められない。」

⑤　不登記船舶の即時取得

〔無過失認定事例〕
　前掲【36】

⑥　鋼材の即時取得
　大量・高額な鋼材を小規模の鋼材商から買い受けるに当たり、担当者は、その取引の高、形態、決済方法において通常の継続的取引の

第2章 民法192条の即時取得

枠にはまらない異例のものである場合には，通常の取引において要求される以上の深い注意を払って右取引に臨むべきであるとして，相手方の取引先に売渡済みのものであるかの確認をしないまま買い受けたケースにつき，過失を認定して即時取得の成立を否定した裁判例が見られる（【68】）。

〔過失認定事例〕

【68】 大阪地判昭和56・1・29 判タ448・135

［事実］　総合商社であるX（原告）は，見込み発注した本件鋼材（造船用鋼材約1,000トン）を所有し，Xは特約店Aを通じ，またAは鋼材商Bに依頼して，その一時的な保管場所と最終需要家を探していた。Bは，資金繰りに窮し，一時的に本件鋼材を自己の名で他に売り渡し，改めてこれを買い戻すという形で当面の資金繰りをつけようとし，これに応じる買手を探していた。Bは，総合商社であるZ（参加人）の鋼材販売担当員であったzに，本件鋼材を入手しており，Cから本件鋼材の買上げの承諾を得たがその代金支払いのための手形の振出がBの求めている期日に間に合わないので，ZがBから本件鋼材を買い上げて直ちにCに売り渡せばZにとっても口銭が入り，CはZからのかかる買上を承諾していると持ちかけた。これに対してzは，本件鋼材の代金を7,122万9,330円としてこれを了承し，代金支払いのための手形の交付は，本件物件がZと同じグループに属するY（被告）の指定する場所に搬入されるのと引換えになすこととした。本件鋼材の一部がZの指示どおりYの播磨工場に搬入され，残部も翌日搬入される見込みであったので，zは本件鋼材の代金支払いのためBに対して額面7,000万円の手形を振出交付し，残余は，BのZに対する債務と対当額において相殺した。Zは，本件鋼材をCに売り渡し，本件鋼材の荷渡依頼書を作成してCに交付するとともに，Cから代金7,142万9,976円に相当する手形の振出交付を受けた。Xは，Yに対して所有権に基づいて本件鋼材の引渡しを求めた。Zは，Yに補助参加し，Xから特約店Aへの転売，および予備的に即時取得の成立を主張した。本判決は，転売の主張および即時取得の主張をともに斥け，Xの請求を認容した。

［判旨］「本件において，右zが右売買に際しBの無権利者たることにつき悪意であつたことを認めるに足りる証拠は存しないものの，右売買のなされた当時，ZとBとの間でなされていた鋼材取引は，売りと買いの双方の場合を合せても，1か月平均120トンないし130トン前後であり，ZのBに対する与信限度額は5,000万円で，売掛債権残高を超える与信枠が2,000ないし3,000万円程度のものであつた（前掲z証言によつて認められる。）のに対し，先に二1において認定した事実によると，本件売買は，通常の右取引額及び与信枠を大幅に超過する1,000トン，代金7,000万円以上もの鋼材を対象とするものであるうえ，右物件の最終需要家が定まつたうえで流通の一環としてなされる通常の鋼材取引とは異なるもので，しかも代金決済については通常の決済方法によらずこれより相当早い時期に手形を振出交付するようBから求められるなど，その取引の高，形態，決済方法において通常の継続的取引の枠にはまらない異例のものであつたから，zとしてはそれだけでも通常の取引において要求される以上の深い注意を払つて右取引に臨むべきであるうえ，同認定の事実によれば，Bは月商もせいぜい4,000万円程度の比較的小規模な流通業者に過

ぎず，このことはBとの継続的取引を担当していたZのzも当然に知っていた筈で，しかも本件売買の内容から当時Bが資金繰に極度に窮していたことは明らかであつたから，zとしては，そのようなBが価格にして7,000万円以上もの本件物件を，売主に対する代金決済を了して自己の在庫として保有し，これを自由に処分しうる立場にあるかについて当然に疑念を抱いて然るべきであり，その場合，Bの仕入先であるAに対して本件物件がBに売渡済のものであるかの点を確認することも容易であるのに，zはBの言を信じ，本件物件が自己の指定したY播磨工場に搬入されるのを確認したのみで直接Aに対する問合わせ等右確認のための措置をとらなかったものであるから，右zには本件物件についてBを権利者と信じたことにつき過失があつたものといわなければならない。」

⑦　書籍の即時取得

書籍，雑誌類の取次販売を業とする者に所有権留保のされている書籍を，書籍，雑誌類の小売業者である書店から，書籍，雑誌類の取次販売を業とする者が譲渡担保権の設定を受けたケースにおいて，過失が認定された裁判例が見られる（【69】）。

〔過失認定事例〕

【69】　東京地判昭和50・6・26 下民 26・5〜8・500，判時 800・67

［事実］　書籍，雑誌類の取次販売を業とするX（原告）と書籍，雑誌類の小売業者であるA書店との間で，X所有の本件原色百科800セットについて売買契約がなされ（この本件原色百科800セットは，A書店の代表取締役a_1の義兄a_2が知人の選挙運動資金を捻出するため労働組合を通じて組合員に販売することを予定したものであった），その後800セットがα会社倉庫に送品された。右800セットの代金は，単価を1万7,392円とし，総額1,391万600円であり，2回に分けての分割払いの約束であったが，A書店からXへの代金支払いはなされなかった。書籍，雑誌類の取次販売を業とするY_1会社（被告）とA書店との間では，書籍，雑誌類の継続的な取引が行われてきた。A書店のY_1会社に対する200万円の債務を弁済するために，A書店はBから200万円を借り受け，本件原色百科のうち200セットを譲渡担保としてBに提供し，譲渡担保設定契約についてはY_1会社の九州主張所取引係長Y_2（被告）がBの代理人となり，本件原色百科の引渡しを受けた。その後Y_1会社がBにこの200万円を立て替え払いしたため，200セットの本件原色百科はY_2によりY_1会社に運ばれ，その後他に処分された。また，Y_1会社は，A書店に対する債権1,097万701円中600万円の債権の保全のため，α会社倉庫に保管されていた本件原色百科のうち594セットにつき仮差押えの執行をしたが，その後仮差押えの執行は解放されるとともに，A書店のY_1会社に対する債権の担保のためにこの594セットはY_1会社に譲渡担保に供され，当時β倉庫に保管されていた594セットに対する寄託者名義をY_2の個人名義とした。その後，Y_1会社はこの594セットを他に売却し，1セット1万2,000円の割合による合計712万8,000円をA書店に対する債権の内入弁済に充てた。Xは，本件原色百科の所有権はXにあったとして，Y_1会社・Y_2・Y_3（Y_1九州出張所長）に対して損害賠償を求めて本訴を提起した。Y_1らは，XA間の本件原色百科の売買契約については所有権留保の特約はなかっ

たこと，また即時取得が成立することなどを主張した。裁判所は，Y₁会社に対する損害賠償請求を認容。

[判旨]「右認定の事実関係と《証拠略》とを対比すれば，本件売買契約はY₁ら主張のとおり1回かぎりの取引を予定して締結されたものであるにも拘らず，その用いられた取引約定書は，継続的取引を予定した不動文字の用紙が用いられており，例えば信認金に関する諸条項，代金支払に関する条項など適用をみない規定が多く存在するのにこれを抹消していない……など契約の実体からみれば契約書として不完全なものといわざるを得ない。

しかしながら，右のごとき契約書であつても，契約の締結に当たり作成されたものである以上，契約内容として適用が可能な規定は，特段の事情がなければ，当事者においてこれに拘束され，契約の内容になると解するのが相当であるから，第6項の定め[筆者注・「委託品及び支払未了の買切扱品等の所有権は貴社に属する」との定め]が契約内容となつていない理由としてY₁の挙げる点につき検討してみるに，まず，本件売買が1回かぎりの取引で，買切品で返本のきかない商品であつたというだけでは直ちに所有権留保の特約が合意の内容たりえなかつたということはできない。

……以上の諸点と《証拠略》とによれば，本件における取引約定書中の所有権留保条項はXとA書店及びa₂間の売買契約においてその契約内容となつており，本件原色百科の所有権は代金の完済まではXに留保されていたものと認めるのが相当である。」

「四　Y₁らによる善意取得の成否
1　200セットについて
……よつて，Bの代理人となつたY₂につきA書店が無権利であることについて故意，過失がなかつたかの点をまず検討する。この点につき

《証拠略》を総合すれば，Y₁会社では，おそくとも昭和42，3年頃までの間に，Xから甲第1号証と同じ記載事項の取引約定書のひな型をもらい受けて，これとほぼ同一内容の取引約定書用紙を印刷し，おそくとも昭和44年から九州出張所においてもこれを用いていたことが認められ，これに反する証拠はない。そして，本訴においてY₁から書証としてこれと異なる様式の取引約定書用紙の提出がない事実に徴すれば，Y₁会社では右のころ以降一般に右の様式の用紙を用いたものと推認するのが相当であるところ，この事実にY₂がY₁の九州出張所取引係長の地位にあつた事実を併せ考えれば，Y₂は書籍の取引については一般に買切扱い品であつても所有権留保の特約が存在する事実を了知していたものと認めるべきである。しかるところ，Y₂本人の供述によれば，Y₂は，当時本件原色百科が買切り商品であり，報奨券が出版元に送られていることを知り，代金の支払についても保証手形を発行して品物を送る条件で取引が成立したと聞いていたところから，代金の支払は一応済んでおり，かりに済んでいなくても手形が差入れられているためにXからA書店に送品されたものと判断し，譲渡を受けることについては抵抗を感じなかつたというのであるが，《証拠略》によれば，当時，A書店からY₁の代金支払のために振出されていた小切手の決済の時間が目前に迫つていたところから，その処理に心を奪われて職務熱心の余り，本件原色百科の所有関係を確認することについては特段の関心を抱かないまま，Bの代理人として右200セットにつき譲渡担保の設定を受けたものと認めるのが相当である。

そして，右に認定した事実関係のもとでは，Bの代理人であるY₂において本件原色百科の所有権がA書店に属すると信じていたと認めることには疑念を抱かざるを得ず，かりにそのよう

に考えていたとするならば，Y₂にはそのように考えるについて過失があつたものというべきである。

　従つて，その本人であるBは右200セットにつき所有権（譲渡担保権）を取得することができなかつたものといわなければならず，Y₁らの善意取得の主張は採用することができない。
　2　594セットについて
　Y₁は右594セットにつき，昭和45年11月9日A書店からY₁会社のA書店に対する債権の担保の目的で譲渡担保としてその所有権の移転を受けこれを善意取得した旨主張するところ，Y₁がその主張のとおりの譲渡担保権の設定を受けたことは，さきに二3において認定したとおりである。しかしながら，右譲渡担保契約が締結される以前にさきに認定のように，Y₁会社によつてなされた右594セットに対する仮差押の事実をXの知るところとなり，XはY₁会社九州出張所に対して右仮差押の解放を申入れており，《証拠略》によれば，その際，X側ではY₃，Y₂に対してX会社の所有である旨を申入れた事実を認めることができるから，Y₃，Y₂としては，当然に右594セットの権利関係について疑念を抱くべきだつたのであり，従つて，かりにY₂らが右原色百科がA書店の所有に属すると考えていたとすれば，その点につき過失があつたものといわなければならない。従つて，Y₁らの善意取得の主張は採用することができない。」

　⑧　刀剣の即時取得
　美術商が，刀剣商が客から預かつていた刀剣類を数十回にわたり，刀剣商から依頼を受けた者から借金の担保として預かつたという事案において，美術商の善意無過失を認めた裁判例がある（【70】）。

〔無過失認定事例〕

【70】　広島地判昭和 51・11・30 判時 855・101

　［事実］　Aは広島市内で刀剣商を営んでおり，刀剣の売買をするとともに，客の刀剣を預かって鑑定および研磨もしていた。本件太刀は，X（原告）所有のものであるが，Xは鑑定のため本件太刀をAに預けた。Aの店によく出入りをしていたBに，Aは金策のために自己の店にある刀剣を担保に借金してくることを依頼した。Bは，以前鎧を見てもらって面識のある美術商Y（被告）方に赴き，刀剣一振を担保に260万円を借り受けた。その際，Bは「ある刀屋が金を必要としている。その名は信用にかかわるので明かせないが私を信頼してほしい」旨説明した。またBはその際金銭の貸主がYであることをAに明らかにせず，Aがそのことを知ったのは本件太刀がYに引き渡された後のことであった。以後，BがAの依頼によりYから借金をし，その担保として刀剣類をYに預けること数十回に及んだ。その刀剣類には，A自身の所有物のほか，客から預かりAが占有していた物も多数含まれていた。XがAに預けた本件太刀は，昭和49年12月270万円の債権の担保として他の太刀一振とともに停止条件付代物弁済契約の目的としてYに引き渡された。Bが直接接触したのは，Yの店を事実上運営していたYの妻であるが，Yの妻は店の信用にかかわるならば名前を明かさないのもあやしいことではないと考えそれ以上に詮索することもなく太刀を預かった。本件太刀には登録証が貼付されていたが，その所有者名は記載されていなかった。またYは美術商とはいいながら刀剣類はあまり取り扱わず，しかもその取引相手は主として東京方面の業者であったため，本件のような量の刀剣を所有してこれを担保に借金をする広島の刀剣商とは誰

第2章　民法192条の即時取得

であるか疑問を持って突きとめることもしなかった。BのYに対する借金は，本件太刀を担保にして借り受けた270万円を含め，合計6,416万円に達していたが，その弁済期に弁済がなされなかったので，右代物弁済契約の停止条件が成就した。そこで，Xは，本件太刀の返還を求めて本訴を提起した。Yは，即時取得による本件太刀の所有権取得を主張。Xの請求棄却。

〔判旨〕「以上認定の諸事実を総合すれば，Y（被告）のBからの本件太刀の取得が公然性を欠くものと認められず，又Yが取得に際しBが依頼を受けた刀剣商が本件太刀の所有者でないことにつき悪意であったとも認められない。そこで過失の有無について検討すると，Bが所有者である刀剣商の名を明かさず，Yもそれをあやしまなかったとしても，借金を申し込む者が外聞をはばかり自己の名を明かしたくないということにも一理あり，それだけで所有権限に疑いを生ぜしめるものとはいえない。また数十点に達する大量の刀剣類を自ら所有して担保として運用しうる刀剣商が広島の誰であるのかYが疑問を持たなかったこともYは従来広島の刀剣商と取引がなかったというのであるから過失ということはできない。さらに本件太刀には登録証が貼付されていた（この点は当事者間には争いがない）が，その登録証には所有者の住所氏名は記載されておらず，この場合Yに，所有者の氏名を教育委員会に照会すべき義務があるとまではいえない。しかもBとYの金銭貸借関係は昭和49年1月31日から始まっているが，以後本件太刀がYに引渡されるまでの間には，借金を返済して担保として預けられていた刀剣類が返還されていたこともあり取引は順調に行なわれていたという実績も認められる。以上を総合してみてもYがBから本件太刀を取得した際に，匿名の刀剣商をその所有者であると信じたことに過失があるとは認められない。

従ってYは本件太刀の所有権を民法192条により即時取得したものと認められる。」

⑨　冷凍蛸の即時取得

他人所有の大量の冷凍蛸を債権者のために集合動産譲渡担保に供した場合に，債権者の譲渡担保の即時取得には過失があるとされた事例がある（【71】）。

〔過失認定事例〕

【71】　福岡高判平成9・12・25判時1635・91

〔事実〕　a_1は，A_1水産の屋号で，蛸をボイルし，たこ焼用にカットして，業者に卸す仕事をしていたが，途中から屋号をA_2水産として同様の仕事をしていた。A_2水産の代表者は，a_1の内縁の妻a_2であったが，実質的にはa_1とa_2の共同経営であった。X（原告・控訴人）は，水産物の卸売，食品加工，販売等を目的とする会社であり，Xの営業のひとつに，冷凍の生蛸を輸入商社から仕入れて冷蔵倉庫に保管し，これを加工業者や他の卸売業者に販売することがあり，Xは上記のような蛸の取扱業者としては大手に数えられていた。Xは，平成2年頃からA_2水産との間で，Xがたこ焼用の蛸をA_2水産に現金で販売する取引を始め，その後，Xが，A_2水産に原料の蛸を販売し，A_2水産において，これをボイル，カットなどの加工をして，Xがスーパー等向けのから揚げ用の蛸として再度買い取る取引も加わった。これらの取引高は，A_2水産がXに販売する分が1カ月1ないし10トン，XがA_2水産から買い戻す分が1カ月5トン程度であり，平成5年1月，2月の2カ月間でA_2が

第1節　要　件

Xに販売した冷凍蛸は合計約15トン，約730万円であった。

　a_1は，平成4年12月頃，X代表者に対して，A_1水産名義でB冷凍長崎工場に寄託口座を有しているので，ここに冷凍蛸を保管してはどうかと持ちかけた。X代表者は，経済効率性を考えてこの申出を受け入れ，同月中下旬にかけてX所有の約7,000ケース，重量にして約200トンの冷凍蛸をA_1水産の名義で，B冷凍長崎工場に寄託した。本件蛸は，B冷凍長崎工場に寄託され右冷凍蛸から，一部出庫された分を除いたものである。

　上記の冷凍蛸の寄託名義はA_1水産であったが，その出庫はXとB冷凍の窓口担当者との話し合いで，Xからの出庫指示により出庫するという取扱いとされていた。しかし，この出庫指示の方法は，B冷凍長崎工場内では徹底されていなかった。a_1は，昭和60年頃多額の負債をかかえており，Y（被告・被控訴人）に対し，蛸の一船買いをして利益を上げると嘘をついて，Yから，平成2年7月に合計6,000万円を借り受けた（弁済期平成3年1月末日）。上記借入金の弁済期は度々延期されていたが，a_1とYはその最終の弁済期を平成5年2月28日とし，同月24日にその債務を担保するため，本件蛸を集合物譲渡担保とする旨の公正証書を作成し，その旨の契約を締結した。この契約に先立って，a_1とYは，B冷凍長崎工場に行き，在庫報告書の発行を求め，本件蛸の数量を確認し，寄託名義をYに変更することを求めた。その際，B冷凍の側から，2カ月分の保管料が未納であることを告げられたため，保管料を支払い，a_1とYの連名による冷蔵貨物寄託者名義変更依頼書を提出して，寄託名義を変更し，Yは，指図による占有移転の方法により，本件蛸の占有を取得した。同日には，本件蛸につきB冷凍長崎工場から別途出庫があり，これはXがB冷凍窓口担当者に指示してなされたものであったが，Yはa_1とともにこの出庫に立ち会っていた。

　右本件蛸に譲渡担保権が設定された頃，a_2は，満期を平成5年2月28日とする額面6,000万円の約束手形を振り出し，Yに交付した。しかし，この手形は不渡りとなった。

　その後，本件蛸の寄託名義人がYに移転していることを知ったXは，平成5年3月5日に，Yを債務者として，本件蛸の占有移転禁止の仮処分決定を得，同年7月8日に本件蛸の引渡し等を求める本訴を提起した。平成5年7月7日には，Yとa_1との間で，本件蛸の所有権を確定的にYに帰属させ，清算金を支払わない旨の確認書が取り交わされている。

　本件蛸のXにおける帳簿価格は，6,688万2,470円である。

　第1審は，Yの即時取得の主張を認めて，Xの請求を棄却。Y控訴。原判決一部変更・一部控訴棄却。

　[判旨]　「一般に，集合物譲渡担保は，在庫商品，原材料，生産用の機械器具，什器備品類等を担保の目的とし，その営業による収益を期待して設定される担保権であり，また前記認定のとおり，a_1はYから多額の借入れを受けながらこれを支払わず，度々その弁済期が延期され，長期にわたりこれを延納していたものであるので，決してその経済状況は好ましくなく，逼迫していたことが窺われるものであるから，このような場合，Yが極めて大量で高価格の本件蛸を担保として取得するに当たっては，その担保の実効を期するために，債権者のYにおいて，目的物の所有権等につき，債務者の帳簿（在庫台帳等）を参照すること等により，相応の調査をすべき注意義務があるものというべきである。ところが，前記認定事実によれば，

　(1)　a_1は，たこ焼用とから揚げ用の蛸の加工を主たる業とする小規模な加工業者であって，

その1か月当たりの取引高も，数百万円ないし1千数百万円程度であったこと

(2) 本件蛸は，蛸の取引業者として大手に列せられるXとしても，それだけの量が一度に取引されることはまれな程の量であり，右のようなa_1の通常の蛸の取扱量からすれば，不自然に大量であると考えられること

(3) 本件蛸には，a_1がA_2水産の得意先に販売するたこ焼用の蛸の原料となる小さいサイズの蛸だけでなく，すしねた等に加工され，A_2水産としてはXに買い戻される取引の対象であった比較的大きなサイズの蛸が大量に含まれており，蛸の流通経路がサイズによって限定されていることからすれば，右のような大きなサイズの蛸がA_2水産またはA_1水産の在庫として大量にあることは，その業務内容に照らして不自然であって，当然その所有につき疑問を抱かせる事情であること

(4) Yとa_1が，本件蛸に譲渡担保権を設定した際には，a_1においては，事前に本件蛸の種別，数量，単価等及び保管料に未納分がある事実を把握しておらず，Yも，本件蛸の数量等を事前にA_2水産又はA_1水産の帳簿等によって確認しないまま，B冷凍長崎工場に行き，その場で初めて，本件蛸の数量等をB冷凍側の資料によって確認しているものであって，両者とも，極めて大量かつ高価格な物品につき，担保権を設定する際の債権者及び債務者の行動としては，極めて慎重さを欠いているというべきであること

(5) その上，Xがa_1名義［注・原文のまま。A_1名義か］でB冷凍長崎工場に寄託していた蛸につき，右同日，Xの指示で別途出庫がなされたが，右出庫にはYもa_1と共に立会っているものであるから，Yとしては，本件蛸はa_1の采配で処分できないのではなかろうかとの疑いを抱くべきであったこと

の各事実ないし事情が認められるところ，Yは，本件蛸をa_1からの在庫商品であるとして集合物譲渡担保の設定を受けるに当たって，その目的物たる本件蛸が，a_1の事業の規模に比して非常に大量であることや，債務者たるa_1が，本件蛸の種別，数量等を認識しておらず，その上，当時a_1の処分権原に疑問を抱かせる別途の出庫もなされていることなど，a_1が真実本件蛸の所有者であることを疑わせしめる事情があるにもかかわらず，a_1の事業内容やA_2水産又はA_1水産の帳簿類等について何らの調査もせず，B冷凍長崎工場の資料によって，ようやく，本件蛸の在庫の種別と数量を確認し得たのみで，当時経済状態が逼迫していると窺われるa_1の説明をたやすく信用し（なお，Yは原審における本人尋問において，B冷凍長崎工場長は，当時，a_1は大金持ちで，同人が本件蛸をこれだけ持っていると説明した旨供述するが，右供述部分は，《証拠略》に照らし信用できない。)，直ちにこれに譲渡担保を設定したのであるから，Yには，a_1が本件蛸の所有者であると信じるについて，少なくとも過失があったといわなければならない。

(四) そうすると，Yが，本件蛸の所有権を即時取得したことを認めることはできない。

4 以上によれば，Xは，Yに対して，本件蛸の所有権に基づき，その引渡しを求めることができるというべきところ，前記認定事実のとおり，本件蛸の価額は，6,688万2,470円と認められるから，本件蛸の引渡しの強制執行が効を奏しないときは，Yは，Xに対し，本件蛸の代償として右同額を支払うべきであるということになる。なお，右代償請求権は，本件蛸に対する強制執行が効を奏しなかった場合に初めて認められるものであるから，これに遅延損害金を付すことはできない。」

第1節 要　件

(e) 転売授権の存在が認定された事例

建設機械等高価な動産の所有権留保付き割賦販売契約において，売主が買主に対して買主の名でその動産を転売することにつき授権をしていることも多く，かかる場合には，売主が一方で転売授権をしておきながら，他方で売主・買主間の内部的な所有権留保特約を理由に転売授権に基づき当該動産を買い受け代金を完済したユーザーの所有権取得を否定することは，商取引における信義則に照らして許されないとするとする裁判例が見られる（【72】）。そして，流通過程にある商品につき買主が当該商品の転売を目的とする商人である場合には，売主・買主間の商品売買契約に所有権留保の特約が付されていても，特段の事情のない限り，売主は，買主がその通常の営業の枠内でその商品を自己の名において転売することを承諾しているものと解すべきであるとする（【72】）。このような見解は，ディーラーに所有権が留保された既登録自動車のサブディーラーからユーザーへの販売についての学説の考え方に合致するものである。

もっとも，中古印刷機械を売主会社から所有権留保特約付で割賦購入した印刷機械販売会社が，割賦金を全く支払わないまま，リース会社に転売し，リース会社がこれを印刷所にリースしていたところ，売主会社が所有権に基づき印刷所から引き揚げたため，リース会社が，リース会社の所有権を否定することは商取引における信義則に反して許されないし，即時取得も成立すると主張した事案につき，前掲【61】は，売主会社が印刷機械販売会社に与えた転売授権は，転買人を右印刷所に限定したものであるから，リース会社の信義則違反の主張は認められないし，大型印刷機械を取得した転買人がリース業を営む業者であるにもかかわらず，右機械を取得するに際して，その入手先も聞かず，また売買契約書や代金領収書の提出を求めてその所有権の帰属について調査することを全くしなかったことには過失があるとしている。転買人が一般のユーザーではなく，リース会社のような場合には，所有権の帰属について一層の調査義務が要求されるといえる。

また，前掲【62】は，「Yは，Xは本件機械が転売されることを前提として，これをA機械に売却したものであるから，X（原告）はAに対し，本件機械をその名で他に転売する権限を授与したことになり，売主，買主の内部的な所有権留保を理由に，当該商品を買受けた転買人の所有権取得を否定することは許されないと主張する。右主張は，転売を容認した以上，X（売主）は，買主に対して，転買人に無条件の所有権を移転し得る権限を授与したとの主張と解されるが，通常，売主は自己の債権回収を図るため，所有権留保付での転売を容認しているに過ぎないものと解され，本件においても，Xにおいて，Xに留保された所有権が転売によって消滅することを承認する意思を表示したことを認めるに足りる証拠は存在しない。」としている。

〔転売授権認定事例〕

【72】　大阪高判昭和 54・8・16 判時 959・83

［事実］　昭和 53 年 3 月ころ，建設機械メー

カーA社に対して，土木建設機械等の販売業をしていたBが，A社製本件機械（建設機械であるミニバックホー1台）を代金分割払いで購入したい旨申し入れた。A社大阪支店長aは，本件取引はX（原告・被控訴人）経由で進めようと考え，Xもこれを了承し，同月中旬ころ，XがAから買い入れた本件機械につき，XB間で，代金310万円，11回の月賦払い，代金完済まで所有権をXに留保するという約定で，売買契約が締結され，本件機械はBに引き渡された。しかし，BはXに割賦代金を支払わなかった。XB間の売買契約締結に先立って，本件機械購入前にもBから数回事業用機械類を買い入れたことのある水道配管等の土木工事を営んでいるY（被告・控訴人）は，Bの店に備え付けてあったカタログによって，A社製本件機械を購入することにし，BY間で本件機械を代金400万円，納期3月14日とする売買契約を締結していた。XB間の売買契約の履行により本件機械は，B方に搬入され，Bの指示によりY方に搬入されて，Yは本件機械の引渡しを受けた。Yは，本件機械を事業のために使用し，その後YはBに対して本件機械の代金を完済した。XはYに対して本件機械の引渡しを求めて本訴を提起した。第1審はXの請求認容。Y控訴。控訴審は，原判決を取り消してXの請求を棄却。

［判旨］「およそ流通過程にある商品につき買主が当該商品の転売を目的とする商人である場合には，その買主と売主との間の商品売買契約にいわゆる所有権留保の特約が付されたとしても，特段の事情がない限り，売主は，買主がその通常の営業の枠内でその商品を自己の名において転売することを承諾しているものと解するのが相当である。しかも，このような場合，売主としては，右のようにして買主に転売授権を認めた以上，一方で買主に転売授権をしておきながら，他方では売主・買主間の内部的な所有権留保特約を理由に，その転売授権に基づいて当該商品を買い受け，代金を完済した転買人の所有権取得を否定するということは，商取引における信義則に照らして許されないものというべきであるから，当該商品が右の転売授権に基づいて買主である商人の通常の営業の範囲内で転売された場合において，転買人が代金を完済しもはや買主が転買人に対して転買人の当該商品の所有権取得を争えなくなったときは，売主に留保された所有権は失われることを当然に承認しているものと解するのが相当である。したがって，買主から転売授権に基づいて商品を買い受け，代金を完済した転買人は，売主・買主間の所有権留保特約にもかかわらず，その商品の所有権を有効に取得するに至るものというべきである。

これを本件についてみると，前記一に認定の事実によれば，Xは，土木建設機械等の販売業を営む商人であるBに本件機械を売り渡したものであるから，特段の事情がない限り，Bに対し本件機械を他に転売することをも授権したものというべきである。……そして，YがBから本件機械を買い受け，その代金をBに完済したことは前記認定のとおりであるから，これによって，Xは留保していた本件機械の所有権を失い，Yはその所有権を有効に取得したものといわなければならない。

3 そればかりでなく，仮にBに対し右趣旨の転売授権がなく，したがって同人としては本件機械につき無権利者であったとしても，《証拠略》によると，本件機械は，自動車のような登録等を公示方法とするものではないことが認められるから，民法192条の適用を妨げない動産であるというべきところ，前記三1に認定の事実によれば，Bは，前認定のとおり，Yとの間の売買契約の履行として，BがXから引渡を受け占有した本件機械をY方倉庫に納入したとこ

ろ，即日Yは，右納入された本件機械がBにおいて約旨どおり仕入先から仕入れて占有した機械で，同人によって右倉庫に運び込まれたものであることを知ってその引渡を受けたものであるから，Yとしては，BがYとの間の売買契約の履行のために本件機械を仕入先より仕入れてその所有権を取得し，これをYに引き渡すものと信じて，Bから平穏・公然に本件機械の占有を承継したものと認めるのが相当であり，しかも，右によれば，Yは，本件機械がBの所有であると信じたことにつき過失がないものと推定すべきである（最高裁判所昭和41年6月9日第1小法廷判決・民集20巻5号1011頁〔【36】〕参照）。……

Yが水道配管等の土木事業を営む者であり，本件取引以前にも同事業に使用する機械類をBから数回購入していることは前記認定のとおりであり，また，Bが土木建設機械類の販売を業とする者であることも前記認定のとおりであるところ，この種建設機械類を販売する販売店とこれを購入するいわゆるユーザーとの間の売買契約は，通常割賦販売の方法により，代金が完済されるまでは販売店においてその機械類の所有権を留保する旨の特約付でなされる場合の多いことは《証拠略》によりこれを認めることができるから，このようなユーザーからさらにその機械類の転売を受けようとする者は，販売店に当該目的物の所有権が留保されていないかどうかを確かめるべきであるとするのは格別，ユーザーが販売店からこの種機械類を購入する場合においてまで（たとえ過去に当該販売店から同種機械類を購入したことがあったとしても），当該販売店がその機械類を仕入先から仕入れるに際しても，その契約上右の同旨の所有権留保特約が付されていないかどうかまでを当然に疑い，Xが主張するようにその仕入先の氏名を問い合わせたり，契約書の閲覧を求めたりするべ

きであるとするのは，この種業者による機械販売の実情にそわないものであって，いささか酷に過ぎるものといわなければならない。したがって，YがBに対し右のような問合わせ等をしなかったからといって，この点Yに過失があるということはできない。

また，《証拠略》によると，Yは，Bとの間の本件機械売買契約締結当時Bが代表取締役であるbの株主であったこと，右会社はその後間もなくして事実上倒産したこと，YとBの両名はかねてより同じ頼母子講に加入したりしていたことがあったこと，以上の事実が認められ，Yがその保有するbの株式を本件機械購入代金の一部の代物弁済としてBに譲渡していることは，前記認定のとおりであるが，右認定の事実関係から直ちにYがBに資力も信用もないことを十分に知っていたものと速断することもできず，また，YにおいてBが本件機械を所有権留保特約付で仕入れていることを当然に気付くべきであったということもできない。そのほか，前記の推定を覆して，Yが本件機械の占有を取得した当時Bを本件機械の所有者であると信じたことにつき過失があることを認めるべき証拠はない。

そうすると，Yは，たとえBが本件機械につき無権利者であったとしても，民法192条により，本件機械の所有権を善意取得したものといわざるをえない。」

5 取引の客体の占有を取得すること

民法192条は，即時取得の要件として，「動産ノ占有ヲ始メタル」ことを要求しているが，その占有の形態については特に言及していない。動産所有権の対抗要件としては，

第2章　民法192条の即時取得

民法178条により「動産ノ引渡」が要求されており，この178条の「動産ノ引渡」に，占有移転の四つの態様，すなわち，現実の引渡し（民法182条1項），簡易の引渡し（民法182条2項），占有改定による引渡し（民法183条）および指図による占有移転（民法184条）が含まれることについては異論がない。それに対して，即時取得の要件としての「動産ノ占有ヲ始メタル」ことの「占有」に，現実の引渡しおよび簡易の引渡しを含まれることには異論がないが，占有改定および指図による占有移転が含まれるかについては，議論のあるところである。以下，占有改定および指図による占有移転が，即時取得の要件としての「動産ノ占有ヲ始メタル」ことの「占有」にあたるかどうかについて，判例および学説を見ていく。

(1) 占有改定による引渡し

占有改定と即時取得が問題となる類型としては，次のものを考えることができる[66]。Aを無権限占有者，Xを対抗要件を備えた所有者，YおよびZを無権限占有者Aからの動産譲受人あるいは動産譲渡担保権者とする。

〔類型1〕（無権限処分型）は，所有者Xが動産を寄託あるいは賃貸借等によりAに預けていたところ，Aが無権限で善意無過失のYにこの動産を譲渡しあるいはこの動産に譲渡担保権を設定し，Yに占有改定による引渡しをしたという類型である。

〔類型2〕（二重譲渡型）は，所有者Aが動産をまずXに譲渡しあるいはXのために譲渡担保権を設定して，Xに占有改定による引渡しをし（Xは，所有権あるいは譲渡担保権につき対抗要件を具備），次いで無権限者となったAが，善意無過失のYにこの動産を譲渡しあるいはこの動産に譲渡担保権を設定して，Yにも占有改定による引渡しをしたという類型である。

〔類型3〕（無権限二重譲渡型＝複合型）は，所有者Xが動産を寄託あるいは賃貸借等によりAに預けていたところ，Aが無権限でこの動産を善意無過失のYに譲渡しあるいはYのために譲渡担保権を設定し，Yに占有改定による引渡しをし，次いでAが再び無権限で善意無過失のZにこの動産を譲渡しあるいはZのために譲渡担保権を設定し，Zに占有改定による引渡しをしたという類型である。

対抗要件を備えている所有者Xに対して，無権限占有者Aからの善意無過失の動産譲受人あるいは動産譲渡担保権者YあるいはZが占有改定による引渡しをもって所有権あるいは譲渡担保権の即時取得を主張しうるか，またYとZとの関係はどうなるかが問題となる。

学説は，肯定説，否定説，折衷説などに大きく分かれているが，否定説が通説である。

まず，肯定説は，占有改定による引渡しでもって即時取得は成立するとする。この説は，即時取得の制度をゲルマン法のHand wahre Handの制度から脱却した近代的な制度として把握する。すなわち，この説は，本権と占有の分化を前提とする近代法にあっては，即時取得の制度は，前主のもとに存在した物権

---

66) 注釈民法(7) 118頁以下〔好美〕。

第1節 要　件

変動の表象である占有に基づき，無権利者である前主を真の権利者と信じて取引をした第三者を保護しようとする取引安全の保護の制度であって，第三者の占有の効力として権利取得を認めるものではないから，第三者の占有の形態によって即時取得の成否につき差異が生ずるべきではなく，占有改定によっても即時取得は認められるべきだとするのである[67]。もっとも，この考えを徹底すると，わが民法の意思主義のもとでは，即時取得のためには，民法192条の文言に反して，「占有」の承継取得も不要であるということになるが，この説は，民法192条が「占有」の承継取得を要求するのは，第三者が対抗要件を備えた場合にのみ即時取得を認めることにより，公信の原則の適用を一定限度にとどめようとするものであるから，占有改定は必要であるとする。

否定説は，占有改定による引渡しによっては即時取得は認められないとする[68]。もっとも，この説によっても，占有改定により引渡しを受けた者が，その後現実の引渡しを受けた時点で善意無過失であれば即時取得が認められるのは当然である。否定説は，肯定説を批判して次のように述べる。すなわち，①即時取得の制度は，肯定説の述べるように，ゲルマン法の沿革から脱却した近代的なものであるが，対抗要件としての「引渡し」（民法178条）が占有改定で足りるからといって，即時取得における「占有」も占有改定でよいとすることは，対抗要件制度と即時取得制度の質的差異，および前者が不完全であればこそ後者が必要とされるという両制度の機能的差異，補充関係を看過ないし無視するものである。それ故にこそドイツ民法およびフランス民法では，占有改定では足りないとされているのであり，肯定説は，沿革的にも理論的にも根拠がない[69]。②肯定説によると，〔類型１〕において，原所有者Xが現に目的物を所持する前主Aにその返還を請求したとき，Aが譲受人Yの即時取得を理由にこれを拒否できることになるし，また，原所有者Aが返還を受けて現実の占有を取得した後でも，Yの即時取得を理由とする引渡請求に応じなければならないことになるのは，不当である[70]。同様に，〔類型３〕において，第１の即時取得者Yがその占有代理人であるAに動産の引渡しを求めたとき，Aが第２の即時取得者Zの即時取得を理由にこれを拒否できることになり，また，第１の即時取得者Yが現実の占有を取得したのちでも，第２の即時取得者Zの引渡しに応じなければならないことになるのは妥当ではない[71]。そして，否定説は，その論拠を次のように述べる。第１の見解は，占有改定がなされただけでは，占有を預けたものの信頼はまだ裏切られてい

---

67) 末弘（上）267頁以下，我妻栄・民法研究Ⅲ〔1966年・初出1930年〕147頁〔旧説〕等。
68) 舟橋246頁以下，広中191頁以下，好美清光「判例批評」一橋論叢41巻2号88頁以下〔1959年〕，近江148頁，安永500頁など。
69) 好美・注68掲記「判例批評」91頁以下，林103頁。
70) 末川235頁，好美・注68掲記「判例批評」93頁。
71) 好美・注68掲記「判例批評」93頁。

るとはいえないから、即時取得の成立は認められないとするものである[72]。第2の見解は、第1の見解がその理論的根拠として原権利者の信頼を挙げていることは、近代法的な即時取得制度についての理解に欠けるものであるとし、次のように考えるべきであるとする。すなわち、即時取得制度は、その反面において必ず原権利者の権利の剥奪を伴うものであるから、できるだけ原権利者の保護をはかるのが当然であって、結局、取引安全の保護の必要と原権利者の既得権保護の必要とを相関的に衡量して決定されるべきであり、占有改定は、観念的占有移転のうちで最も不明確なもので、このような不確かな行為によって原権利者の権利を剥奪するのは、妥当性を欠くというべきである、とする[73]。

折衷説は、占有改定による引渡しによっても一応即時取得は成立するがそれは確定的ではなく、その後に現実の引渡しを受けることによって（その時点では無権限占有者Aからの譲受人Yは悪意になっていてもよい）確定的になり、逆に原権利者Xも無権限占有者Aが現実の占有をする間は所有権を確定的には喪失せず、YよりXの方が先に現実の引渡しを受ければ、一応即時取得したYの所有権は確定的に消滅するとするものであるが、この説もなお有力である[74]。折衷説は、その理由として、占有改定のような排他性のない公示方法が重複してなされたときは、これらの者の間では相対的な効力を生じ、現実の引渡しと結合することにより確定的なものとなると解することも可能だということを挙げている。

判例は、否定説に立つ。判例の理由とするところは、民法192条の立法趣旨は、動産取引の安全を維持するため他人より正当に占有をえて権利を取得したと信ずるものを保護しようとするものであるから、外観上従来の占有事実の状態に変更を生じ、従前の権利者の追及権を顧慮する必要がなくなったときには、即時取得を認めてよいが、占有改定のように外観上従来の占有事実の状態に変更を生じていないときは、従前占有を他人に委ねた権利者等の利害を顧慮する必要があるとして、占有改定による引渡しによっては即時取得は認められないというものである（【73】、【74】）。判例のこの論拠は、学説における否定説の論拠と基本的に共通するものであるが、追及権という表現には、なおゲルマン法のHand wahre Handの制度における考え方から脱却していないところが見られる。最高裁判所の二つの判例は、否定説をとることを述べるのみで、その根拠を示しているわけではない（【75】、【76】）。その他の裁判例も否定説に立つことを述べるのみで、それ以上の論拠を示してはいない。

事案を類型別に整理してみると、〔類型1〕（無権限処分型）においては、次のようなケースがみられる。第1に、無権限者による譲渡がなされ、買主が占有改定による引渡しを受けた事例である（【73】〔所有者より使用

---

72) 末川234頁以下、林103頁、好美・注68掲記「判例批評」93頁。
73) 舟橋246頁、川島181頁以下、好美・注68掲記「判例批評」91頁、林99頁。
74) 我妻＝有泉223頁、鈴木174頁、内田461頁以下、川井112頁など。

第1節　要　件

を認められていた者が処分〕，【78】，大判昭和7・12・22新聞3517・13〔動産保管人による処分〕，【76】〔共有物管理者の1人が処分〕）。第2に，無権限者により譲渡担保権が設定され，占有改定による引渡しがなされた事例が多くみられる（大判昭和10・5・31大審院裁判例9民156，大判昭和13・4・19大審院判決全集5・9・4〔占有改定による引渡しがなされたか，現実の引渡しがなされたかにつき審理するよう破棄差戻しとしたもの〕，福岡地判昭和14・8・31法学9・89，大判昭和16・6・27新聞4714・16，福井地判昭和36・4・10下民12・4・748）。譲渡担保権の設定の場合は，譲渡担保権者は占有改定による引渡しを受けるのが一般的であるから，かかるケースが多く見られるのも当然である。第3に，動産の強制競売に関係する例も多い。第三者の所有に属する動産を債務者に属するものとして執行官が強制競売にかけ競落人が占有改定による引渡しを受けた事例（高松高判昭和33・8・29高刑11・5・294，東京高判昭和46・8・24判タ270・326）や，工場抵当権の効力の及ぶ抵当不動産備え付けの動産について，強制競売により買い受け，また競落人から譲渡を受けて，占有改定による引渡しを受けた事例（函館地判昭和31・6・20下民7・6・1593，大阪高判昭和38・7・16高民16・6・447）が見られる。

〔類型2〕（二重譲渡型）においては，次のようなケースがみられる。第1に，すでに第三者に譲渡され占有改定により対抗要件が備えられていた動産につき，譲渡担保権の設定を受け占有改定による引渡しを受けた事例が見られる（大判昭和12・1・26新聞4109・6）。第2に，すでに第三者のために譲渡担保権が設定され占有改定により対抗要件が備えられていた動産につき，譲渡を受け占有改定による引渡しを受けた事例が見られる（大判昭和10・5・20大審院裁判例9民145）。第3に，すでに第三者に譲渡され占有改定により対抗要件が備えられていた動産につき，二重に動産が譲渡され譲受人が占有改定による引渡しを受けた事例が見られる（大判昭和7・2・17法学1・下208）。第4に，債務者に属さない動産あるいは担保権の設定されていた動産を強制競売により買い受け，占有改定により引渡しを受けたケースも多く，すでに抵当権の実行により第三者が抵当不動産を買い受け，所有権移転登記をした後に，抵当権設定者の債権者がその不動産の従物につき強制競売の申立てをし，従物の競落人が占有改定による引渡しを受けた事例（【75】）や，すでに譲渡担保権の設定されていた動産を強制競売により買い受けて，占有改定による引渡しを受けた事例（【74】）などが見られる。

なお，否定説によっても，占有改定により引渡しを受けた者が，その後現実の引渡しを受けた時点で善意無過失であれば即時取得が認められるのは当然である（【77】）。

古くは，肯定説に立つ判例も，わずかながら見られたが（【78】，仙台地判昭和25・8・18下民1・8・1318〔事実関係は不明〕，【79】〔事案は，会社の事業にあてる資金を会社の設立者が借り受け，他の設立者がその連帯保証人となり，会社の正式な手続を経ないまま会社所有の本件機械に譲渡担保権を設定し，債権者は占有改定による引渡しを受けたというものである。本判決は，かかるケースにおいては例外的に占有改定による譲渡担保権の即時取得を認めてよいとしたものであるが，会社が譲渡担保権設定無効を

第2章　民法192条の即時取得

主張することは信義則違反あるいは権利濫用にあたるとして，有効な譲渡担保権の設定を認めるべきであったと考えられる〕），現在では判例は否定説で確立している。

　即時取得の問題は，動産所有権（動産譲渡担保権も含まれる）を有し対抗要件を備えた者（原所有者）〔X〕が，賃貸借，使用貸借，寄託，あるいは譲渡担保等に基づいてその動産の占有を他人〔A〕にまかせているときなどに，占有者〔A〕が所有者〔X〕の信頼を裏切ってこれを善意無過失の第三者〔Y・Z〕に処分したときに，原所有者〔X〕を保護すべきかそれとも善意無過失の第三者〔Y・Z〕を保護すべきかというものであるが，多くは占有者〔A〕に資力がなく（無権限占有者が資金に困って動産を処分し，その後倒産しているケースが多い），占有者〔A〕に原所有者〔X〕あるいは第三者〔Y・Z〕が損害賠償を請求しても実現性がないため，目的動産の所有権が誰に帰属するかが重大な問題となるのである。原所有者〔X〕の方は，一般的には動産の占有を他人〔A〕に預ける場合，相手方〔A〕の信用状態に十分注意して，相手方の信用状態が思わしくなければ処分の可能性を考慮して動産の占有を預けないという選択もできるのに対して，動産占有者と取引をする者〔Y・Z〕は，占有者〔A〕の信用状態を調査することは通常は容易ではないし，迅速な動産取引という観点からしても，それはあまり期待できないといえる。したがって，動産占有者〔A〕と善意無過失で取引をした第三者〔Y・Z〕は，通常は即時取得によって保護されるべきであるといってよいのであるが，この第三者〔Y・Z〕も現実の引渡しを受けずに占有改定による引渡しという方法で取引の相手方に目的動産の占有を預けているときには，この第三者〔Y・Z〕も取引の相手方〔A〕の信用状態に無頓着であるといえる。そうとすると，このように取引の相手方〔A〕を信用しきっている第三者には気の毒であるという側面もあるのではあるが，原所有者〔X〕は動産所有権（動産譲渡担保権も含まれる）を有し対抗要件を備えた者なのであるから，無権利者である占有者〔A〕から動産を譲り受けあるいは動産譲渡担保の設定を受けた者〔Y・Z〕は，占有改定による引渡しによってはまだ即時取得しえないとする否定説の考えの方がより適切なのではなかろうか。折衷説は，占有改定による引渡しによっても一応即時取得は成立し，その後この第三者〔YまたはZ〕が悪意になっても先に現実の引渡しを受ければ，原所有者〔X〕に所有権を主張しうるとするのであるが，無権限占有者〔A〕が直接占有をしている場合に，原所有者〔X〕と第三者〔YまたはZ〕との間で目的動産の引渡しの訴訟が提起されたときは，訴えを提起した方が敗訴するというのは現実的ではなく，この時点では即時取得の成立は認められず，原所有者〔X〕が勝訴すると解すべきではなかろうか。

〔否定説に立つ裁判例〕

【73】　大判大正5・5・16民録22・961

　〔事実〕〔事実関係の詳細は不明〕X（被上告人）は，自己所有の本件動産をAに保管させた

第1節 要件

が，AはXの承諾を得てこれをBに使用させていた。ところがBは，本件動産を自己の所有物としてY（上告人）に売り渡すと同時に，これをYより賃借し，その後に至り，BはさらにXより賃借した。Xは，Yに対して所有権に基づき本件動産の引渡しを求めて本訴を提起した。Yは，本件動産の即時取得を主張。そこで占有改定による引渡しにより即時取得の成立が認められるかが問題となった。原審はこれを否定。そこでYが上告。上告棄却。〔類型1（無権限処分型）〕

[判旨]「Bハ本件動産ヲ自己ノ所有物トシテYニ売渡シ現実ノ引渡ヲ為サスシテ直ニ借受ケタルモノナレハBトYトノ間ニ於テハ恰モ其所有ノ為メニスル占有ノ改定アリタルカ如シト雖モ其当時Xハ尚ホ依然トシテ本件動産ヲAニ保管セシメ且Bニ使用セシメ居リタルカ為メニ其関係ニ於テモ亦Bハ依然トシテ之ヲ所持シ居リタルモノニシテBトY間ニ如上ノ意思表示アリタル外ニハ一般ノ外観上従来ノ占有事実ノ状態ニ何等変更アリタルコトナケレハYハ民法第192条ニ所謂占有ヲ始メタルモノト謂フコトヲ得ス従テ同条ニ依リ本件動産ニ付キ所有権ヲ取得シタリトスルYノ主張ハ到底失当タルヲ免レス蓋シ同条立法ノ趣旨ハ畢竟一般動産取引ノ安全ヲ維持センカ為メニ従前占有ヲ他人ニ一任シ置キタル権利者ヨリモ寧ロ其他人ヨリ正当ニ占有ヲ得テ権利ヲ取得シタリト信スルモノヲ保護セント欲シタルモノニ外ナラサレハ其主旨ヲ貫徹センカ為メニ一般外観上従来ノ占有事実ノ状態ニ変更ヲ生シ一般取引ヲ害スルノ虞ナクシテ従前ノ権利者ノ追及権ヲ顧ミサルヲ相当トスル場合ニ於テハ固ヨリ現在占有ヲ始メタル者ヲ保護スルノ必要アリ然レトモ斯ル状況存セサル場合ニ於テモ尚ホ他ノ利害関係人殊ニ従前占有ヲ他人ニ委ネタル権利者等ノ利害ヲ全然顧慮セサルカ如キ法意ニ非サルコトハ同条規定ノ因テ生シタル法制ノ沿革ニ徴シテ疑ヲ容レス従テ本件事実ノ如キ場合ハ若シ之ヲ同条適用ノ範囲ニ属スルモノトセンカ却テ一般取引ノ安全ヲ害スルノ虞アリテ其安全保持ノ為メニ設ケタル同条立法ノ趣旨ニ適セサルヲ以テ同条適用ノ限ニ在ラスト解スルヲ当然トスレハナリ故ニ原判決ハ結局正当ナレハ本論旨ハ採用スルコトヲ得ス」

【74】 松山地西条支判昭和50・7・17判時803・110

[事実] A所有の動産がXのために譲渡担保に供され，Aが引き続きこれを賃借して占有していた。この動産がAの債権者により強制競売にかけられ，Yがこれを競落したが，Aの引渡猶予の言をいれ，YはAにこれを預けていた（占有改定による引渡し）。譲渡担保権者XがYに対し，この動産に対する所有権の確認，予備的に譲渡担保権の確認を求めて本訴を提起した。Yは，この動産の即時取得を主張。裁判所は，占有改定による即時取得を否定し，Xの請求認容。〔類型2（二重譲渡型）〕

[判旨]「民法第192条は畢竟一般動産取引の安全を維持する為，従前占有を他人に一任して置いた権利者よりもむしろ他人より占有を得て正当に権利を取得したと信ずる者を保護しようとするものであるから，一般外観上従来の占有事実の状態に変更を生じて，従前占有を他人に一任して置いた権利者のその他人に対する追及権を顧慮しないでも一般の取引を害する虞れのないような場合にこれを保護するものであって，単に従前の占有者と新たに占有を取得しようとする者との間にその旨の意思表示があったのみで一般外観上従来の占有事実の状態に何らの変更を来たさない所謂占有の改定による占有の取得はこれに該当しないものと解すべきである。

第2章 民法192条の即時取得

後記の物権変動についての対抗力の問題は所謂公示の原則であって，いわば公示内容たる物権の現状に変動のないかぎり物権変動は存在しないものとして取り扱われる消極的な信頼であるに反し，即時取得の問題はいわば公示内容たる物権の現状に対応する権利状態がたとい真実には存在しなくても存在するものとして取り扱われる公示についての積極的な信頼であり，従って又その効果は権利の原始取得，即ち前主の権利の有無を問わずに特に後主の権利取得が認められるというのであるから，何ら外観上取引行為の存在を表示しない占有改定はこれを保護する要はないのである」。

【75】 最判昭和32・12・27民集11・14・2485

［事実］ X（原告・被控訴人・上告人）は，昭和25年12月Y₁（被告・控訴人・被上告人）からY₁所有の本件宅地建物を庭園設備付きのまま買い受け，昭和26年8月6日所有権移転登記を経由し同月25日この建物の明渡しを受けた。この建物明渡以前である同月13日，Y₂（被告・控訴人・被上告人）は，Y₁に対する債務名義に基づき，上記庭園設備として備え付けられた原判決添付第2目録記載の物件につき強制執行をし，執行吏はこれを差し押さえて競売に付した結果，同月22日Y₂において自らこれを競落してその引渡しを受けたが，これらの物件はなおその敷地に置かれている。Xは，これらの物件がXの所有であることの確認を求め，本訴を提起した。Y₂は，これらの物件のうち庭踏石，庭石，燈篭，手洗鉢，五重塔は動産であり，平穏公然善意無過失にその競落により引渡しを受けたものであるから，192条によりその所有権を取得したと主張した。第1審は，Xの請求を認めたが，原審は，これらの物件のうち動産にあたるものについてはY₂の即時取得を認め，第1審判決を取り消した。X上告。〔類型2（二重譲渡型）〕

［判旨］ 「しかし，無権利者から動産の譲渡を受けた場合において，譲受人が民法192条によりその所有権を取得しうるためには，譲受人はその占有を取得することを要ししかもその占有の取得は占有改定の方法による取得をもつては足らないものといわなければならない（大正5年5月16日大審院判決，民録22輯961頁（【73】）参照）。ところで，本件についてこれをみるに，原判決は，Y₂は競落により前記物件の引渡を受けたと認定しているけれども，右物件は本件宅地に設営された庭園設備の一部であつて，執行吏はこれを現状のまま差し押えて競売に付し，競落人たるY₂に対してもこれを現状のまま引き渡したものであることは，原判決の判示自体からも明らかであるから，その引渡は特段の事情のないかぎりいわゆる占有改定による引渡と認むべきであり，したがつて，仮に右物件が動産でありかつY₂が平穏公然善意無過失にその占有を始めたとしてもY₂はこれによりその所有権を取得するに由ないものといわなければならない。」

【76】 最判昭和35・2・11民集14・2・168

［事実］ 本件物件は，Y₁（被告・被控訴人・被上告人）・Aほか2名を代表者とする部落民有志（以下「受益者」という）の共有であり，昭和24年1月，Aに本件物件を他の物件とともに売り渡したが，代金の一部しか支払われなかったので，約定により売買契約は失効した。昭和25年10月，AとX（原告・控訴人・上告人）との間で，本件物件をAのものとして代金27万円でXが買い受ける旨の売買契約が締結され，

Xは本件物件をAから占有改定により引渡しを受けた。AとX間の売買契約締結当時，Aは受益者から選ばれた代表管理委員会の委員長として，本件物件等を収納してある倉庫の鍵を所持し，本件物件を直接占有していたので，Xは本件物件がAの所有に属するものと信じていた。昭和26年2月ころ，受益者の代表委員は本件物件を30万円以上であれば誰に売ってもよいこととし，本件物件を収納してある倉庫の鍵がAからY_1に引き渡された。翌3月，本件物件その他を31万円でY_2（被告・被控訴人・被上告人）に売却し，本件物件はY_2に引き渡された。Xは，本件物件の即時取得等を理由に，$Y_1$$Y_2$等に対して本件動産の所有権確認および引渡しを求めて本訴を提起した。第1審・原審ともXの即時取得の主張を認めず，Xの請求を棄却した。X上告。上告棄却。〔類型1（無権限処分型）〕

［判旨］「無権利者から動産の譲渡を受けた場合において，譲受人が民法192条によりその所有権を取得しうるためには，一般外観上従来の占有状態に変更を生ずるがごとき占有を取得することを要し，かかる状態に一般外観上変更を来たさないいわゆる占有改定の方法による取得をもっては足らないものといわなければならない（大正5年5月16日大審院判決，民録22輯961頁（【73】），昭和32年12月27日第2小法廷判決，集11巻14号2485頁（【75】）参照）。」

【77】名古屋高判昭和46・9・20下民22・9～10・947

［事実］Y（第1審被告兼参加被告・控訴人兼被控訴人）は，本件船舶の船長としてこれを運行するかたわら真珠のブローカーを始めたが，その資金を得るため，昭和41年2月ころX_2会社（第1審参加原告・控訴人）に120万円の借用を申し入れた。X_2会社の代表者xは各種の調査問い合わせをしたうえ，Yが本件船舶を所有するものであると信じ，120万円をYに弁済期日同年8月15日として貸し付け，本件船舶に譲渡担保権の設定をうけて，引き続きこれをYに無償で使用させ保管させた。X_2会社は，Yに度々支払の猶予をしたが，同年10月13日に至り，本件船舶をYから引き揚げ，他の場所に繋留し保管した。X_2会社は，同年11月末頃始めて本件船舶について YとX_1（第1審原告兼参加被告・被控訴人）との間に紛争があることを知った。X_1らは，本件船舶がYによってX_2会社に担保に供されていることを知り，本件船舶を取り戻そうとX_2会社の代表者xとも交渉したが，交渉はまとまらなかった。そこで，昭和42年5月に至り，X_1は本件船舶を無断で引航し，X_1らの占有に移した。X_2会社が本件船舶を即時取得したかどうかが争いとなった。〔類型1（無権限処分型）〕

［判旨］「右認定事実からみると，X_2会社は本件船舶のY所有持分をYから譲受け取得するに至つたものであるし，これを所有するものはYのみであると信じて疑わず，またそのように信ずるにつき別段過失がなかつたものと認められるのであるから，X_2会社は譲渡担保として本件船舶の譲渡をうけた際，即時取得によりX_1持分についても所有権を取得したものということができる。蓋し，即時取得は占有の有する公信力を保護せんとするものであるところ，X_2会社が本件船舶の占有を取得したのは当初占有改定によるものであつて，外観上占有状態には何ら変更がないけれども，その譲渡をうけたX_2会社が後日現実の占有を取得した場合には即時取得の成立を認めても別段取引の安全を害するものでなく，却つてこの場合に従前の権利者の追及権を顧みることは不相当であるというべきだからである。」

第2章 民法192条の即時取得

〔肯定説に立つ古い裁判例〕

【78】 大判昭和5・5・20 新聞3153・14

［事実］〔事実関係の詳細は不明〕 A所有の本件物件をAより販売を委託されたY（被告・控訴人・被上告人）が，Bに依頼して販売させていたところ，X（原告・被控訴人・上告人）は，Bが本件物件を所有し，あるいは少なくとも処分する権限があるものと信じてBからこれを買い受け，Bにこれを委託販売させるためそのままBに占有させていた。Xは，Yに対して本件物件の所有権確認および本件物件の返還を求めて本訴を提起した。原審は，占有改定による引渡しによっては本件物件を即時取得しえないとして，Xの請求を認めなかった。X上告。破棄差戻し。〔類型1（無権限処分型）〕

［判旨］「仍テ按スルニ占有ノ改定ニ因リ占有ヲ取得シタル者ト雖民法第192条所定ノ要件ノ具備スル限リ同条ノ適用ヲ受ケ得ヘキモノナルニ拘ラス原審ハ訴外Bカ上告人ニ対シ現実ノ引渡ヲ為シタルコトナク占有ノ改定ヲ為シタルニ止ルカ故ニ上告人ハ民法第192条ノ適用ヲ受クルコトヲ得スト為シ之ニ関スル上告人ノ主張ヲ排斥シタルコト原判文上明ニシテ此ノ如キハ占有改定ノ性質ヲ誤解シタルカ又ハ前記ノ法条ヲ適用セサル違法アルモノニシテ原判決ハ此ノ点ニ於テ全部破毀ヲ免レス論旨ハ理由アリ」

【79】 大阪高判昭和39・2・29 判時372・27

［事実］ X（控訴人）は，Aに対して50万円を，BとCを連帯保証人として貸し付け，Aより本件機械に譲渡担保権の設定を受け占有改定による引渡しを受けた。本件借入金はすべてE会社の事業のために使用された。本件借入れおよび担保差入れについては，Bももちろん了承していた。本件機械は，ABC 3人が先にDより贈与を受け，ABCがE会社を設立した後にE会社に譲渡していたものであった。その後，E会社は解散し，その2日後に設立されたY会社（被控訴人）がE会社から本件機械を譲り受け，現在占有使用中である。E会社の実権は解散の前月頃Bの手に移り，Y会社もBを代表取締役として設立されたけれども，E会社の営業上の債権債務は全部Y会社に引き継がれ，Y会社の実態は全くE会社の延長にすぎない。XのAに対する前記貸金はほとんど支払われていないので，Xは譲渡担保権の実行としてY会社に対して，本件機械の引渡しを求めて本訴を提起した。Yは，占有改定によっては本件機械に譲渡担保権を即時取得しえないことなどを主張。原審は，この主張を認めてXの請求を棄却。X控訴。控訴審は，原判決を取り消しXの請求を認容。〔類型1（無権限処分型）〕

［判旨］「Xは民法第192条により本件機械に対する担保権を得取したと主張し，原判決はこの点に付単に占有改定により占有を取得したに止まるときは，民法第192条の適用は無いとの最高裁判所判例（昭和32年12月27日附）を引用してXの請求を却けている。しかしながら当裁判所はこの判例の理論が取引の安全保護の目的に基くものであることから考えると，この理論は右の目的を達成するのに必要な限度においてのみ適用されるものであつて，このことを考慮する必要のないような例外的事由のある場合には別個に考察する余地があるものと解する。即ち恰も物権変動の対抗要件に付ての第三者の範囲を定める上において，当該物件に付有効な取引関係に立たない第三者は，登記の欠缺を主張する正当の利益が無いとして民法第177条第178条の第三者に包含されないと解されない（原文のまま）と軌を一にして，本問においても，

当該物件に付有効な取引関係に立たない第三者は取引の安全の見地からの保護に値しないし，一方占有改定は兎も角法律上占有権の移転の一つの方法として認められているには相違ないのであるから，かかる例外の場合には民法第192条の適用を受けてXは右権利を取得し，且之を以てYに対抗することを許すべきであると解するのである。」

(2) 指図による占有移転

指図による占有移転（民法184条）は，占有代理人が目的動産の直接の占有をしており，本人がその占有代理人に対してこれから先は第三者のためにその動産を占有すべき旨を命じ，第三者がこれを承諾することによりなされるもので，引き続きその動産を同一の者（占有代理人）が占有し続けるのであるから，占有改定と同様，外部からは占有の移転を認識できないのであり，観念的な占有移転であるといえる。したがって，無権利者から善意無過失で動産を譲り受け，指図による占有移転を受けた者が即時取得を主張しうるかが問題となる（ここでは，原所有者をX，無権利者から指図による占有移転を受け即時取得を主張する者をYとする）。

否定説に立つ裁判例が大審院判例以来多く見られるが（【80】，【81】，【82】，【83】，【16】），肯定説をとる裁判例も見られ（大阪地判昭和29・8・10下民5・8・1303〔もっとも，本件において指図による占有移転はなかったとされているので，傍論というべきである〕，東京高判昭和54・11・27判時948・104，判タ404・138〔後掲【85】の原審判決〕，【84】），肯定説に立つ最高裁判例も現れている（【85】）。

否定裁判例と肯定裁判例において，事案に差異が見られるか。否定裁判例（【80】，【81】，【83】）の事案においては，原所有者Xが動産を占有をさせたA（無権利者）が第三者Bに動産を譲渡して占有改定による引渡しをし，譲受人BがさらにYに譲渡して，Aにこれから先はYのために占有するように命じて指図による占有移転をしたというものであるから，原所有者Xが動産を占有をさせたAに目的動産の直接占有がなお存在する（後掲の好美教授の第1類型にあたる〔104頁〕。【82】の事案においては，原所有者Xが占有をさせたAが会社を解散して新たに設立されたA₂が同じ場所で目的動産の占有を続けているというものであって，外形的には占有移転がわかりにくいものである）。それに対して，最高裁判例（【85】）の事案においては，原所有者Xが占有をさせたA（無権利者）が第三者Bに寄託をし，Aが，間接占有者の状態でY₁に譲渡をし，AからY₁に指図による占有移転をし，さらにY₁からY₂に譲渡をして，指図による占有移転をしたというもので，原所有者Xが占有を預けたAには，すでに直接占有はもとより間接占有もなくなっているのである（後掲の好美教授の第2類型〔104頁〕にあたる。これに対して，【84】の事案は，原所有者が動産を倉庫業者に保管させたが両社の間では寄託契約が成立しておらず，倉庫業者が寄託者と思っていた無権利者から第三者に右動産の譲渡がなされ，無権利者から第三者に指図による占有移転がなされ，寄託名義が第三者に変更されたというもので，目的動産の直接占有は原所有者の預けた倉庫業者のもとにずっとあったという点で，最高裁判例と異なる（【85】））。もっとも，本最高

第2章 民法192条の即時取得

裁判例は，「昭和48年当時京浜地区における冷凍食肉販売業者間，冷蔵倉庫業者間において，冷蔵倉庫業者は，寄託者である売主が発行する正副2通の荷渡指図書のうちの1通の呈示若しくは送付を受けると，寄託者の意思を確認する措置を講じたうえ，寄託者台帳上の寄託者名義を右荷渡指図書記載の被指図人に変更する手続をとり，売買当事者間においては，右名義変更によって目的物の引渡しが完了したものとして処理することが広く行われていた」ということも重視しており，指図による占有移転一般について即時取得の成立を認めるという考えを表明しているわけではない[75]。

学説は，この点につき論ずるものはあまり多くはないが，肯定説が多い[76]。占有改定の場合と異なり，譲渡人が現に目的動産を所持していないこと，および指図による占有移転は，占有代理人への意思表示（占有者の変更の伝達）を介して動産物権変動の公示・対抗要件としての機能を有しているのだから，占有状態に変化をきたすものであることなどがその理由とされる[77]。末川博博士は，「簡易の引渡や指図による引渡があった場合には，所持こそ動かぬが，真正の権利者の信頼は形の上でも完全に裏切られて第三者が占有権を取得するのであるから，第192条は適用されてよい。」とされる[78]。

これに対して，指図による占有移転一般につき即時取得を認めるか否かを論ずるのではなく，類型により取扱いを異にすべきであるとする見解も有力である[79]。例えば好美教授は，指図による占有移転と即時取得のケースを類型化して検討され，次のように述べられる（ここでは，原所有者をX，無権利者から指図による占有移転を受け即時取得を主張する者をYとする）。

第1類型は，大審院判例のような類型であり，原所有者Xからの占有受託者A（無権利者）がBに占有改定による譲渡をし，B（無権利者）がさらにYに譲渡し，Aに命じてYに指図による占有移転をする類型である。この類型においては，原所有者の信頼は形の上では全く裏切られていないし，Yの善意取得行為の存否も，占有改定同様，外部からは認識しにくい。また，BがAに命じてYに指図による占有移転をした場合，Bの間接占有は消滅してYが間接占有者となるが，Xの（Aを直接占有者とする）間接占有は併存し続けている。したがって，この類型ではYの即時取得を認めなくてよい[80]。

第2類型は，最高裁判例のような類型であり，原所有者Xからの占有受託者Aが，さらにBに占有を委託しておいて，A（無権利

---

75) 最高裁判所判例解説〔民事篇〕昭和57年度667頁〔塩崎勤〕。
76) 肯定説に立つものとして，我妻＝有泉225頁，舟橋247頁，林103頁，近江149頁，内田460頁，川井113頁など。
77) 舟橋247頁，近江149頁など。
78) 末川235頁。
79) 注釈民法(7)122～126頁〔好美〕，広中193頁など。
80) 広中193頁。

者) がYに譲渡し，Bに命じてYに指図による占有移転をしたような類型である。AがBに命じてYに指図による占有移転をした以上，Aは物に対する占有関係を失い，したがってAを介してのXの物に対する占有関係も遮断される[81]。物の直接占有者Bを介する（間接）占有者はYだけになる。したがって，YがXを排除して即時取得をするに必要な占有を取得したと解してよい。

第3類型は，実質的には二重譲渡（あるいは譲渡担保権の設定）を受けた者相互の争いである。その一は，所有者AがまずXに譲渡し，占有改定による引渡しをし（Xは所有権を取得し対抗要件具備），ついで，無権限者となったAが目的動産の占有をBに委託し，次にAがYに譲渡しBに命じてYに指図による占有移転をするようなケース。このケースでは，第2類型と同様，AがBに命じてYに指図による占有移転をした以上，Aは物に対する占有関係を失い，したがってAを介してのXの物に対する占有関係も遮断される。物の直接占有者Bを介する（間接）占有者はYだけになる。それ故，YがXを排除して即時取得をするに必要な占有を取得したと解してよい。その2は，所有者Aが，動産を占有代理人Bに占有させたまま，まずXに譲渡し指図による占有移転をし（Xは，所有権を取得し対抗要件具備），次いで，無権限者となったAがYに譲渡し，Bに命じてYに指図による占有移転をするケース。しかし，このケースでは，AがXに指図による占有移転をした時点で，Aは占有関係から離脱するから，AがBに命じてYに指図による占有移転をすることはできないので，そもそもYに即時取得の余地はない。

第4類型は，所有者Xから所有権留保付き割賦販売で買い受けたAが，目的物をXの倉庫に保管させておいたまま，Yに転売し，AがXに命じてYに指図による占有移転をした場合のように，間接占有者AからYのために占有すべきことを指図された直接占有者が，原所有者X自身であるというものである。この場合には，Xの関知しないAとYの合意と一方的な指図だけで，Xの所有権が一方的に喪失させられるという結果は，いかにも酷であり公平に反するから，即時取得しえない。

以上のように，類型に分けた処理が必要であるとする有力説は，おおむね，無権利者の動産の処分により，原所有者Xが目的動産についての間接占有すら失い，即時取得を主張する善意無過失の譲受人が，指図による占有移転によるものであれ，占有を取得するに至ったときには，即時取得を認めてよいが，原所有者Xがなお目的動産についての間接占有を有している場合には，指図による占有移転を受けただけの譲受人には，即時取得を認めないとするものであるといってよい。

占有改定による即時取得について否定説をとる学説は，即時取得制度は，その反面において必ず原権利者の権利の剥奪を伴うものであるから，できるだけ原権利者の保護をはかるのが当然であって，結局，取引安全の保護

---

81) 広中193頁は，その意味で，占有改定の場合と異なり，Aに対するXの信頼は裏切られている状態になるといえる，とされる。

の必要と原権利者の既得権保護の必要とを相関的に衡量して決定されるべきであり、占有改定のような不明確な行為によって原権利者の権利を剥奪するのは、妥当性を欠くというべきであるとする。この考え方を指図による占有移転にどのように応用すべきか。占有改定の場合には、目的動産を直接占有しているのは、原所有者から占有を委託された無権利者であるが、指図による占有移転の場合には、目的動産を直接占有しているのは、原所有者から占有を委託された無権利者であるであるとき（第1類型）と、原所有者から占有を委託された無権利者からさらに占有を委託された者であるとき（第2類型・第3類型のその1）とに分けられる。その意味では、有力説をとった場合、類型によって原所有者と目的動産の直接占有者との関係において外形的な差異もあるといえよう。

このように見てくると、前記のような形で類型的処理をすべきだとする有力説にも十分説得力があるといえる。なお、最高裁判例（【85】）は、類型説によると、第2類型に属することになるから、この説からしても、この事案においては、冷凍食肉販売業者間、冷蔵倉庫業者間における取引の慣行などを持ち出さなくとも、指図による占有移転を受けた無権利者からの譲受人に、即時取得が認められたことになる。

〔否定説に立つ裁判例〕

【80】 大判昭和8・2・13新聞3520・11

［事実］ Y_1（被上告人）が運送業者として本件米を保管中、さらにY_2（被上告人）に、船荷証券の所持人に証券と引換えに引き渡すべきものとして、本件米の保管を委託した。しかしY_2はこの米を証券と引換えではなく荷受人Aに引き渡し、その後Y_2がこれをAのために保管していた。次いで、Aがこの米をX（上告人）に譲渡するとともにY_2に今後Xのために保管するように命じ、Xは指図による引渡しを受けた。そこで、Y_1は保管人Y_2に対して米の引渡しを求めてY_1・Y_2間で訴訟となった。それに対してXが、本件米はXが即時取得したとしてY_1・Y_2を相手に本件米の引渡しを求めて、Y_1・Y_2間の訴訟に訴訟参加したものである。Xは本件米の即時取得等を理由に上告。上告棄却。

［判旨］「民法第192条ハ右ノ如ク一般ノ外観上従来ノ占有事実ノ状態ニ何等変更ナキ場合ニ適用アルヘキモノニアラサルノミナラス（大正5年5月16日言渡当院大正3年（オ）第878号事件判決（【73】）参照）其ノ他法律上此ノ如キ場合ニX等カ米ノ所有権ヲ取得スヘキ事由ノ認ムヘキモノナ」し。

【81】 大判昭和12・9・16新聞4181・14

［事実］ AはX（被上告人）に対する貸金の売渡担保としてA所有の本件動産の所有権をXに移転しまた現実の引渡しをした。Xは、Y_1（上告人）に代理占有させていたところ、Y_1は本件動産を勝手にBに売却し、次いでBに対する競売手続によりCが本件動産を競落し、その後CからY_2（上告人）がこれを買い受けた。

B・CおよびY₂は，いずれも賃貸名義のもとにそのままY₁の所持を継続させたままであった（CおよびY₂につき指図による占有移転）。XからY₁・Y₂に対して本件動産の引渡しを求めて本件訴訟が提起された。

［判旨］「本訴物件ニ付テハ一般ノ外観上従来ノ占有状態ニハ何等ノ変更ナクY₁ハ一面ニ於テハXノ代理占有者トシテ本訴物件全部ヲ又他面(1)(2)(3)物件〔著者注：本件動産のこと〕ニ付テハY₂ノ代理占有者トシテ其ノ占有ヲ続ケ居リシモノニシテ同上告人ハY₁ノ代理占有ニ依リ同物件ノ占有権ヲ有シタルニ過キサルコト明ナリ而シテ斯ル占有状態ニ在リテハY₂ハ其ノ買受物件ニ付キ民法第192条ニ所謂占有ヲ始メタルモノト云フコトヲ得サルニ反シ（大正3年（オ）第878号同5年5月16日当院第1民事部判決（【73】）参照）被上告人（X）ハ其ノ有スル所有権ヲ以テ同上告人（Y₂）ニ対抗シ得ヘキニヨリ原判決カ同上告人（Y₂）ノ右法条ニ依ル権利取得ヲ否定シ被上告人（X）ヲ以テ本訴物件ノ所有者ナリト做シタルハ結局相当タルヲ失ハス論旨ハ理由無シ」

【82】 大阪地判昭和34・12・17下民10・12・2621

［事実］ 本件物件（菓子焼機等）は，A製菓会社の所有であったが，昭和29年4月，Y（被告）がA製菓会社に対する貸金債権の担保として譲渡担保権の設定を受け，占有改定による引渡しを受けた。間もなくA製菓会社は経営不振のため事業を中止し，A製菓会社の所在地にいわゆる第2会社としてA製菓会社代表者aの親戚でありA製菓会社の取締役でもあったbを代表者としてB製菓会社が設立され，本件物件はそのままB製菓会社がその事業のために使用していた。その後，B製菓会社も資金不足に陥り，資金調達のためにA製菓会社の代表者aが，すでにYに譲渡担保権の設定されていた本件物件をa個人のものとしてX（原告）に50万円で売り渡し，Xはこれを引き続きB製菓会社に賃貸することになり，B製菓会社は今後Xのために代理占有して使用する旨の意思表示により，Xはaより指図による引渡しの方法で引渡しを受けた。その後，B製菓会社の事業は廃止され，以後は，元の従業員であったC等が数名の個人企業として同所で本件物件を使用して菓子の製造販売を行っており，Xもその事実を黙認していた。それからしばらくして，本件物件の所在する土地建物が競売されたので，Xは，本件機械をX所有の建物内に移動させ，C等にその使用を継続させていた。Yは本件機械は自己の所有に属するとしてCに対して仮処分の執行を行った。そこで，Xは仮処分執行に対する異議として本訴を提起し，Yは本件機械の引渡しを求める反訴を提起した。Xの請求棄却，Yの反訴認容。

［判旨］「Xは本件物件を適法な所有者より譲渡を受けたものではないことが明らかとなるところ，Xは民法第192条による即時取得を主張するが，即時取得の効果を生ずる権利移転は，現実の占有移転が伴う場合に限ると解するのを相当とするので，本件のごとき指図による引渡の方式に従つてなされた譲渡に対してはその譲渡が平穏公然に行われ譲受人たるXが善意無過失であつたとしても右法条による即時取得の効果を受け得ないと言わざるを得ない。よつて，本件の物件がXの所有であることを前提とするXの本訴請求は爾余の判断をまつまでもなく失当として棄却すべきである。」

第2章　民法192条の即時取得

【83】　大阪地判昭和63・8・17判タ683・154

[事実]　昭和58年10月本件機械をそのメーカーから1,370万円でA商事がこれを買い受け、B商店方でその引渡しを受け、同年12月A商事からB商店にリース期間96カ月、リース料月額21万3,000円、リース料総額2,044万8,000円の約定でリースし、簡易の引渡しをした。X（原告）は、A商事からリース事業全部の営業譲渡を受け、本件機械の所有権を譲り受けるとともに、A商事との間の右リース契約上の貸主の地位を承継し、A商事は、本件機械の右譲渡および右リース契約上の貸主の地位の承継を承諾した。本件機械は、昭和58年12月から昭和59年1月にかけて、B商店からC興業へ（占有改定による引渡し）、C興業からY（被告）へ（指図による占有移転）、YからB商店へと順次売却されたが、その間本件機械の客観的な占有状態には全く変化がなく、終始B商店において本件機械を直接占有していた。B商店は、昭和62年1月、破産宣告を受けたので、Xは、B商店の破産管財人にリース契約の解除の意思表示をし、本件機械の引渡しを求めたところ、破産管財人は、Yが本件機械につきXの所有権を争っているとして、引渡しを拒否した。そこでXはYに対して本件機械の所有権の確認を求めて本訴を提起した。請求認容。

[判旨]　「民法192条の立法趣旨は、一般動産取引の安全を維持するため、従前、動産の占有を他人に委託していた真の権利者よりも、むしろ、その他人から取引によって正当に占有を得、権利を取得したと信じるものを保護しようとするものであると解すべきところ、本件においては、前記一、三の1、2で認定した事実によると、本件機械の真の所有権者はA商事で、B商店は、同商事から本件機械のリースを受け、同商事のために本件機械を占有していた占有受託者であるところ、本件機械は、B商店からC興業、C興業からYへと順次売却されたが、その占有の移転は、前者が占有改定によるもの、後者が指図による占有移転によるものであり、その間、本件機械は、B商店の直接占有の下にあって、Yに対する譲渡人C興業が直接占有者B商店に指図するという意思表示があった以外には、外観上本件機械についての従来の占有事実の状態に何ら変更はなかったので、真の所有権者A商事にとっては、B商店に対する本件機械の占有委託関係に変化はないし、B商店からC興業へ、さらにC興業からYに対する本件機械の譲渡の事実を外部から認識することは困難であったといえ、このような場合にまで民法192条を適用するとすれば、かえって、一般取引の安全を害するおそれがあり、前記同条の立法趣旨に沿わないことになるから、Yの占有取得には同条は適用されないというべきである。」

〔肯定説に立つ裁判例〕

【84】　名古屋高判金沢支判昭和54・12・24下民30・9～12・694、判タ412・156

[事実]　商社AよりX（本訴原告・反訴被告・控訴人）は本件加工糸を買い受け、受渡場所をY_1倉庫（本訴被告・反訴原告・被控訴人）と指定のうえ、AにX名義でY_1倉庫に寄託すべき旨の代理権を授与し、AはこれをY1倉庫に送致した。Xと各種原糸、撚糸等の加工販売を業とするBとの間には本件加工糸についての売買契約締結の交渉がなされていた。BはXとの本件加工糸の売買契約が成立したものと考え、Y_1倉庫に対し、近く本件加工糸が送致されるから、これを保管するよう命じ、Y_1倉庫は、寄託者は

Bと信じてこれを保管した。結局，BとXとの間の本件加工糸の売買契約は成立しなかった。BはXより本件加工糸を買い受けようと交渉を始めた直後，数年前より年間3，4千万円の取引のあった合成繊維原糸の加工販売を業とするY₂合繊（本訴被告・反訴原告・被控訴人）に対して本件加工糸の売却方を申し込み，売買契約が成立し，Bにおいて右取引成立によりY₁倉庫に支払うべき倉庫料の負担を免れるため，Y₁倉庫に対し本件加工糸入庫の都度，寄託名義をY₂合繊に変更するよう指示したほか，Y₂合繊に対して指図による占有移転をした。以来，Y₁倉庫においてY₂のために本件加工糸を保管し，Y₂合繊においてもY₁倉庫を占有代理人としてこれを代理占有し現在に至っている。Xは，本件加工糸の引渡しを求めY₁Y₂に対して本訴を提起したところ，Y₁倉庫は本件加工糸はXから寄託を受けたものではないとし，Xに対して返還債務不存在確認を求める反訴を提起した。また，Y₂も，本件加工糸はXから買い受けたBから転買したものであり，仮にXの所有であったとしても，即時取得が成立するとして，Xに対して，本件加工糸の所有権の確認を求めて反訴を提起した。原審は，X・Y₁倉庫間の倉庫寄託契約の不成立およびX・B間の本件加工糸売買契約の不成立を認定したが，無権利者BからY₂合繊への指図による占有移転によりY₂の即時取得が認められるとして，Xの請求を棄却，Y₁倉庫・Y₂合繊の反訴請求を認容した。X控訴。控訴棄却。

[判旨]「ところで，無権利者から動産の譲渡を受けた場合において，譲受人が民法192条によりその所有権を取得しうるためには，一般外観上従来の占有状態に変更が生ずるがごとき占有を取得することを要することはいうまでもない（最高裁判所昭和35年2月11日判決・民集14巻2号168頁（【76】）参照）。しかして，前認定（原判決引用）の事実関係の下におけるBからY₂合繊に対するいわゆる指図による占有移転は，右にいう一般外観上従来の占有状態に変更が生ずる場合に該当し，従って，Y₂合繊は民法192条により本件加工糸の所有権を取得したものと解するのが相当である。Xの右主張もまた採用のかぎりでない。」

【85】 最判昭和57・9・7民集36・8・1527

[事実] A社から本件豚肉（アメリカ製生鮮冷凍豚肉）を代金64,280ドルとして買い受け輸入したB貿易（輸入業者）との間の本件豚肉売買契約においては，B貿易が代金を決済したうえで本件豚肉について発行された船荷証券を取得することによって本件豚肉の所有権を取得することが約定されていたが，B貿易は右代金を決済できなかったので，本件豚肉の海上運送人であったY（被告・控訴人・上告人）に対して，船荷証券取得前のいわゆる保証渡しを懇請し，B貿易はA社の承諾なしに本件豚肉の引渡しを受けた。B貿易は，本件豚肉をD水産（倉庫業者）に寄託した。

ところで，B貿易とC商店との間で，本件豚肉を積載した船舶が入港する数日前に本件豚肉をC商店に売り渡す旨の売買契約が締結され，ついで右船舶の入港の3日ほど前にC商店とX（原告・被控訴人・被上告人）との間で，本件豚肉をC商店からXに転売する契約が締結されていた。そこで，B貿易およびC商店は，いずれも売買契約の目的物たる本件豚肉を引き渡す手段として，受寄者たるD水産宛に，本件豚肉を買受人に引き渡すことを依頼する旨を記載した荷渡指図書を発行し，その正本をD水産に，その副本を各買受人（C商店・X）にそれぞれ交付し，右正本の交付を受けたD水産は，電話連

絡により寄託者たる売主の意思を確認するなどして，本件豚肉の寄託者台帳上の寄託者名義を，B貿易からC商店に，C商店からXへと変更した。本件豚肉は，なおD水産に保管されていた。

一方，Yは，A社からB貿易に対して本件豚肉を保証渡ししたことの責任を追及されたため，本件豚肉の代金相当額の損害金を支払い，本件豚肉について発行された船荷証券を取得した。そこで，Yは，本件豚肉の所有権を取得したとして，B貿易とD水産を債務者とする動産仮処分を申請したところ，D水産の倉庫に保管中の本件豚肉につき，執行官保管の仮処分の執行がなされたが，Y・X・Dの三者の合意により，本件豚肉が換価され，その代金1,713万余円が銀行に保管された。そこで，Xは，本件豚肉はB貿易，C水産を経てXが所有権を承継取得したものであり，B貿易が無権利であったとしても，C商店が即時取得し，またCが即時取得しなかったとしても，Xが即時取得したものであるとして，本件豚肉の換価代金の所有権がXにあることの確認を求めて本訴を提起した。

第1審は，指図による占有移転によって即時取得が成立するとしてXの請求を認容。原審（前掲東京高判昭和54・11・27判時948・104）も，Yは，B貿易に本件豚肉を引き渡すことによって本件豚肉に対する占有を失い，さらにB貿易もまたC商店も，ともに寄託者台帳の寄託者名義変更を経ることによって，D水産を占有代理人として有していた本件豚肉に対する占有を失い，Xは，これによってD水産を占有代理人とする本件豚肉に対する占有を取得するものというべきであって，このような占有移転（指図による占有移転）は，占有改定の場合とは異なり，寄託者台帳上の寄託者名義の変更という一定の書面上の処理を伴い，客観的に認識することが可能であって，善意の第三者の利益を犠牲にして取引の安全を害することのないものといわなければならないから，Xは，本件豚肉につき，民法192条に該当する「占有」を取得したものというべきであるとして，Xの本件豚肉の即時取得を認め，Xの請求を認めた。Y上告。上告棄却。

［判旨］「原審が確定した事実関係によれば，(1)〔筆者注・前記〔事実〕に記載した事実が簡略化して示されている〕，(2)昭和48年当時京浜地区における冷凍食肉販売業者間，冷蔵倉庫業者間において，冷蔵倉庫業者は，寄託者である売主が発行する正副2通の荷渡指図書のうちの1通の呈示若しくは送付を受けると，寄託者の意思を確認する措置を講じたうえ，寄託者台帳上の寄託者名義を右荷渡指図書記載の被指図人に変更する手続をとり，売買当事者間においては，右名義変更によって目的物の引渡しが完了したものとして処理することが広く行われていた，というのである。

そして，右事実関係のもとにおいて，Xが右寄託者台帳上の寄託者名義の変更によりC商店から本件豚肉につき占有代理人をD水産とする指図による占有移転を受けることによって民法192条にいう占有を取得したものであるとした原審の判断は，正当として是認することができる。原判決に所論の違法はなく，所論引用の大審院判例〔筆者注・前掲【80】〕は，事案を異にし，本件に適切でない。論旨は，ひっきょう，独自の見解に基づいて原判決を論難するものにすぎず，採用することができない。」

第2節 効　果

1　権利の原始取得

(1)　即時取得する権利

192条の即時取得の要件が満たされると，目的動産について占有を取得した者は，「即時ニ其動産ノ上ニ行使スル権利ヲ取得」する（192条）。即時取得は，前述のように，相手方が目的動産を占有していることによって権利者らしい外観を呈している場合において，その者を権利者と信じて取引行為をし，その物の占有を承継したことが要件となっている。したがって，即時取得によって取得しうる権利は，占有をともなうものであり，原則として所有権もしくは質権である[82]。

所有権の即時取得との関係で，譲渡担保権の即時取得が問題となる。X所有の動産をAが占有しており，YがAに対する金銭債権の担保としてこの動産をA所有の動産と信じて無権原者Aから譲渡担保権の設定を受けて，占有改定による引渡しを受けた場合，占有改定によっては即時取得が認められないとする否定説（判例・通説）からすれば，この時点ではYには譲渡担保権の即時取得が認められないことになる（Yが先に現実の引渡しを受けその時点でなお善意無過失であれば，即時取得が認められる）が，占有改定によっても即時取得が一応認められるとする折衷説によれば，Yには譲渡担保権の即時取得が一応認められることになり，先にYがこの動産の現実の引渡しを受ければ，その時点でYが悪意になっていても，動産の所有権（譲渡担保権実行前であれば，譲渡担保権）を確定的に取得しうるということになる[83]。また，XがAに対する金銭債権の担保としてA所有の動産にAから譲渡担保権の設定を受けて，占有改定による引渡しを受け，次いで，YがAに対する金銭債権の担保として，この動産につき善意無過失でAから譲渡担保権の設定を受けて，占有改定による引渡しを受けた場合，否定説によりかつ譲渡担保権を担保権的に構成する説に立てば，Xが第1順位譲渡担保権者，Y

---

82)　注釈民法(7)136頁〔好美〕，我妻=有泉226頁，川井114頁。
83)　我妻=有泉226頁，鈴木176頁，173頁以下。
84)　広中192頁。この説は，Yが現実の引渡しを受けた時点でなお善意無過失であれば，Yが第1順位譲渡担保権者，Xを第2順位譲渡担保権者として保護すべき余地があろうとされる。近江教授も，否定説に立たれるのであるが，動産譲渡担保を動産抵当の設定として扱い，二重譲渡担保の場合は，譲渡担保権の多重的設定と考えてその優劣が決せられるべきであり，Yの譲渡担保権の即時取得を考えるべきではなく，譲渡担保の設定の順序に従って譲渡担保の順位が定まり，Xが第1順位譲渡担保権者，Yが第2順位譲渡担保権者となるとされる。近江教授は，占有改定と即時取得の問題においては，譲渡担保の問題を切り離して考えなければならないとされるのである（近江149頁，同・担保物権法〔新版〕297頁〔1992年〕，平井宜雄編・民法の基本判例〔第2版〕71頁〔近江幸治〕〔1999年〕）。

が第2順位譲渡担保権者（Aはなお譲渡担保権の負担の付いた動産の所有者だから）ということになり[84]，折衷説によれば，Yは譲渡担保権を一応即時取得するがそれは確定的なものではなく，XであれYであれ先に動産の現実の引渡しを受けた方が（その時点でYが悪意になっていてもよい），動産の所有権（譲渡担保権実行前であれば，譲渡担保権）を確定的に取得しうるということになる[85]。

なお，先に見たように（**5**(1)〔94頁〕），占有改定と即時取得が争われた裁判例においては，譲渡担保の対抗要件が一般には占有改定であるため（指図による占有移転による譲渡担保権の即時取得のケースとして，前掲【**71**】〔過失があるとして即時取得は否定された事案〕），譲渡担保が関係する事例が一定数見られるが（〔類型1（無権限処分型）〕の第2〔無権限者により譲渡担保権が設定され，占有改定による引渡しがなされた事例〕，〔類型2（二重譲渡型）〕の第1〔すでに第三者に譲渡され占有改定がなされた動産につき，譲渡担保権の設定を受け占有改定を受けた事例〕，第2〔すでに第三者のために譲渡担保権が設定され占有改定がなされた動産につき，譲渡を受け占有改定を受けた事例〕。），その多くが譲渡担保に関係するものであるということはできないようである。また，〔類型2（二重譲渡型）〕の中に含まれる二重譲渡担保のケースは，しばしば設例として挙げられるが，明確に二重譲渡担保権者間の争いといえる裁判例は見当たらない。

質権の即時取得の事例は結構多い（例えば，前掲【**31**】。未登録自動車について質権の即時取得を肯定）。

留置権や先取特権は，法定担保物権であり，取引により取得すべき権利ではないから，即時取得は問題とならない。もっとも，民法319条は，動産先取特権の目的となる動産が債務者の所有に属さない場合にも，一定の場合に先取特権の即時取得を認めているが，債権者の信頼を特に保護しようとするもので，例外として位置づけられるべきものである[86]。

動産賃借権の即時取得も認められない（【**86**】）。つまり，賃貸人の占有する動産が第三者所有の動産であるのに，賃貸人の所有動産であると信じて借り受けても，所有者に対して賃借権を即時取得するわけではない。動産の賃借権に即時取得を認めることは理論的には可能であるが，そこまでの取引の安全を図る必要性は認められないと考えられるのである[87]。

【**86**】 大判昭和13・1・28民集17・1

［事実］　X（原告・被控訴人・被上告人）は，

---

85) 鈴木174頁，内田462頁，川井565頁。星野320頁は，譲渡担保については，所有権移転という形をとるが担保であることに鑑み，清算型が原則とされるのだから（つまり，教授は，譲渡担保権についての担保的構成の立場に立たれる），Yが第1順位譲渡担保権者，Xが第2順位譲渡担保権者と解することはできないだろうかとされる。
86) 注釈民法(8)136頁〔甲斐道太郎〕，我妻＝有泉226頁，近江150頁，内田456頁，川井113頁。
87) 我妻＝有泉226頁，広中196頁，内田456頁。

昭和9年12月本件物件（映写機・電動機その他10数点）をAに代金完済までの所有権留保付き割賦販売で売却し，Aに引き渡した。しかし，Aは代金の一部を支払っただけで，本件物件をBおよびCの両名に売り渡し，さらにBからY₁（被告・控訴人・上告人）に譲渡され，さらにY₁からY₂（上告人）に賃貸され，現在本件物件はY₁およびY₂が占有している。そこで，XはY₁およびY₂に対して本件物件の返還を求めて本訴を提起した。Y₁は，本件物件の即時取得を主張し，Y₂は，本件物件についての賃貸借の即時取得を主張した。原審は，Y₁は，悪意によりこれを買い受けたもので即時取得は成立しないとし，またY₂の賃借権はこれによりXの請求を拒み得ないとした。Y₁・Y₂上告。上告棄却。［判旨］には，賃借権の即時取得に関する部分のみ掲載する。

［判旨］「然レトモ動産ノ賃貸借契約ニ基ク賃借人ノ権利ハ民法第192条ニ『其動産ノ上ニ行使スル権利』ト云フニ当ラスト解スルヲ相当トス而シテ原審ハ右ノ趣旨ニ於テ上告人Y₂ハ上告人Y₁トノ賃貸借ニ基キ本件物件ヲ占有スヘキ権原ナキ旨判示シタルモノナルコト原判文全体ヨリ看取スルニ難カラサルヲ以テ原判決ニ所論ノ如キ違法ナシ」

(2) 権利の原始取得

即時取得は，前主の権利を承継取得するのではなく，権利の原始取得であり，その反面，原権利者は権利を喪失する[88]。また，元の権利につき存在した制限や負担（例えば譲渡担保権）は，その存在につき即時取得者が善意無過失である限り，消滅する[89]。したがってまた，工場財団を組成する動産を工場財団抵当権設定者が第三者に売却し，第三者が善意無過失で譲り受け，動産を即時取得する場合，譲受人は抵当権の負担のない所有権を取得する（前掲【15】）[90]。

もっとも，以上のように即時取得を権利の原始取得と構成するのではなく，即時取得の効果としては，所有権はなお原所有者に存在し，ただ原所有者の物権的返還請求権が制限されるにすぎないとする説も存在する[91]。例えば，X所有の動産をAが保管していたが，Aがこれを善意無過失のYに譲渡し，ついでYがA（この動産がXの所有であることを当然知っている）に再び譲渡した場合，即時取得を権利の原始取得と構成すれば，AはYからY所有の動産を取得したことになり，Xから動産の返還を求められることはない。これに対して，即時取得を追及権の制限と構成すると，Xは，善意無過失のYに対しては動産の追及権を行使し得ないが，悪意のAには追及権を行使しうることになる。

これに対しては，原始取得と構成する側は，

---

88) 近江150頁，内田456頁。注釈民法(7)138頁〔好美〕は，ドイツでは，むしろ無権限譲渡人が不法にではあるが有効に真権利者の権利を善意譲受人に承継取得させるのだという説がむしろ多数であり，結局は，着眼点のズレと原始取得・承継取得という用語の定義いかんにかかることで，いずれにしろこの概念の争い自体には，あまり実益がないとされている。
89) 注釈民法(7)137頁以下〔好美〕，我妻＝有泉227頁，鈴木176頁，川井113頁。
90) 広中196頁。
91) 伊藤高義・物権的返還請求権論序説〔1971年〕1頁以下〔滋賀大学経済学部研究叢書法学篇〕。

第 2 章　民法 192 条の即時取得

Xからの返還請求をAが拒むことは，権利濫用により許されないとすればよいとし[92]，あるいはまた，Aの占有がXからの占有委託によるときは，契約法上の原状回復義務として，さらに，Aの占有する物が占有離脱物であるときは，XのAに対して持っていた所有権に基づく物権的請求権の変容としての不当利得として，その物自体の返還と所有権移転を請求する債権債務関係を生ずると構成して，Xの返還および所有権移転の請求を認めるべきではあるまいかとしている[93]。判例は，傍論ではあるが，無権原者Aは，原権利者Xにその物を返還すべき責務を有する以上，即時取得者Yから再びその物の権利の移転を受けても，その物の権利を取得しえないとする（【87】）。

【87】　大判昭和 13・9・28 民集 17・1759

［事実］　X（原告・控訴人・被上告人）は，その所有にかかる本件記名株券に白紙委任状および処分承諾書を添付し，Aを介してB銀行に担保として差入れ，B銀行より融資を受けたが，Aは，Xの知らない間に，Xの債務を返済して，B銀行より白紙委任状および処分承諾書付き右株券の返還を受け，Y（被告・被控訴人・上告人）より融資を受け，その担保として右株券をYに交付し質権を設定した。Yは，善意無過失とはいえなかったので，右株券についての質権の即時取得は認められなかった。Yは，質権の実行として本件株券につき競売を申し立て，競売の結果，Yが本件株券を取得した。Xは，本件株券の競売の無効確認等を求めて本訴を提起した。原審は，Yの質権が認められない以上，本件競売および競落は無効であって，Yは本件株券をXに引き渡す義務があるとした。Yは，本件株券に善意無過失のCのために質権を設定し，CがYに質権の実行を依頼したため，YはCより右白紙委任状付き株券を受け取って競売の申し立てをしたのであるから，本件競売は有効であるとして上告。上告棄却。

［判旨］　「然レトモY（被告・被控訴人・上告人）カ原審ニ於テ所論ノ如ク本件株券ヲ白紙委任状及処分承諾書ヲ添付シAニ移転シテ本件株式ヲ譲渡シAハ其取得ニ際シ善意無過失ナリシカ故ニ仮ニYカ本件株式ニ関スル権利ヲ取得セサリシモノナリトスルモ右Aハ本件株式上ノ権利ヲ取得シタルモノナレハYニ於テ更ニ該権利ノ移転ヲ受ケタル以上ハ前者ノ権利ヲ主張シ得ルモノナル事由ヲ抗弁トシテ提出シタル事実ナキコト原判決事実摘示及之ニ引用セル第 1 審判決事実摘示及原審口頭弁論調書ニ依リ之ヲ窺知シ得ル所ナルノミナラス仮ニYカAニ対シ其ノ主張ノ如ク本件株式ヲ移転シAニ於テ株式ニ関スル権利ヲ取得シタル事実アリトスルモYカ原審判定ノ如ク其ノ当初ノ取得ニ於テ善意ナラス本件株式ノ権利ヲ取得シ得サルモノナルニ於テハ株式ノ権利者ニ対シ株券ノ返還ヲ為ス可キ責務アルコト論ヲ俟タサル所ナリ斯クノ如ク株券ヲ返還ス可キ責務ヲ有スル者カ再ヒ移転ヲ受クルモ株式ノ上ニ権利ヲ取得シ得サルモノト解スルヲ相当トスルカ故ニ該抗弁自体失当ノモノナルヲ以テ所論ハ到底採用ス可キ限リニアラス論旨ハ全ク其ノ理由ナシ」

---

92)　川井 114 頁。
93)　注釈民法(7) 139 頁〔好美〕。

2 不当利得返還義務の不存在

X所有の動産を占有する無権利者Aから、Yが善意無過失で譲渡を受け、動産を即時取得した場合、XはYに対して不当利得返還請求権を有するか。

AY間の取引が有償取引である場合は、XはAに対して不当利得返還請求権を有する。AY間の取引が無償取引である場合は、Aには利得は生じていないから、XはAに対して損害賠償請求権（不法行為あるいは債務不履行により）を取得することはあるが、不当利得返還請求権は生じない。後者の場合において、動産所有者Xは、Aの譲渡により所有権を喪失し、Yが所有権を無償で取得しているから、Yに利得が生じており、Xの所有権喪失とYの利得との間には因果関係があるといえる。そこで、Yの所有権取得が法律上の原因を欠くといえるかが問題となる。

これについては、不当利得が、関係当事者間の財産価値の移動を公平の原則によって調整しようとするものであることを重視するときは、無償取得者まで保護すべき趣旨ではないと考え、無償取得の場合は法律上の原因を欠き、XはYに対して不当利得返還請求権を有するとする説が有力である[94]。しかし、不当利得の成立を否定し、Xは、Aに対して債務不履行あるいは不法行為に基づく損害賠償を請求しうるにとどまるという見解が従来の通説であり、現在もなおこの説の支持者も多い[95]。実際上は、かかるケースでは、無権利者Aに資力がないことが多く、不当利得返還請求権が成立するかどうかがXにとっては大きな関心事になるのであり、実質的に考えれば、即時取得はXに帰責事由があるときに成立するとは限らないのであるから、無償取得者に対してはXに不当利得返還請求権を認める方が妥当であるといえよう。

判例においては、他人から騙取あるいは盗取した金銭により消費貸借や弁済がなされた場合、元の金銭所有者が、消費貸借の借主や弁済を受けた債権者に不当利得返還請求権を有するかが問題となったが（【88】）、金銭の場合は占有とともに金銭所有権が移転するため即時取得の問題は生じないので、不当利得一般の問題として論ずればよく、即時取得と関連させて不当利得を論ずるべきではない[96]。

【88】 大判昭和13・11・12民集17・2205

［事実］ A_1・A_2は、連帯して、Y（被告・控訴人・被上告人）より2,350円を借り受け、Bがその保証人となった。Bは、A_1の印章を盗用し、同人名義の借用証書を偽造し、Bを保証人とするとともに、A_1所有の不動産に抵当権を設定する文書を偽造し、X（原告・被控訴人・上告人）先代に差入れ、X先代を欺罔してX先代か

---

94) 松坂106頁、我妻＝有泉227頁以下。結論同旨・広中197頁、鈴木176頁。近江150頁以下は、即時取得成立の要件としての取引行為の存在における取引行為には、そもそも無償行為は入らないと解し、即時取得自体の成立を認めない。
95) 舟橋248頁以下、注釈民法(7)140頁以下〔好美〕、川井114頁など。
96) 注釈民法(7)141頁〔好美〕。

第2章 民法192条の即時取得

ら5,500円を騙取し、そのうち2,350円をYに交付し、Yに対する前示借用金の弁済に充てた。Yは、その金員がBがX先代より騙取したものであることを知らずに受領した。Xは、BがYの債務の返済に充てた金員はBがXの先代から騙取したものであり、不当利得に当たるとしてその返還を求めて本訴を提起した。原審は、Yは民法192条により右金員を即時取得すると同時に自己の債権が弁済されたものであるから、不当利得には当たらないとした。X上告。上告棄却。

[判旨]「然レトモBカX（上告人）先代ヨリ騙取シタル金銭ヲ以テA_1外1名ヲ連帯債務者トシBヲ保証人トスルY（被上告人）ニ対スル債務ヲ弁済シタルハ所論ノ如クBカA_1ヲ代理スヘキ何等ノ権限ナキニ拘ハラス其ノ代理人トシテ弁済シタルモノナルト将夕保証人トシテ弁済シタルモノナルトヲ問ハス原審認定ノ如クYカ民法第192条ノ規定ニ依リ直ニ右弁済金ノ所有権ヲ取得シタルモノナル以上同法第477条ノ趣旨ニ鑑ミ其ノ弁済ハ有効ニシテYノ債権ハ之ニ因リ消滅シ同人ハ毫モ不当ニ利得シタルモノニ非スト解スルヲ正当トスルカ故ニ之ト反対ノ見地ニ立チテ原判決ヲ非難スル本論旨ハ何レモ理由ナク所論ノ判例ハ本件ニ適切ナラス」

第3章　盗品・遺失物についての例外

　取引により善意無過失で取得した動産であっても、その動産が盗品または遺失物であるときは、民法193条および194条の特則により、被害者または遺失主から動産の回復を求められることがありうる。民法192条は、もともとゲルマン法のゲヴェーレに由来するが、これは、動産所有者が受託者や賃借人のように相手方を信頼して占有を委せていたところ、その相手方がその信頼を裏切って第三者にその動産を処分したときに、第三者に対して返還を求めることができない（追及効の制限）とするものであり、盗品や遺失物のように動産所有者の意思に基づかないで動産の占有を失った場合には、所有者は第三者に対してもなお追及することができるのである。現在の時点で考えてみても、動産所有者が相手方を信頼して占有を委せていたところ、その相手方がその信頼を裏切って第三者にその動産を処分したときは、動産所有者にも相手方に対する見込み違いがあったのであり、善意無過失でかかる動産につき取引をした第三者の即時取得を認めざるを得ないが、動産所有者の意思に基づかないで盗まれたりなくしてしまった場合には、善意無過失で取引をした第三者に対して原則として動産の回復を求めうるという考え方は、それほど違和感を抱かれないであろう[97]。しかし、後者の占有離脱物の場合に、動産所有者がいつまでもまた常に無償で回復を求めることができるとすると、取引の安全を害することになる。そこで、民法193条は、当該動産が盗品または遺失物であるときは、2年間に限り善意無過失の譲受人に対しても無償でその動産の返還を請求できることとし、ただ、第三者が盗品または遺失物を競売もしくは公の市場において、またはその物と同種の物を販売する商人より買い受けたときは、民法194条により、第三者が支払った代価を弁償してその動産の返還を請求することができるものとしたのである[98]。

---

[97]　広中181頁以下。もっとも、子細に検討すれば、多くの人を十分納得させるものとはいえない。広中182頁、198頁。
[98]　我妻＝有泉229頁、川井115頁。

第3章　盗品・遺失物についての例外

第1節　占有物が盗品または遺失物であるときの被害者または遺失主の物の回復請求（民法193条）

民法193条は，「前条（192条）ノ場合ニ於テ占有物カ盗品又ハ遺失物ナルトキハ被害者又ハ遺失主ハ盗難又ハ遺失ノ時ヨリ2年間占有者ニ対シテ其物ノ回復ヲ請求スルコトヲ得」とする。その結果，動産を取引により善意無過失で取得し，通常であれば民法192条により即時取得しうる場合であっても，目的動産が盗品または遺失物であるときには，盗難または遺失の時より2年間は，被害者または遺失者（以下「被害者等」という）は，無償でその物の返還を請求しうることになるから，占有者はその2年間は不安定な地位に置かれることになる。

1　盗品または遺失物

盗品とは，窃盗または強盗により占有者の意思に反して占有を剥奪された物であり[99]，遺失物とは，占有者の意思によらずに，窃盗・強盗以外の方法でその占有を離脱した物である[100]。遺失物の拾得者は，遺失主が誰であるか分からないときには，遺失物を警察署長に差し出す必要があり（遺失物法1条1項），公告（同法1条2項）がなされた後6カ月内に遺失者が現れなければ，拾得者はその物の所有権を取得できるのであるが（民法240条），かかる手続を踏まずに拾得者が遺失物を第三者に処分したときには，遺失者は善意無過失の第三者に対してもなお回復を求めることができる。結局，盗品または遺失物とは，所有権や賃借権あるいは寄託等の権原に基づいて占有している者の意思によらずに，その者の占有から離脱した物をいう[101]。詐取された物や強迫による取得物は，盗品ではない。したがって，詐取した者や強迫により取得した者から第三者が善意無過失で取得し

---

[99] 古い判例であるが，「占有ノ目的物カ，盗品遺失物ノ如ク，所有者ノ意思ナクシテ其占有ヲ脱シタル場合ニ，善意無過失ノ第三者ヲシテ即時ニ其上ニ権利ヲ取得セシムルニ於テハ，所有者ニ対シテ苛酷ナル結果ヲ生スル為メニシテ，第193条カ多数ノ立法例ト共ニ所有者ノ為メニ回復ノ請求権ヲ認ムルハ，実ニ所有者カ其意思ナクシテ占有ヲ失ヒタリト云フノ点ニ存スルモノナリ。然レハ，委託物費消ノ場合ニ於テハ委託者ハ他人ヲ信シテ其物ノ保管ヲ為サシメタルモノニシテ，承諾上其物ノ占有ヲ受寄者ニ移シタル以上ハ，之ヲ信シタルカ為メニ生シタル結果ハ自ラ之ヲ甘受スルコトヲ要シ，善意無過失ノ第三者ヲシテ之ヲ負担セシムルコトヲ得サルノミナラス，民法第192条ノ即時取得ノ規定ハ，就中委託物費消ノ如キ場合ニ於テ其実用アルモノナレハ，民法第193条ノ盗品ヲ拡張シテ，他人ノ財産ヲ横領スル犯罪ニ関スル一切ノ物件ヲ其中ニ包含セシムルハ不可ナリ」としたものがある（大判明治41・10・8刑録14・827。同旨・大判明治34・7・4民録7・7・17）。

[100] 注釈民法(7)143頁以下〔好美〕，我妻＝有泉229頁。

[101] 鈴木177頁。

第1節　占有物が盗品または遺失物であるときの被害者または遺失主の物の回復請求（民法193条）

た場合，この動産は盗品ではない（契約は一応有効に成立している）から，民法192条による即時取得が認められる。また，店の商品を店員が持ち出して第三者に譲渡したような場合も，店主は店員に対する信頼を裏切られたのであり，民法193条の適用はないとする説が多く[102]，この説が妥当であろう。

2　回復請求権者の範囲

回復を請求できるのは，「被害者又ハ遺失主」である。多くの場合，目的物の原所有者であるが，賃貸あるいは寄託されていた物が盗まれたり，賃借人あるいは受寄者が遺失したりしたときは，賃借人または受寄者も，被害者または遺失主として回復請求権を行使しうる（後掲【90】〔傍論〕，後掲【93】〔傍論〕など。古くは，受寄者などは回復請求権を行使し得ないとする判例も存在した。後掲【89】）。なお，質権者が質物を盗まれたり遺失したときは，民法193条の回復請求権を行使しうるかが問題となる。民法352条・353条・200条2項を根拠に，否定説が多数であり，立法の経緯にも適う[103]。しかし，質権者が回復請求をなしうるとすることは，それによって質権設定者が所有権喪失を免れることができることをも意味するのであり，また質権者が同時に質権の対抗力を回復する結果となることも不当視すべきではないとして肯定説をとる見解も有力である[104]。判例は，否定説に立つ（【89】）。

【89】　大判明治40・2・4刑録13・86

［事実］〔事実関係の詳細は不明〕　X（原告・控訴人・上告人）は，本件公債証書の受寄者であるが，何者かに本件公債証書を窃取された。そこで，本件公債証書を所持しているY（被告・被控訴人・被上告人）等に対して，民法193条に基づきその返還を求めて本訴を提起した。原審は，Xの請求を認めない。X上告。上告棄却。

［判旨］「質権者ハ実体権者トシテ第193条ニ認許スル回復ノ請求権ヲ行フコトヲ得ヘシト雖モ民法ハ更ニ他ノ規定ヲ以テ此権利ヲ質権者ヨリ剥奪シタリ即チ第353条ノ規定ニ依ルトキハ動産質権者カ質物ノ占有ヲ奪ハレタルトキハ占有回収ニ依リテノミ其質物ヲ回復スルコトヲ得ルヲ以テ質物カ善意ノ占有者ノ所有ニ帰シタル第192条ノ場合ニ於テハ最早其回復ヲ請求スルニ由ナク従テ第193条ハ終ニ其適用ヲ見サルニ至ル質権者ニシテ既ニ然リ物ノ上ニ何等ノ実体権ヲ有セサル純然タル占有者代理占有者又然ラサルヲ得ス……以上ノ理由ニ依リ民法第193条ノ請求権ハ占有物上ニ所有権其他ノ実体権ヲ有スル者ニシテ始メテ之ヲ行使スルコトヲ得ヘク占有物上ニ何等ノ権利ヲ有セサル他人ノ物ノ受寄者ノ如キハ此権利ヲ行使スルコトヲ得ス蓋シ是等他人ノ為メニノミ占有ヲ為ス者カ盗難又ハ遺失ニ因リテ物ノ占有ヲ失ヒタルトキハ占有回収ノ訴ノ可能ナル間ハ自己ニ占有ヲ為サシメ

---

[102]　我妻＝有泉230頁，舟橋251頁，注釈民法(7)144頁〔好美〕，鈴木177頁など。
[103]　注釈民法(7)155頁以下〔好美〕，我妻＝有泉231頁，舟橋252頁以下，川井116頁以下など。
[104]　広中200頁，於保〔上〕218頁など。

タル占有者ノ代理人トシテ回収ノ訴ヲ提起シ盗品遺失物ヲ自己ノ手裡ニ回収スヘク回収ノ訴カ不能トナリタルトキハ自己ニ占有ヲ為サシメタル所有者実体権者ヲシテ回復ノ訴ニ依リ之レカ返還ノ請求ヲ為サシムルコトヲ要シ自身ニ此訴ヲ提起スルコトヲ得ス」

3　占有者の即時取得が成立する時

　盗品・遺失品につき善意無過失で取引をし占有の移転を受けた者が，当該動産を即時取得するのはいつの時点かが問題となる。2年間の回復期間はなお所有権は元の所有者に帰属し，回復期間が経過して初めて占有者が即時取得すると考えるのか（原所有者帰属説），それとも，占有者は占有取得の時点で一応目的動産を即時取得するが，2年間は回復請求を受けると考えるのか（占有者帰属説）である。原所有者帰属説によれば，被害者等は，回復請求権の行使により目的動産の占有を回復するということになり，占有者帰属説によれば，所有者または遺失者は，占有者から目的動産の所有権およびそれに伴う占有を回復するということになる。

　従来の判例は，原所有者帰属説に立つことを明らかにしており（【90】，【91】〔賍物故買罪〔筆者注：現行の盗品等有償譲受け罪〕の成否に関する刑事事件〕，後掲【93】など），この説をとる学説も多い[105]。富井博士は，盗品および遺失物は，古来より始めから即時取得の適用がないのであって，したがって所有者になお所有権が属するから，民法193条は2年間は「回復」することができるとしたのであり，占有者が民法192条の要件を充たして取得したときに例外的に2年の回復期間経過後即時取得を認めたものであるとする。川島博士は，民法193条の返還請求権は，所有権に基づくものではなく，系譜的には前にあったゲヴェーレに基づく請求権の制度に由来するが，民法192条の適用が排除されていると解し，回復期間は旧所有者の所有権は存続し，回復期間内は被害者・遺失主のほかに所有者も返還請求権を有するとする。好美教授や広中教授は，法律関係の簡明な把握のために原所有者帰属説の方が適切であり，占有者帰属説は法的構成をいたずらに複雑にし，議論を紛糾させるとされる。内田教授も，優劣を決するような結論の差異が生じない以上，占有者帰属説をとりあえず複雑な構成をする意味は乏しいとされる。

　しかし，占有者帰属説をとる学説も有力であり[106]，①回復請求権は，民法193条によって特別に認められたものであって，占有の回復とともに盗難または遺失時の本権関係を回復するものであると解することは可能であること（我妻＝有泉，末川），②民法192条の原則の意義を重く見て，所有権は常にこれによって即時取得され，民法193条によって回復が請求された場合には所有権が復帰す

---

105) 富井政章・民法原論第2巻物権（1914年）707頁以下，川島183頁，注釈民法(7)151頁以下〔好美〕，広中199頁以下，内田・463頁以下など。
106) 我妻＝有泉232頁，末川242頁以下，於保〔上〕217頁以下，松坂107頁，舟橋253頁以下，近江151頁，川井118頁など。

第 1 節　占有物が盗品または遺失物であるときの被害者または遺失主の物の回復請求（民法 193 条）

ると解することが即時取得制度の有する意義に一層適切であること（於保博士は，公信の原則からすれば，「回復」という文言に拘泥しないで，所有権は取得者に帰属していると解すべきであるとされる。舟橋博士も，即時取得を取得者の占有の効果とみる沿革から離れて，前主の占有に公信力を認めた制度として理解すべきであるとされる），③原所有者帰属説によると，回復請求を受けないときでも，2 年間は善意取得者は他人の物を占有していたことになるなどの不都合が生じること，などをその理由として挙げられている（我妻＝有泉，末川など）。

なお，所有権がその回復期間中どちらに属するかは大きな問題ではないとする説も多く[107]，その結果，この期間中の所有権の帰属は浮動的で，即時取得の時を決めることは無意味だとする見解も登場している[108]。所有権の帰属の違いによって実際上結論に差異が生ずるものとしては，回復期間内に占有者が破産した場合に，被害者等が取戻権を行使しえなくなるかといったケースに限られるであろうとされる[109]。原所有者帰属説によると，回復請求を受けないときでも 2 年間は善意取得者は他人の物を占有していたことになるが，善意の占有者であるから，その間の果実収取権を有する（民法 189 条）。

なお，最高裁判例は，民事事件に関するものも刑事事件に関するものも，回復請求権が行使されるまでの間の目的動産の所有権の帰属には触れないで判断しているものが多い（【92】，後掲【94】）。いずれにしても刑事事件の場合には，刑法的観点から判断することになり，民事事件における判断と異なっても差し支えはないというべきである[110]。

【90】　大判大正 10・7・8 民録 27・1373

［事実］〔事実関係の詳細は不明〕本件綿花の所有者 A から X（原告・被控訴人・被上告人）は，本件綿花を譲り受けた。その後，本件綿花は何者かによって盗まれた。Y（被告・控訴人・上告人）は，本件綿花を平穏公然善意無過失で占有している。そこで，X は Y に対して民法 193 条に基づき本件綿花の回復を求めて本件訴訟を提起した。Y は，民法 192 条の要件を備え，適法に本件綿花を占有しているのであって，X が A から本件綿花を譲り受けたとしても X は本件綿花の引渡しを受けていないから，Y に対して所有権を対抗しえないと主張した。原審は，所有者 A から本件綿花を X が譲り受けたものであって，Y は何らの正当の権限を有せずに本件綿花を占有している者であるから，X の引渡しの欠缺を主張する正当の利益を有しないとして，Y の主張を認めなかった。Y は，民法 192 条により本件綿花を即時取得しており，Y は A から民法 193 条による回復請求を受けていないので，所有権はなお Y にあり A にはなく，したがって A は X に本件綿花を譲渡できず，Y は X の引渡しの欠缺を主張しうるとして，上告。上告棄却。

［判旨］「民法第 193 条ハ平穏公然善意無過失

---

107) 星野 77 頁，注釈民法(7) 151 頁以下〔好美〕。
108) 鈴木 177 頁。
109) 内田 464 頁。
110) 舟橋 254 頁，内田 464 頁など。

第3章　盗品・遺失物についての例外

ニ動産ノ占有ヲ始メタル場合（即法文ニ所謂前条ノ場合）ト雖モ若シ其物カ盗品又ハ遺失物ナルトキハ占有者ハ盗難又ハ遺失ノ時ヨリ2年内ニ被害者又ハ遺失主ヨリ回復ノ請求ヲ受ケサルトキニ限リ始メテ其物ノ上ニ行使スル権利ヲ取得スト云フ旨趣ニシテ従テ又回復ト云フハ占有者カ一旦其物ニ付キ即時ニ取得シタル所有権其他ノ本権ヲ回復スルノ謂ニ非ス単ニ占有物ノ返還ト云フコトヲ意味スルモノニ外ナラス斯カル解釈ヲ採ラサル可カラサルコトハ占有ノ不任意喪失ト云フ点ニ於テ畢竟同一ニ帰著スル場合ヲ規定タル同法第195条ノ行文トノ対照上明白ノミナラス法文ニ依レハ所謂回復請求権ヲ有スル者ハ即被害者又ハ遺失主ナルコトニ徴スルモ亦明白ナリ何者被害者又ハ遺失主トハ単ニ盗難又ハ遺失ニ依リ不任意ニ其占有ヲ喪失シタル者ヲ意味スルニ止マリ決シテ何等カ其物ニ付キ本権ヲ有スル者タルヲ必要トセサルコトハ言ヲ竢タサル所ナルヲ以テ今若シ回復ト云フコトハ本権ノ回復ヲ指スモノトセムカ其帰スルトコロ自己カ始メヨリ之ヲ有セサル権利ヲ回復スト云フカ如キ極メテ奇異ナル結果ヲ観ルニ至ル可ケレハナリ」

【91】　大判大正15・5・28刑集5・192

[事実]　A方工場においてBは中古綿13貫を窃取した。同日頃氏名不詳者よりY（被告人・上告人）は，贓物であることを知っていながら本件中古綿を10円余にて買い受けた。そこで，贓物故買罪（刑法旧256条〔現行256条〕）によりYは起訴された。原審は，贓物故買罪の成立を認めた。Yは，氏名不詳者がYより民法192条の要件を充たして本件中古綿の所有権を取得したならば，氏名不詳者の占有と同時に本件中古綿は贓物性を失うから，これを買い受けても贓物故買罪は成立しないので，氏名不詳者について民法192条による即時取得が認められるか否かを審理すべきであるとして上告。上告棄却。

[判旨]　「原判示ニ依レハYハ大正14年9月7日……自宅ニ於テ氏名不詳者ヨリ贓物タル情ヲ知リBカ同日頃……A方工場ニ於テ窃取シタル中古綿13貫許ヲ10円余ニテ買受ケタルモノナリト云フニ在ルヲ以テ縦令所論ノ如ク氏名不詳者ト窃盗犯人タルBトノ間ニ在リテハ氏名不詳者カ民法第192条ノ要件ヲ具備シテ占有ヲ始メタルトキト雖盗難被害者ハ民法第193条ニ依リ盗難ノ時ヨリ2年間占有者ニ対シ其ノ物ノ回復ヲ請求スルコトヲ得ヘク判示ニ依レハ盗難ノ時ト判示買受ノ時トノ間未タ2年ヲ経過セサルコト明ナルヲ以テ判示買受ノ時ニ於テ判示中古綿ハ依然トシテ盗難被害者ノ所有ニ属シ尚盗贓タルノ性質ヲ有スルモノトス然レハ氏名不詳者ト窃盗犯人トノ関係如何ヲ判示スルノ要ナキモノニシテ論旨ハ其ノ理由ナシ」

【92】　最決昭和34・2・9刑集13・1・76

[事実]　本件反物がA方から窃取された。その数日後，Bが本件反物の売却方をY（被告人・上告人）に依頼し，Yは翌日本件反物をCに8万4,000円にて売り渡す約束をした。そこで，Yは贓物牙保の罪（刑法旧256条〔現行256条〕）で起訴された。Yは，本件反物がA方から窃取されたものであることは認めるが，Bが本件反物の窃盗犯人であることを否認するとともに，贓物性の認識をも否認し，善意無過失に本件反物を占有したものであるから，右贓物性は中断されているものというべく，したがって，Yの本件売買周旋行為につき贓物牙保罪は成立しないと主張した。第1審・原審とも，Yは本件反物が盗品であることを知りながら，その売

第1節　占有物が盗品または遺失物であるときの被害者または遺失主の物の回復請求（民法193条）

却の周旋をなしたことを認定し，贓物牙保罪の成立を認めた。原審は，贓物に関する罪は，財産権の保護を目的とするものであるから，贓物はその被害者が法律上これを追求しうるものであることを要するとし，民法192条により第三者が所有権を取得した後は当然に贓物性は失われるが，同法193条によると，盗品については所有者は盗難の時より2年間占有者に対してその物の回復を請求する権利があることを規定しているので，たとえ第三者が善意にこれを取得したとしても，それが窃取の時から2年内であるならば，贓物たるの性質を失うものではない，本件においては，本件反物をたとえBが善意で取得したものであるとしても，Yの本件犯行は本件反物が盗難にかかってから数日後に行われたものであって，いまだその贓物性は失われていない，したがって，それが盗品であることの情を知りながら，その売却の斡旋をしたYは贓物牙保の罪責を免れることはできないとした。Yは，Bが本件反物を善意無過失で民法192条の要件を充たして取得したので，本件反物は贓物性を失っているとして，上告。上告棄却。

［判旨］「所論は憲法違反を主張するけれども，その実質は単なる法令違反を主張するものであつて，上告の適法な理由とならない。（贓物に関する罪は，被害者の財産権の保護を目的とするものであり，被害者が民法の規定によりその物の回復を請求する権利を失わない以上，その物につき贓物罪の成立することあるは原判示のとおりである。）」

4　被害者等の回復請求訴訟提起時から目的動産返還時までの使用利益の帰属

占有者が被害者等から民法193条に基づき盗品等の返還訴訟を提起されて敗訴し，目的動産を被害者等に返還したときは，目的動産返還時までの使用利益を被害者等に支払う必要があるか。これについては，「善意ノ占有者カ本権ノ訴ニ於テ敗訴シタルトキハ其起訴ノ時ヨリ悪意ノ占有者ト看做ス」とする民法189条2項の適用が問題となり，適用を肯定し，占有者は，被害者等が民法193条に基づき盗品等の返還訴訟を提起した時より目的動産返還時までの使用利益を被害者等に支払う必要があるということになろう（後掲【95】参照）。

5　回復請求時の物の現存

回復請求権行使の時に盗品・遺失物が相手方の手中にあることが必要である。相手方の手中にないときは，物に代わる損害賠償も請求できない（前掲【42】〔民法194条に関する〕）[111]。

6　窃取された株券を小切手法21条により善意取得しえない所持人に対する被窃取者からの返還請求権

株券の受寄者から株券を窃取した者より，

111）我妻＝有泉232頁，注釈民法(7)147頁〔好美〕，広中200頁。

第3章　盗品・遺失物についての例外

株券を悪意または重大な過失で譲り受けた者は，株券を善意取得しえない（小切手法21条）。この場合，株券の受寄者が，株券の所持人に対してその返還を請求しうる根拠条文は，小切手法21条なのか，それとも民法193条なのかが問題となる。これにつき，判例（【10】〔16頁〕）は，株券の受寄者は，民法193条により所持人に対してその返還を求めることができるとしている。

第2節 盗品または遺失物を競売や公の市場等で善意で買い受けた者に対する回復請求（民法194条）

第2節 盗品または遺失物を競売や公の市場等で善意で買い受けた者に対する回復請求（民法194条）

民法194条は，「占有者カ盗品又ハ遺失物ヲ競売若クハ公ノ市場ニ於テ又ハ其物ト同種ノ物ヲ販売スル商人ヨリ善意ニテ買受ケタルトキハ被害者又ハ遺失主ハ占有者カ払ヒタル代価ヲ弁償スルニ非サレハ其物ヲ回復スルコトヲ得ス」とする。すなわち，民法193条により，無権利者から盗品または遺失物である動産を平穏公然・善意無過失で譲り受け占有したとしても，盗難または遺失の時より2年間は，所有者または被害者は占有者に対して無償でその物の回復を請求できるのであるが，占有者が競売や公の市場あるいはその物を同種の物を販売する商人から買い受けてその物の占有を取得した場合には，占有取得者の保護も必要になると考えて，民法194条は，所有者または被害者（以下「被害者等」という）は占有取得者に対して無償でその物の回復を請求することはできず，占有取得者が支払った代価を弁償した場合に限ってその物の回復を請求することができるとしたのである。物の回復請求にこのような制限を設けたのは，このような形での取引の場合には，占有の公信力を強くして，取引の安全を保護する必要があり[112]，善意無過失の第三者に対する回復請求を認めるにしても，第三者に経済的な損失は被らせるべきではないと考えられたためである[113]。

1 占有者の取引の形態

民法194条の適用を受けるためには，占有者が，競売，公の市場あるいはその物と同種の物を販売する商人より善意で買い受けたことが必要である。競売とは，動産の強制競売（民執134条），動産を目的とする担保権の実行としての競売（民執192条），あるいは国税徴収法による公売（税徴94条）などを指し，競り売りのみならず入札なども含む。公の市場による買い受けとは，広く店舗における買い受けを指す。したがって，その物と同種の物を販売する商人とは，店舗以外の場所で同種の物を販売する商人を指すことになり[114]，行商人やお祭りの露天商などがそれに当たる[115]。民間の競り売りは，競売に当たるとする説もあるが，むしろそれが行われる場所により，公の市場による買い受けに当たる場合もあるし，その物と同種の物を販売する商人からの買い受けに当たる場合もあるというべきである（インターネットオークションなどもこれに入る）。もっとも，いずれ

---

112) 我妻＝有泉233頁。
113) 川井118頁。
114) 注釈民法(7)160頁〔好美〕，我妻＝有泉233頁。
115) 内田464頁。

に当たるか区別する実益はない。

2 善意か善意無過失か

民法194条の適用を受けるためには、占有者が、善意で買い受けたことが必要とされ、無過失までは要求されていない。しかし、解釈論としては、善意無過失が要求されるというべきである。もちろん、占有者が、競売、公の市場あるいはその物と同種の物を販売する商人より買い受けた場合は、通常善意無過失で買い受けたということになるが、過失が認められる特別の事情があれば、本条の適用は排除される[116]。

3 代価弁償の性質

占有者の有する権利は、被害者等から代価弁償を受けるまで引渡請求を拒絶できるという抗弁権にすぎないのか（抗弁権説）、それとも代価弁償請求権といえるものなのかが問題となる。これについては見解が分かれていた。すなわち、抗弁権説は、被害者等から代価弁償を受けるまでは引渡請求を拒絶できるという抗弁権にすぎないのであるから、占有者が被害者等に目的動産を返還した場合には、もはや代価弁償請求はなしえないが、被害者等が代価弁償をすることなしに2年間が経過した場合には、占有者は完全に目的動産を取得しうることになるとするものであり、かつての大審院判例はかかる見解に立っていた（【93】）。

これに対して多数の学説[117]は、占有者は被害者等に目的動産を返還した場合には、代価弁償か目的動産の返還かのいずれかを請求できるとしている（これは一般に「請求権説」といわれる）。

近時最高裁判例は、請求権説の立場に立ち、占有者が盗品等を返還した場合もなお代価弁償請求をなしうるとしたのである（【94】）。もっとも、この判例は、被害者等の回復請求権の行使に対して占有者が代価の弁償との引換給付を主張したという事案であって、第1審判決が本件訴訟提起時から引渡し時までの使用利益相当分の返還を占有者に対して命じたため、占有者は負担の増大を回避するため第1審判決後目的動産を被害者等に返還したという点を考慮しており、被害者等からの回復請求権の行使がないにもかかわらず占有者の方から目的動産の受領を被害者等に求めるとともに、代価弁償を請求しうるとは考えていないといえるであろう[118]。その意味ではこの判例は、被害者等が目的動産の返還を受けたときは、占有者に代価弁償請求権がある

---

116) 注釈民法(7)161頁〔好美〕。
117) 我妻＝有泉233頁、舟橋256頁以下、広中201頁。川井119頁も基本的にこの説であるが、目的物の返還後は代価弁済請求権の行使しかできないとする。
118) 同旨・広中201頁。
119) 安永正昭「判例批評」判例セレクト'00（法学教室246号別冊）16頁〔2001年〕。佐賀徹哉「判例批評」平成12年度重要判例解説58頁〔2001年〕など。

第2節 盗品または遺失物を競売や公の市場等で善意で買い受けた者に対する回復請求（民法194条）

と考えているといえよう。このような意味での請求権説は，被害者等と占有者との公平を図るために妥当であるといえよう[119]。

〔抗弁権説に立つ大審院判例〕

【93】 大判昭和4・12・11民集8・923

［事実］Y（被告・被控訴人・上告人）は，本件指輪を所有していたが，Aにより盗取された。その後，装身具を取り扱う古物商であるBより，同種の商品を取り扱う同業者であるX（原告・控訴人・被上告人）が代金170円で，本件指輪を善意にて買い受け，その引渡しを受けた。その後Aに対する刑事事件となり，C県警察部においてその取調べがあった際，Xは捜査処分の証拠品として本件指輪を任意にC県警察部に提供した。C県警察部は，Xの承諾を得ることなく同日Yに本件指輪を仮下渡しした。そこでXは，Yに対し代価を弁償しないため本件指輪を回復することができないにもかかわらず，仮下渡しを受けこれを所持しているのは，Xの本件指輪に対する占有を侵奪したものにほかならないとして，占有権に基づきその回収を求め，もしその引渡しがなされないときは代償金の支払いを求めるとして本件訴訟を提起した。原審は，Yは占有を侵奪したとはいえないとして，Xの占有回収の訴えについてはこれを棄却したが，代価弁償請求についてはこれを認容した。Y上告。一部破棄・棄却。

［判旨］「案スルニ平穏且公然ニ動産ノ占有ヲ始メタル者カ善意ニシテ且過失無キトキト雖其ノ占有物ニシテ盗品又ハ遺失物ナル場合ハ被害者又ハ遺失主ヨリ2年内ニ其ノ回復請求ヲ受ケサルニ及テ茲ニ始メテ其ノ動産ノ上ニ行使スル権利ヲ取得ス可ク夫ノ一般ノ場合ノ如ク決シテ即時ニ此ノ権利ヲ取得スヘキモノニ非ス民法第193条ハ此ノ趣旨ヲ言顕ハシタルモノニシテ同条ニ『前条ノ場合ニ於テ』トアルハ『平穏且公然ニ動産ノ占有ヲ始メタル者カ善意ニシテ且過失ナキ』場合ニ於テト読ミ做ス可ク『其ノ動産ノ上ニ行使スル権利ヲ取得ス』トアル文詞ニ承接スル意味ニ解スヘキニ非サルナリ蓋シ若シ之ヲ爾ラストシ此ノ場合ト雖占有者ハ一旦ハ即時ニ当該ノ権利ヲ取得スルモノトセムカ法文ニ所謂回復トハ此ノ権利ヲ還元スルノ義ニ解セサル可カラス而モ此ノ回復請求権ヲ有スル者カ被害者又ハ遺失主ナルコトハ規定ノ上ニ昭々タルト共ニ凡ソ被害者又ハ遺失主トハ単ニ不任意ニ占有権ヲ喪失シタル者ノ謂ニシテ必スシモ本権ヲ有スル者ニ限ラサルカ故ニ茲ニ本権ヲ有セサル被害者又ハ遺失主ト雖民法第193条アルニ因リテ其ノ元来有セサリシ本権ヲ回復スルヲ得トト云フ極メテ不可解ナル結果ヲ見ルニ至ラムナリ豈斯カル理アラムヤ然レハ盗品又ハ遺失物ノ場合ニハ占有者ニ於テ其ノ物ノ上ニ行使スル権利ヲ即時ニ取得スルモノニ非スト解スルト同時ニ此ノ場合ニ於ケル回復トハ猶引渡ト云フカ如ク単ニ占有権ノ移転ヲ意味スルニ過キスト解スヘキハ亦何等ノ疑ヲ容ル可カラス而シテ此ノ回復ハ無条件ニ之ヲ請求スルヲ得ルヤト云フニ必スシモ爾ラス或場合ニハ占有者ノ払ヒタル代価ヲ弁償スルニ非サレハ回復ヲ為シ得サルヘク即之ヲ占有者ノ側ヨリ云ハハ右ノ弁償ナキ限リ其ノ回復ノ請求ニ応セサルコトヲ得ヘシ民法第194条ハ此ノコトヲ規定シタルモノニ外ナラス故ニ同条ハ占有者ニ与フルニ一ノ抗弁権ヲ以テスルニ止マリ一ノ請求権ヲ認ムルノ法意ニ非ス而モ斯クスルコトハ実ニ回復者ニ便ナルト同時ニ亦占有者ニモ有利ナリ何者回復者ハ占有者ノ払ヒタル代価ヲ弁償シテマテモ物ヲ回復セムトスル程爾ク今ヤ其ノ物ニ執着セサルコトアルヘキト共ニ弁償ノコトナクシテ其ノ間2年ノ歳月ヲ経

過スルトキハ茲ニ占有者ハ完全ニ其ノ物ノ上ニ行使スル権利ヲ保有シ得テ以テ其ノ物ヲ買受ケタル当初ノ目的ヲ達シ得ヘキヲ以テナリ従テ回復者ニ於テ代価ノ弁償ヲ為スコト無クシテ恣ニ物ヲ持チ去リタル場合ニ於テハ占有者ハ占有ノ回収ヲ請求スルヲ得ヘキモ（民法第203条但書参照）代価弁償ノ如キハ固ヨリ其ノ請求ヲ為シ得ルノ限ニアラス否物ヲコソ欲スヘケレ斯カル請求ハ抑モ始メヨリ其ノ望ムトコロニ非サラムナリ然ラハ則チ斯ル弁償請求権アリトノ前提ニ立テル当該原判決ハ此ノ点ニ於テ既ニ失当タルヲ免レス」

〔請求権説に立つ最高裁判例〕

【94】 最判平成12・6・27民集54・5・1737

［事実］　X（原告・反訴被告・被控訴人・付帯控訴人・被上告人）は、土木機械（以下「本件バックホー」という）を所有していたが、平成6年10月末ころ、Aほか1名にこれを盗取された。Y（被告・反訴原告・控訴人・付帯被控訴人・上告人）は、同年11月7日、無店舗で中古機械の販売業務を営むBから、本件バックホーを300万円で購入し、その代金を支払って引渡しを受けた。購入の際、Yは、Bがバックホーの処分権限があると信じ、そのように信ずるにつき過失はなかった。平成8年8月8日、Xは、Yに対して本件訴訟を提起し、所有権に基づきバックホーの引渡しを求めるとともに、本件バックホーの使用利益相当額として訴状送達の翌日である同月21日から引渡し済みまで1カ月45万円の割合による金員の支払いを求めた。これに対してYは、右金員の支払義務を争うとともに、民法194条に基づき、Xが300万円の代価を支払わない限り本件バックホーは引き渡さないと主張した。

第1審判決は、Yに対して、(1) Xから300万円の支払いを受けるのと引替えに本件バックホーをXに引き渡すよう命ずるとともに、(2) Xが本件訴えを提起した時から本件バックホー引渡し済みまでYにはこの物の使用によって得た利益を不当利得としてXに返還する義務があるとして、本件訴状送達の日の翌日である平成8年8月21日から1カ月30万円の割合による金員の支払いをYに対して命じた。Y控訴、X付帯控訴。Yは、一審判決によって本件バックホーの引渡し済みまで1カ月30万円の割合による金員の支払いを命じられたため、その負担の増大を避けるため、平成9年9月2日に、代価の支払いを受けないまま本件バックホーをXに引き渡し、Xはこれを受領した。Xは、引渡請求にかかる訴えを取り下げたうえ、本件訴状送達の日の翌日である平成8年8月21日から本件バックホー引渡しの日まで1カ月40万円の割合により計算した額である497万950円の支払いを求める訴訟に請求額を変更した（本訴請求事件）。他方、YはXに対して、民法194条に基づく代価弁償として300万円の支払いと、本件バックホー引渡しの日の翌日である平成9年9月3日から支払済みまで民法所定の年5分の割合による遅延損害金等の支払いを求めて反訴を提起した（反訴請求事件）。

原審は、占有者が民法194条に基づく主張をすることができる場合でも、代価が弁償されると物を返還しなければならないのであるから、本権者から提起された返還請求訴訟において本権者に返還請求権があると判断されたときは、占有者は民法189条2項により本権の訴え提起の時から悪意の占有者とみなされ、民法190条1項に基づき果実を返還しなければならないこと、および、Yは、民法194条に基づきXに対して代価の弁償を請求することができ、右債務

第2節　盗品または遺失物を競売や公の市場等で善意で買い受けた者に対する回復請求（民法194条）

は反訴状送達の日の翌日から遅滞に陥ることを理由として，Xの本訴請求につき，Xの主張通りの期間，1カ月22万円の割合により計算した金員（273万2258円）の支払いを求める限度で認容し，Yの反訴請求につき，300万円，およびこれに対する反訴状送達の日の翌日である平成9年11月18日から支払済みまで年5分の割合による金員の支払いを求める限度で認容した。Yは，本件バックホーの使用利益の返還義務はないとして上告。一部破棄自判・一部棄却。

[判旨]「1　盗品又は遺失物（以下「盗品等」という。）の被害者又は遺失主（以下「被害者等」という。）が盗品等の占有者に対してその物の回復を求めたのに対し，占有者が民法194条に基づき支払った代価の弁償があるまで盗品等の引渡しを拒むことができる場合には，占有者は，右弁償の提供があるまで盗品等の使用収益を行う権限を有すると解するのが相当である。けだし，民法194条は，盗品等を競売若しくは公の市場において又はその物と同種の物を販売する商人から買い受けた占有者が同法192条所定の要件を備えるときは，被害者等は占有者が支払った代価を弁償しなければその物を回復することができないとすることによって，占有者と被害者等との保護の均衡を図った規定であるところ，被害者等の回復請求に対し占有者が民法194条に基づき盗品等の引渡しを拒む場合には，被害者等は，代価を弁償して盗品等を回復するか，盗品等の回復をあきらめるかを選択することができるのに対し，占有者は，被害者等が盗品等の回復をあきらめた場合には盗品等の所有者として占有取得後の使用利益を享受し得ると解されるのに，被害者等が代価の弁償を選択した場合には代価弁償以前の使用利益を喪失するというのでは，占有者の地位が不安定になること甚だしく，両者の保護の均衡を図った同条の趣旨に反する結果となるからである。また，

弁償される代価には利息は含まれないと解されるところ，それとの均衡上占有者の使用利益を認めることが両者の公平に適うというべきである。

これを本件について見ると，Yは，民法194条に基づき代価の弁償があるまで本件バックホーを占有することができ，これを使用収益する権限を有していたものと解される。したがって，不当利得返還請求権又は不法行為による損害賠償請求権に基づくXの本訴請求には理由がない。これと異なり，Yに右権限がないことを前提として，民法189条2項等を適用し，使用利益の返還義務を認めた原審の判断には，法令の解釈適用を誤った違法があり，右違法は原判決の結論に影響を及ぼすことが明らかである。この点をいう論旨は理由がある。

2　本件において，YがXに対して本件バックホーを返還した経緯は，前記一のとおりであり，Yは，本件バックホーの引渡しを求めるXの本訴請求に対して，代価の弁償がなければこれを引き渡さないとして争い，第一審判決がYの右主張を容れて代価の支払と引換に本件バックホーの引渡しを命じたものの，右判決が認めた使用利益の返還債務の負担の増大を避けるため，原審係属中に代価の弁償を受けることなく本件バックホーをXに返還し，反訴を提起したというのである。右の一連の経緯からすると，Xは，本件バックホーの回復をあきらめるか，代価の弁償をしてこれを回復するかを選択し得る状況下において，後者を選択し，本件バックホーの引渡しを受けたものと解すべきである。このような事情にかんがみると，Yは，本件バックホーの返還後においても，なお民法194条に基づきXに対して代価の弁償を請求することができるものと解するのが相当である。大審院昭和4年(オ)第634号同年12月11日判決・民集8巻923頁（【93】）は，右と抵触する限度で変更す

即時取得の判例総合解説　129

べきものである。

そして、代価弁償債務は期限の定めのない債務であるから、民法412条3項によりXはYから履行の請求を受けた時から遅滞の責を負うべきであり、本件バックホーの引渡しに至る前記の経緯からすると、右引渡しの時に、代価の弁償を求めるとのYの意思がXに対して示され、履行の請求がされたものと解するのが相当である。したがって、Xは代価弁償債務につき本件バックホーの引渡しを受けた時から遅滞の責を負い、引渡しの日の翌日である平成9年9月3日から遅延損害金を支払うべきものである。それゆえ、代価弁償債務及び右同日からの遅延損害金の支払を求めるYの反訴請求は理由がある。そうすると、反訴状送達に先立つ履行の請求の有無につき検討することなく、Xの代価弁償債務が右送達によってはじめて遅滞に陥るとした原判決の判断には法令の解釈適用を誤った違法があり、右違法は原判決の結論に影響を及ぼすことが明らかである。この点をいう論旨は理由がある。」

4 被害者等の回復請求訴訟提起時から目的動産返還時までの使用利益の帰属

上記最高裁判例（前掲【94】）は、占有者は、被害者等から返還請求訴訟を提起されその請求が認容されたときは、民法189条2項により本権の訴え提起の時から悪意の占有者とみなされ、民法190条1項に基づき本件訴え提起の時から引渡しの日まで目的動産の使用利益の返還義務を負うことになるかという問題についても新しい判断を示し、占有者は、代価弁償の提供があるまで盗品等の使用収益を行う権限を有すると解するのが相当であり、それまでの使用利益の返還義務は生じないとした。その理由として同判例は、①民法194条は、占有者と被害者等との保護の均衡を図った規定であるところ、被害者等は代価を弁済して盗品等を回復するか、盗品等の回復をあきらめるかの選択権を有するが、占有者は、被害者等が盗品等の回復をあきらめた場合には盗品等の所有者として占有取得後の使用利益を享受し得るのに、被害者等が代価の弁償を選択した場合には代価弁償以前の使用利益を喪失するというのでは、占有者の地位が不安定になり、両者の保護の均衡を図った同条の趣旨に反する結果となること、および、②弁償される代価には利息は含まれないのであり、それとの均衡上占有者の使用利益を認めることが両者の公平に適うというべきこと、を挙げる。民法194条の文理よりするも、被害者等が代価の弁償をして初めて回復請求できることにしており、被害者等が回復請求の意思を表示しても代価の弁償の提供またはその供託をしない間は、占有者は目的動産について使用収益権限を有すると解さないと、両者の衡平を計りえないであろう。判例【94】の考えは、妥当なものであるといえる[120]。

---

120) 安永・注119掲記「判例批評」判例セレクト'00 16頁。佐賀・注119掲記「判例批評」58頁，池田恒男「判例批評」判タ1046号67頁〔2001年〕は、この考えに批判的である。

第2節 盗品または遺失物を競売や公の市場等で善意で買い受けた者に対する回復請求（民法194条）

5 回復請求時の物の現存

ここでは，被害者等が盗品等の回復請求権を行使する前に，目的動産が滅失した場合に，回復請求権は消滅するが，回復に代わる賠償を請求しうるかが問題となるが，判例は，回復に代わる賠償も請求しえないとしている（前掲【42】）。

6 古物商や質屋が盗品・遺失物を善意で取得した場合の特則

古物商や質屋が盗品・遺失物を善意で取得しても，被害者・遺失主は，無償でその物の返還を請求できる（古物営業法20条〔同法は，平成7年（1995年）4月法律66号により改正され，旧21条が一部改正されるとともに20条に繰り上げられた〕・質屋営業法22条・公益質屋法15条1項）。これらの規定は，民法194条の特則ということになる（【95】）。専門の業者の注意義務を重視し，また，専門の業者間で通謀により盗品等をたらい回しにして，被害者・遺失主の回復を困難にする（悪意の立証が困難であるため）ことを防止するためである。ただし，無償で返還を求めることができるのは，1年間に限られる。

【95】　東京高判昭和57・2・25判時1039・75

［事実］　X（原告・被控訴人）は，本件機械（工作機械）を1,320万円で買受け代金を完済して所有権を取得した。本件機械は工事現場において盗まれた。それから十数日後，Y（被告・控訴人）は，土建業者であるAからその占有にかかる本件機械を400万円で買い受け，その引渡しを受けた。Yは，古物商の営業許可を受けたものである。そこでXはYに対して，本件機械をXが所有していることの確認と所有権に基づく引渡しならびに本件訴状送達の翌日から引渡し済みまで1カ月金30万円の割合による賃料相当額の損害金の支払いを求めて本訴を提起した。これに対してYは，①仮にAが本件機械の所有者でなかったとしても，Yは本件機械を即時取得した，②仮に本件機械が盗品であったとしても，Aは本件機械と同種の物を販売する商人であったから，Yは本件機械の代金400万円の弁償を受けなければ，本件機械を返還することはできない，③古物営業法は取締法規にすぎず，同法21条は民法194条の特則をなすものではない，と主張した。第1審はXの請求を認容。Y控訴。控訴棄却。

［判旨］　「四　Yは，仮に本件機械が盗品であったとしても，Yは，本件機械を同種の物を販売する商人であるAから代金400万円で買受けたから，Xは，その代価を弁償すべき義務があると主張するのであるが，Aが土建業者であることは先に認定したとおりであって，Aが更に本件機械と同種の物を販売する商人であることについては，これを認めるに足る証拠がないのみならず，Yが古物商の営業許可を受けたものであることは当事者間に争いがないから，民法第194条の特則である古物営業法第21条により，本件機械を無償で返還すべき義務あることは明らかである。

五　YがXの本件機械に対する所有権を争い，その引渡しを拒んでいることは，当事者間に争いがない。

従って，Yは，Xの本件機械についての使用収益を妨げているものというべきところ，≪証

拠略≫によれば，本件機械を他に賃貸するときは，少なくとも1カ月金30万円の収益をあげうるものであることが認められ，右認定に反する証拠はない。

本件訴状が昭和55年3月8日Yに送達されたことは，本件記録により明らかである。

　六　以上によれば，Xの本訴請求はすべて理由があり，これを認容した原判決は相当であるから，本件控訴は失当としてこれを棄却すべきものである。」

判　例　索　引

【　】内は本書の判例通し番号，【　】右の太字は［判旨］掲載頁を示す。

大判明治 34・7・4 民録 7・17 …………………118
大判明治 35・10・14 刑録 8・9・54，新聞 111・16
　…………………………………………【1】8
大判明治 35・10・14 刑録 8・9・58 …………【4】10
大判明治 40・2・4 刑録 13・86 ………………【89】119
大判明治 40・12・6 民録 13・1174 ……………【40】50
大判明治 41・9・1 民録 14・876 …………46,【44】57
大判明治 41・10・8 刑録 14・827 ………………118
大判大正 1・9・25 民録 18・799 ……………【11】18
大判大正 1・10・2 民録 18・772 ………………【5】11
大判大正 4・5・20 民録 21・730，新聞 1025・28
　…………………………………………【39】50
大判大正 5・5・16 民録 22・961 ………【73】98, 100, 101
大判大正 6・3・23 民録 23・392 ………………【8】13
和歌山地判大正 6・10・26 新聞 1340・22 …【37】49
大判大正 8・10・2 民録 25・1730 ……………【13】19
大判大正 9・11・24 民録 26・1862 ………………10
大判大正 10・2・17 民録 27・329 ……………【2】9
大判大正 10・7・8 民録 27・1373 ……………【90】121
大判大正 15・5・28 刑集 5・192 ……………【91】122
大判昭和 2・2・1 民集 6・35 …………………【12】18
大判昭和 3・7・4 新聞 2901・9 ………………【38】49
大判昭和 3・8・8 新聞 2907・9 ………………【3】9
大判昭和 4・2・27 新聞 2957・9 …………………49
大判昭和 4・12・11 民集 8・923 ………………【93】127
大判昭和 5・5・10 新聞 3145・12 …………………51
大判昭和 5・5・20 新聞 3153・14 ……………【78】102
大判昭和 6・1・14 新聞 3224・11 …………………20
大判昭和 6・11・26 新聞 3347・14 ……………【46】58
大判昭和 6・9・16 民集 10・675 ……………………19
大判昭和 7・2・17 法学 1・下 208 …………………97
大判昭和 7・2・23 民集 11・148 ………………【9】15
大判昭和 7・5・18 民集 11・1963 ……………………49
大判昭和 7・12・22 新聞 3517・13 …………………97
大判昭和 7・12・26 大審院裁判例 6・民 361 ………50
大判昭和 8・2・13 新聞 3520・11 ………………【80】106
大判昭和 8・5・24 民集 12・1565 ……………【45】58
大判昭和 8・7・20 新聞 3591・13 ……………【47】59
大判昭和 8・8・9 新聞 3593・13 …………………24
大判昭和 9・4・6 民集 13・492 ………………10, 52
大判昭和 10・5・20 大審院裁判例 9・民 145 ………97
大判昭和 10・5・31 大審院裁判例 9・民 156 ………97
大判昭和 10・7・9 大審院判決全集 1・20・13 ……25
大判昭和 11・5・21 法律学説判例評論全集 25・
　民法 633 …………………………………【17】25
大判昭和 12・1・26 新聞 4109・6 …………………97
大判昭和 12・9・16 新聞 4181・14 …………【81】106
大判昭和 13・1・28 民集 17・1 ………………【86】112
大判昭和 13・4・19 大審院判決全集 5・9・4 ………97
大判昭和 13・9・28 民集 17・1759 ……………【87】114
大判昭和 13・11・12 民集 17・2205 ……………【88】115
福岡地判昭和 14・8・31 法学 9・89 ………………97
大判昭和 16・6・27 新聞 4714・16 …………………97
仙台地判昭和 25・8・18 下民 1・8・1318 …………97
最判昭和 26・11・27 民集 5・13・775 …………【42】54
福岡高判昭和 28・7・22 高民 6・7・388 ………【14】20
大阪地判昭和 29・8・10 下民 5・8・1303 …………103
最判昭和 29・11・5 刑集 8・11・1675 …………【6】12, 13
東京地判昭和 30・9・10 下民 6・9・1952 …………22
福岡高判昭和 30・5・25 高民 8・5・331 ………【21】27
東京高判昭和 31・1・24 下民 7・1・75 ………【18】26
東京地判昭和 31・4・28 下民 7・4・1079 ……【30】39
函館地判昭和 31・6・20 下民 7・6・1593 …………97
東京高判昭和 31・11・26 下民 7・11・3360 ………25
大阪地判昭和 31・11・30 下民 7・11・3488 ………45
青森地判昭和 32・11・28 下民 8・11・2211 ………10
最判昭和 32・12・27 民集 11・14・2485
　…………………………………………【75】100, 101
高松高判昭和 33・8・29 高刑 11・5・294 …………97
最決昭和 34・2・9 刑集 13・1・76 ……………【92】122
大阪地判昭和 34・12・17 下民 10・12・2621 …【82】107
最判昭和 35・2・11 民集 14・2・168 ……【76】100, 109
東京高判昭和 35・4・27 下民 11・4・937 ……【65】80
福井地判昭和 36・4・10 下民 12・4・748 …………97

判例索引

最判昭和 36・9・15 民集 15・8・2172 ……………【15】21
仙台地判昭和 36・12・26 下民 12・12・3227 …【66】81
福岡高判昭和 37・11・13 金法 327・7 ………………12
大阪高判昭和 38・7・16 高民 16・6・447 ……………97
最判昭和 39・1・24 判時 365・26 ………………【7】12
大阪高判昭和 39・2・29 判時 372・27 …………【79】102
東京高判昭和 39・12・2 東高民時報 15・12・245
　……………………………………………………【34】43
大阪地判昭和 41・4・28 判タ 191・184 ………【35】45
最判昭和 41・6・9 民集 20・5・1011 …40,【36】46, 93
最判昭和 42・4・27 判時 492・55 ………………【48】62
最判昭和 42・5・30 民集 21・4・1011 …………【41】51
横浜地判川崎支判昭和 43・6・29 ………………【67】83
最判昭和 44・11・21 判時 581・34 ……………【33】43
東京地判昭和 44・12・15 判時 594・75 …27,【29】37
東京地判昭和 44・12・22 判時 588・84 ………【19】26
山形地判昭和 45・5・28 判タ 253・303 ………………27
東京高判昭和 45・5・28 判時 595・56 ………………27, 40
東京地判昭和 45・7・17 判時 616・81 …………【22】28
東京高判昭和 45・7・20 判時 602・56 …………【20】27
最判昭和 45・7・24 民集 24・7・1116 ………………8
最判昭和 45・12・4 民集 24・13・1987 ……【31】40, 41
東京地判昭和 46・2・24 判時 636・68 ………………57
東京高判昭和 46・8・24 判タ 270・326 ……………97
名古屋高判昭和 46・9・20 下民 22・9～10・947
　……………………………………………………【77】101
横浜地判昭和 47・6・5 判タ 283・276 ………………58
最判昭和 47・11・21 民集 26・9・1657 ………【43】55
広島地呉支判昭和 47・11・27 判時 705・93 …【56】70
大阪地判昭和 47・12・21 判時 713・100，判タ
　298・397 …………………………………………【16】23
神戸地判昭和 48・7・23 下民 24・5～8・494，判
　時 721・81 ………………………………………【49】63
東京高判昭和 49・12・10 下民 25・9～12・1033，
　判タ 324・212 …………………………………【50】64
最判昭和 50・2・28 民集 29・2・193 …………【25】33
最判昭和 50・4・25 判時 781・67 ………………………8
福岡高宮崎支判昭和 50・5・28 金判 487・44
　……………………………………………………【51】64
東京地判昭和 50・6・26 下民 26・5～8・500，判
　時 800・67 ………………………………………【69】85
松山地西条支判昭和 50・7・17 判時 803・110
　……………………………………………………【74】99
広島地判昭和 51・11・30 判時 855・101 ……【70】87
最判昭和 52・3・31 金法 835・33 ……………………31
東京地判昭和 52・5・31 判時 871・53 …………【59】74
大阪高判昭和 54・8・16 判時 959・83 …………【72】91
東京高判昭和 54・11・27 判時 948・104，判タ
　404・138……………………………………………103, 110
名古屋高判金沢支判昭和 54・12・24 下民 30・9
　～12・694，判タ 412・156 …………………【84】108
名古屋地判昭和 55・7・11 判時 1002・114，判タ
　426・184 …………………………………………【60】74
東京地判昭和 55・12・12 判時 1002・103 ……【61】75
大阪地判昭和 56・1・29 判タ 448・135 ………【68】84
大阪地判昭和 56・2・24 金判 639・34 …………【63】78
最判昭和 56・7・14 判時 1018・77，判タ 453・78，
　金判 632・13 ……………………………………【27】35
東京高判昭和 57・2・25 判時 1039・75 ……【95】131
最判昭和 57・9・7 民集 36・8・1527 …………【85】109
最判昭和 57・12・17 判時 1070・26 ……………【26】34
東京地判昭和 58・5・12 判タ 506・106 ………【57】71
大阪高判昭和 58・5・31 判時 1093・87，判タ
　504・98……………………………………………【52】65
福井地判昭和 58・12・26 判タ 521・203 ………【28】35
福岡高判昭和 59・3・21 判時 1128・54 …………【58】73
千葉地判昭和 59・3・23 判時 1128・56 ……………61
最判昭和 59・4・20 判時 1122・113
　……………………………………………………【10】16, 124
大阪高判昭和 60・5・31 金判 727・27 …………【53】67
東京高判昭和 60・9・17 判時 1182・80，判タ
　578・75 …………………………………………【23】28
東京高判昭和 60・11・20 判タ 604・121 ……………47
東京地判昭和 61・11・27 金判 774・46 ………【54】68
最判昭和 62・4・24 判時 1243・24 ……………【24】30
東京高判昭和 62・4・27 判タ 658・117 ……………25
大阪地判昭和 63・8・17 判タ 683・154 ……【83】108
旭川地判平成 1・7・31 判タ 718・130 …………【64】79
東京地判平成 4・9・24 判時 1468・108 ………【32】41
東京地判平成 7・9・25 判タ 915・126 …………【62】76
東京高判平成 8・12・11 判タ 955・174 ………【55】69
福岡高判平成 9・12・25 判時 1635・91 ………【71】88
最判平成 12・6・27 民集 54・5・1737 ………【94】128

〔著者紹介〕
生熊 長幸（いくま ながゆき）

略歴　1945　茨城県水戸市に生まれる
　　　1968　東北大学法学部卒業後直ちに東北大学法学部助手
　　　1973　岡山大学法文学部講師
　　　1975　岡山大学法文学部助教授
　　　1984　岡山大学法学部教授
　　　1993　大阪市立大学法学部教授
　　　2001　大阪市立大学大学院法学研究科教授
　　　博士（法学）
現職　大阪市立大学大学院法学研究科教授

〔主要著作〕
著書　執行妨害と短期賃貸借（有斐閣）（2000年）
　　　物上代位と収益管理（有斐閣）（2003年）
　　　民法II—物権（共著）〔第2版〕（有斐閣）（1994年）
　　　幾代通＝広中俊雄編・新版注釈民法（15）〔増補版〕（共著）（有斐閣）（1996年）
　　　柚木馨＝高木多喜男編・新版注釈民法（9）（共著）（有斐閣）（1998年）
論文　「短期賃貸借保護の制度改正の視点（上）（下）—担保・執行法制改正に寄せて—」ジュリスト1216号・1217号（2002年）
　　　「担保・執行法制の改正問題（4）短期賃貸借制度の改正に関して（上）（下）」NBL738号・739号（2002年）ほか

即時取得の判例総合解説　　　判例総合解説シリーズ
2003（平成15）年7月25日　第1版第1刷発行　5641-0101

著　者　生熊長幸
発行者　今井 貴・稲葉文子　　発行所　株式会社信山社　東京都文京区本郷6-2-9-102
　　　　　　　　　　　　　　　電話（03）3818-1019　〔FAX〕3818-0344〔営業〕　郵便番号113-0033
　　　　　　　　　　　　　　　印刷／製本　松澤印刷株式会社

©2003，生熊長幸　Printed in Japan　落丁・乱丁本はお取替えいたします。　NDC分類324.211
ISBN 4-7972-5642-7　　　　　　　★定価はカバーに表示してあります。

Ⓡ〈日本複写権センター委託出版物・特別扱い〉　本書の無断複写は，著作権法上での例外を除き，禁じられています。本書は，日本複写権センターへの特別委託出版物ですので，包括許諾の対象となっていません。本書を複写される場合は，日本複写権センター（03-3401-2382）を通して，その都度，信山社の許諾を得てください。

【民法全般】

民法研究 1・2号　3号近刊　広中俊雄責任編集　2,500円
日本民法典資料集成　広中俊雄編　第1巻　民法典編纂の新方針　近刊
民法の基本問題　菅野耕毅著　7,600円
明治民法編纂史研究　星野通編　48,544円
21世紀の日韓民事法学——高翔龍先生還暦記念論文集　近刊
　　　　能見善久・瀬川信久・内田貴・大村敦志編
初版民法要義　巻之一總則篇　梅謙次郎著　33,107円
初版民法要義　巻之五相続篇　梅謙次郎著　45,087円
初版民法要義　巻之三債権篇　梅謙次郎著　80,000円
初版民法要義　巻之四親族篇　梅謙次郎著　52,000円
初版民法要義巻之二物権篇　梅謙次郎著　50,000円
初版民法要義（財産法全3巻）　梅謙次郎著　163,107円
初版民法要義（身分法全2巻）　梅謙次郎著　97,087円
民法原理　債権總則 完　梅謙次郎著　120,000円
民法原理　總則編［巻之一．二合本］　梅謙次郎著　78,000円
民法講義　梅謙次郎著　35,000円　民法總則　梅謙次郎著　80,000円
仏訳日本帝国民法典　富井政章・本野一郎訳　20,000円
帝国民法正解［明治29年］第1巻　穂積陳重・富井政章・梅謙次郎・
　　松波仁一郎・仁保亀松仁・井田益太郎著　27,000円
帝国民法正解［明治29年］第2巻　穂積陳重・富井政章・梅謙次郎・
　　松波仁一郎・仁保亀松・仁井田益太郎著　32,000円
帝国民法正解［明治29年］第3巻　穂積陳重・富井政章・梅謙次郎・
　　松波仁一郎・仁保亀松・仁井田益太郎著　35,000円
帝国民法正解［明治29年］第4巻　穂積陳重・富井政章・梅謙次郎・
　　松波仁一郎・仁保亀松・仁井田益太郎著　35,000円
帝国民法正解［明治29年］第5巻　穂積陳重・富井政章・梅謙次郎・
　　松波仁一郎・仁保亀松・仁井田益太郎著　45000円
帝国民法正解［明治29年］第6巻　穂積陳重・富井政章・梅謙次郎・
　　松波仁一郎・仁保亀松・仁井田益太郎著　45,000円
法典質疑問答　第1編　民法總則全　梅謙次郎編　27,184円
法典質疑問答　第2編　物権法全　法典質疑編　27,184円
法典質疑問答　第3編　民法債権全　法典質疑会編　31,068円
法典質疑問答　第4編　民法親族相続　法典質疑会編　25,243円
日本民法学史・通史　水本浩・平井一雄著　8,000円
日本民法学史・各論1　水本浩・平井一雄著　10,000円
獨逸民法論
　　（第1巻総則）　ハインリヒ・デルンブルヒ著　副島義一・中村進年・山口弘一訳　50,000円
　　（第2巻物権）　ハインリヒ・デルンブルヒ著　瀬田忠三郎・古川五郎・山口弘一訳　45,000円
　　（第3巻総則）　ハインリヒ・デルンブルヒ著　瀬田忠三郎・古川五郎・山口弘一訳　60,000円
　　（第4巻債権）　ハインリヒ・デルンブルヒ著　浩田忠三郎・古川五郎・山口弘一訳　70,000円
民法論上［民法原論］　伊藤進著　6,000円

民法論下［物権・債権］　伊藤進著　6,000円
注釈民法理由（全3巻）　岡松参太郎著　180,000円
ローマ法とフランス法における債権譲渡　井上正一著　12,000円（未刊）
メディクス・ドイツ民法　河内宏・河野俊行訳（上）12,000円（下）（未刊）
民法釈義　証拠編之部　磯部四郎著　26,000円
民法釈義　人事編之部（下）　磯部四郎著　30,000円
民法釈義　人事編之部（上）　磯部四郎著　30,000円
民法修正案理由書　第四編　第五編　58,252円
日本帝国民法典並びに立法理由書　ボアソナード訳
　　第一巻　57,000円　第二巻　88,000円　第三巻　50,000円　第四巻　55,000円
　　（全4巻セット）　250,000円
日本民法義解　ボアソナード・富井政章・本野一郎・城数馬・森順正・寺尾亨著
　　［財産編1巻　総則・物権(上)］　45,000円
　　［財産編2巻　物権（下）］　45,000円
　　［財産編3巻　人権及義務（上）］　35,000円
　　［財産取得編］　（上）　33,000円　　（下）33,000円
教育私法論　伊藤進著　近刊
現代民法学の諸問題　伊藤進・新井新太郎・中舎寛樹・草野元己編　12,000円
我妻栄先生の人と足跡　我妻洋・唄孝一編　12,000円
ローマ法における海上業者への融資利子　熊野敏三著　12,000円
現代民法研究1　請負契約　栗田哲男著　平井宜雄先生序文　20,000円
現代民法研究2　消費者法ほか　栗田哲男著　15,000円
現代民法研究3　災害・損害賠償法・その他　栗田哲男著　12,000円
　　（全3巻セット）47,000円
民法学の論点　三藤邦彦著　　近刊
民法学と比較法学の諸相［山畠正男・薮重夫・五十嵐清先生古稀記念］
　　Ⅰ：12,000円　Ⅱ：12,800円　Ⅲ：14,500円　　（3セット）：39,300円
民法の基本問題（総則・物権）　山本進一著　6,602円
新旧対照改正民法案　附・国賠法／憲法施行に伴う民法応急措置法
　　司法省　12,000円
導入対話による民法講義（総則）　大西泰博・橋本恭宏・松井宏興・三林宏2,900円
新しい民法　牧瀬義博著　6,000円
谷口知平先生追悼論文集Ⅰ　家族法　林良平・甲斐道太郎編　13,592円
谷口知平先生追悼論文集Ⅱ　契約法　林良平・甲斐道太郎編　19,228円
谷口知平先生追悼論文集Ⅲ　財産法、補遺　林良平・甲斐道太郎編　25,243円
民法体系Ⅰ（総則・物権）　加賀山茂著　2,800円　改訂中　近刊
民法体系Ⅱ（総則・担保物権）　加賀山茂著　続刊
民法体系Ⅲ（債権各論）　加賀山茂著　続刊
人口法学のすすめ　野村好弘・小賀野晶一編　3,800円
民事問題・答案（明治16年刊行）　司法省第七局著　50,000円
ゼロからの民法（財産法）　松浦千誉監修　2,800円

【総　則】

信義則および権利濫用の研究　菅野耕毅著　8,000円
信義則の理論（民法の研究4）　菅野耕毅著　7,600円
権利濫用の理論（民法の研究5）　菅野耕毅著　7,600円
民法基本判例1　総則　遠藤浩著　2,000円
講説民法（総則）　野口昌宏・落合福司・久々湊晴夫・木幡文徳著　2,800円
現代民法総論（第2版）　齋藤修著　3,800円
民法1　総則・物権　岸上晴志・中山知己・清原泰司鹿野菜穂子・草野元己　2,800円
民法I講義要綱［付・判例編］　泉久雄著　1,994円
法人法の理論　福地俊雄著　7,300円
法律行為・時効論　伊藤進著　5,000円
法律行為乃至時効（復刊法律学大系2）　鳩山秀夫著　50,000円
法律行為論　全　岡松参太郎著　12,000円
無効行為の転換の理論　山本進一著　6,408円
信頼保護における帰責の理論　多田利隆著　8,641円
錯誤無効の競合論　竹石惣著　12,000円
取得時効の研究　草野元己著　6,000円
時効理論展開の軌跡　金山直樹著　18,000円

【物　権】

民法基本判例2　物権　遠藤浩著　2,400円　民法基本判例3　担保物権　同著　2,300円
導入対話による民法講義（物権法）　鳥谷部茂・橋本恭宏・松井宏興著　2,600円
概説民法177条　土生滋穂著　12,000円
不動産登記法正解（明治32)　中山文次郎著　未刊
不実登記責任論・入門　田中克志著　2,913円
情報化社会の新しい不動産実務　小村哲夫編　近刊
不動産仲介契約論　明石三郎著　12,000円
相隣法の諸問題　東孝行著　6,000円
私道通行権入門　岡本詔治著　2,800円
隣地通行権の理論と裁判　岡本詔治著　20,000円
不動産無償利用権の理論と裁判　岡本詔治著　12,800円
物的担保論　伊藤　進著　7,000円
権利移転型担保論　伊藤　進著　6,000円
留置権論　薬師寺志光著　18,000円
留置権の研究　関武志著　13,800円

【債権総論】

債権総論・担保物権（第1分冊）　三藤邦彦著　2,600円
債権総論・担保物権（第2分冊）　三藤邦彦著　続刊
導入対話による民法講義（債権総論）
　　今西康人・清水千尋・橋本恭宏・三林宏著　3,000円

債權總論完　富井政章著　17,476円　　債権総論［第3版］平野裕之著　近刊
債権総論講義（第4版）　　安達三季生著　3,000円
口述講義債権総論　赤松秀岳著　2,621円
債権総論（第2版）Ⅱ保全・回収・保証他　法律学の森1　潮見佳男著　5,700円
債権総論講義案Ⅰ　潮見佳男著　1,748円
債権総論講義案Ⅱ　潮見佳男著　1,748円
債権法の基本問題（民法の研究2）菅野耕毅著　7,980円
債権法の基礎課題　山本進一著　8,000円
保証・人的担保論　伊藤進著　6,000円
売買契約における危険負担の研究　半田吉信著　12,500円
利息制限法と公序良俗　小野秀誠著　16,000円
通貨の法律原理　牧瀬義博著　48,000円　外貨債権の法理　川地宏行著　9,000円
給付障害と危険の法理　小野秀誠著　11,000円
危険負担と危険配分　新田孝二著　12,000円
債権者代位訴訟の構造　池田辰夫著　4,854円
反対給付論の展開　小野秀誠著　12,000円
債権消滅論　伊藤進著　6,000円
ゴルフ会員権の譲渡に関する研究　須藤正彦著　9,515円
クレジット法の理論と実際　中坊公平・植木哲・木村達也・島川勝・藤田裕一編　13,600円

【債権各論】

近代不動産賃貸借法の研究　小柳春一郎著　12,000円
競売の法と経済学　鈴木禄弥・福井秀夫・山本和彦・久米良昭編　2,900円
都市再生の法と経済学　福井秀夫著　2,900円
不法行為法　藤原正則著　4,500円
第三者のためにする契約の理論　春田一夫著　近刊
債権各論講義　内山尚三著　3,600円　　債權各論　完　富井政章著　17,476円
契約法　平野裕之著　5,000円
講説民法（債権各論）野口昌宏・山口康夫・加藤照夫・木幡文徳著　3,600円
リース・賃借契約論　伊藤進著　6,000円
登記詐欺（新装版）　桑原忠一郎著　1,800円　借家権の承継　髙翔龍著　続刊
マンション管理法セミナー　山畑哲世著　2,222円
マンション管理法入門　山畑哲也著　3,600円
マンション管理士必携　岡崎泰造編　1,800円
マンション管理紛争の現実　吉田武明著　5,000円
新借地借家法の実務　都市再開発法制研究会　丸山英気編　2,136円
定期借家権　阿部泰隆・野村好弘・福井秀夫編　4,800円
実務注釈　定期借家法　福井秀夫・久米良昭・阿部泰隆著　2500円
定期借家のかしこい貸し方・借り方　阿部泰隆著　2,000円
ケースで学ぶ借地・借家法　田中実・藤井輝久著　2,800円
請負契約［現代民法研究1］　栗田哲男著　平井宜雄先生序文　20,000円

消費者私法論　伊藤進著　6,000円
信用保証協会保証法概論　伊藤進著　5,000円
製造物責任・消費者保護法制論　伊藤進著　6,000円
安全配慮義務と契約責任の拡張　宮本健蔵著　13,000円
広告トラブルの判例詳解　深谷翼著　9,320円
不法行為法　法律学の森2　潮見佳男著　4,700円
損害賠償法原理　完　富井政章著　20,000円
民事過失の帰責構造　潮見佳男著　8,000円
損害額算定と損害限定　ヘルマン・ランゲ著　西原道雄・齋藤修訳　2,500円
現代共同不法行為の研究　濱上則雄著　16,000円
公害・不法行為論　伊藤進著　未刊
学校事故賠償責任法理　伊藤進著　未刊
事故の費用　カラブレイジ著　小林秀文訳　12,000円

【親族・相続】

親族法論集　泉久雄著　16,485円
家族法基本判例32選　泉久雄・木幡文徳・家永登・小野憲昭編　2,427円
講説民法（親族法・相続法）　木幡文徳・久々湊晴夫著　3,000円
スイス家族法・相続法　松倉耕作著　8,000円
オーストリア家族法・相続法　松倉耕作訳　5,000円
家族法の研究（上）親族法　谷口知平著　20,000円
家族法の研究（下）相続法　谷口知平著　13,000円
親子法の研究（増補）谷口知平著　18,000円（上・下・別巻セット）51,000円
日本親族法　谷口知平著　20,000円
中国家族法の研究　陳宇澄著　6,000円
法律家のためのDNA鑑定入門　帝人バイオ　未刊
改正韓国家族法の解説　鄭鐘休著　5,000円
親権法の歴史と課題　田中通裕著　8,544円
親族法準コンメンタール（総論・総則）[新版]　沼正也著　2,6000円
親族法準コンメンタール　婚姻I　沼正也著　30,000円
夫婦法の世界　水谷英夫・小島妙子・伊達聰子編　2,524円
家族法の基本問題　菅野耕毅著　7,980円
概説スイス親子法　松倉耕作著　6,000円
イスラム家族法（研究と資料）1　堀陽子著　14,980円
イスラム家族法（研究と資料）2　堀陽子著　12,980円
家族法の諸問題（上）　堀陽子著　12,000円
家族法の諸問題（下）　堀陽子著　12,000円
婚姻法における意思と事実の交錯　高橋忠次郎著　13,000円（品切）
相続法論集　泉久雄著　38,000円
相続法原理講義　穂積陳重著　12,000円
遺産分割の調停読本　平柳一夫著　2,200円